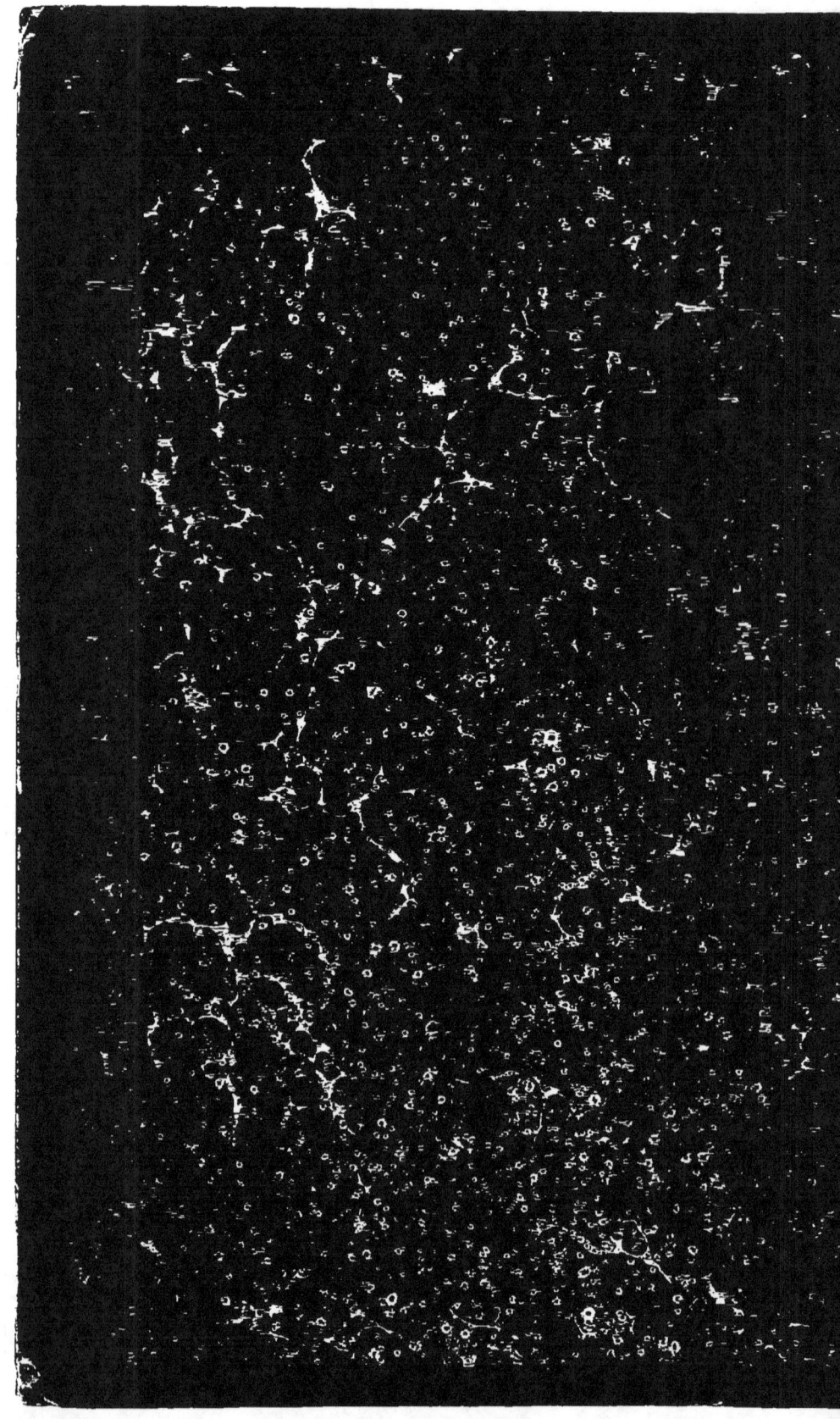

LES FEMMES DES TUILERIES

LA COUR
DE
L'IMPÉRATRICE JOSÉPHINE

Librairie de E. DENTU, éditeur.

OUVRAGES DU MÊME AUTEUR:

LES FEMMES DE VERSAILLES. — La Cour de Louis XIV.	3 50
LES FEMMES DE VERSAILLES. — La Cour de Louis XV.	3 50
LES FEMMES DE VERSAILLES. — Les dernières années de Louis XV.	3 50
LES FEMMES DE VERSAILLES. — Les Beaux Jours de Marie-Antoinette.	3 50
LES FEMMES DE VERSAILLES. — La Fin de l'ancien Régime	3 50
LES FEMMES DES TUILERIES. — Le Château des Tuileries	3 50
LES FEMMES DES TUILERIES. — Marie-Antoinette aux Tuileries.	3 50
LES FEMMES DES TUILERIES. — Marie-Antoinette et l'Agonie de la Royauté.	3 50
LES FEMMES DES TUILERIES. — Les Dernières Années de Marie-Antoinette.	3 50
LES FEMMES DES TUILERIES. — La Jeunesse de l'Impératrice Joséphine	3 50
LES FEMMES DES TUILERIES. — La Femme du Premier Consul.	3 50
LES FEMMES DES TUILERIES. — La Citoyenne Bonaparte	3 50
FRANÇAISES DU XVIIIe ET DU XIXe SIÈCLE	3 50
SOUVENIRS (Poésies)	» 50
LES FEMMES DE LA COUR DES DERNIERS VALOIS.	3 50
L'ABBÉ DEGUERRY (ouvrage couronné par l'Académie française).	2 »
UNE JEUNE VICTIME DE LA COMMUNE. Paul Seigneret.	2 »
PORTRAITS DE GRANDES DAMES	3 50
MADAME DE GIRARDIN	3 50

En préparation :

LES DERNIÈRES ANNÉES DE L'IMPÉRATRICE JOSÉPHINE	3 50
LES BEAUX JOURS DE L'IMPÉRATRICE MARIE-LOUISE	3 50
MARIE-LOUISE ET LA DÉCADENCE DE L'EMPIRE.	3 50
MARIE-LOUISE ET L'INVASION	3 50
MARIE-LOUISE ET LES CENT-JOURS	3 50

SAINT-QUENTIN. — IMP. J. MOUREAU ET FILS.

LES FEMMES DES TUILERIES

LA COUR

DE

L'IMPÉRATRICE JOSÉPHINE

PAR

IMBERT DE SAINT-AMAND

PARIS

E. DENTU, ÉDITEUR

LIBRAIRE DE LA SOCIÉTÉ DES GENS DE LETTRES

PALAIS-ROYAL, 15-17-19, GALERIE D'ORLÉANS

1884

Droits de traduction et de reproduction réservés.

LA COUR

DE L'IMPÉRATRICE JOSÉPHINE

I

LE DÉBUT DE L'EMPIRE

« Les deux tiers de ma vie sont écoulés ; pourquoi tant m'inquiéter sur ce qui m'en reste ? La plus brillante fortune ne mérite point le tourment que je me donne, ni les petitesses où je me surprends, ni les humiliations, ni les hontes que j'essuie ; trente années détruiront ces colosses de puissance qu'on ne voyait qu'à force de lever la tête ; nous disparaîtrons, moi qui suis si peu de chose, et ceux que je contemplais si avidement, et de qui j'espérais toute ma grandeur. Le meilleur de tous les biens, c'est le repos, la retraite, et un endroit qui soit son domaine. » Quand La Bruyère s'exprimait avec cette tristesse, quand il parlait ainsi de la cour « qui ne rend pas content », mais qui « empêche qu'on ne le soit ailleurs », de la cour, ce « pays où les joies sont visibles, mais fausses, et les chagrins cachés, mais réels », il avait devant lui le radieux château de Versailles, la gloire incomparable du roi-soleil, une monarchie qui se croyait inébranlable et éternelle. Que dirait-il, dans notre siècle, où les dynasties tombent comme des feuilles d'automne, où il faut bien moins de trente années pour détruire les colosses de puissance, où l'exilé du jour répète à l'exilé du lendemain la devise des cimetières : *Hodie mihi, cras tibi* ? que dirait-il, ce philosophe chrétien, à une époque où les palais, royaux et impériaux, ont été comme des hôtelleries dans lesquelles les souverains semblables à des voyageurs n'ont fait que passer, et où ces hôtelleries, dévorées par la flamme du pétrole, ne sont plus qu'un amas de ruines ?

Etudier une cour, quelle qu'elle soit, c'est se donner à soi-même une leçon de haute sagesse, de détachement des choses humaines. Dans notre France du dix-neuvième siècle, si inconséquente, si versatile, si féconde en révolutions, en palinodies, en cataclysmes de tout genre, la leçon est plus saisissante qu'à aucune autre période de l'histoire. Jamais Dieu n'a fait mieux voir au monde le néant des grandeurs et des pompes d'ici-bas. Jamais la parole de l'Ecclésiaste ne s'est réalisée plus exactement : « Vanité des vanités, et tout est vanité ! » Nous allons essayer de retracer l'image d'une des cours les plus fastueuses qui aient existé sous le soleil, et de passer en revue des splendeurs d'autant plus brillantes qu'elles devaient être plus éphémères. A cette cour de Napoléon et de Joséphine, à cette cour si majestueuse, si éblouissante de gloire, de richesse, de prestige, on appliquerait bien justement les vers célèbres de Corneille :

> Toute votre félicité,
> Sujette à l'instabilité,
> En moins de rien tombe par terre,
> Et, comme elle a l'éclat du verre,
> Elle en a la fragilité.

Nous évoquerons le souvenir des morts pour ressusciter cette cour évanouie, et nous consulterons, les uns après les autres, les personnages qui furent les témoins oculaires de ces merveilles anéanties si vite. Un préfet du palais impérial, M. de Bausset a écrit : « En reportant les yeux sur les époques mémorables dont je viens de donner une faible idée, j'ai cru, même après tant d'années, assister aux scènes pompeuses des *Contes arabes* et des *Mille et une Nuits*. Le tableau magique de tant de splendeurs et de tant de gloire a disparu, entraînant avec lui tous les prestiges de l'ambition et du pouvoir. » Une des dames du palais de l'impératrice Joséphine, Mme de Rémusat, a exprimé la même pensée : « Je crois encore rappeler un rêve, mais un rêve qui tient un peu des contes orientaux, quand je me retrace quel luxe fut étalé à cette époque, et quelle était en même temps l'agitation des préséances, des prétentions de rang, des réclamations de chacun. » Oui, il y avait dans tout cela quelque chose qui tenait du rêve, et les acteurs de cette féerie qui se nommait l'empire, de cette pièce à grand spectacle dont les décors, tantôt radieux, tantôt terribles, changeaient sans cesse, devaient être eux-mêmes plus étonnés que les spectateurs : Aix-la-Chapelle et le tombeau de Charlemagne, le château de Fontainebleau et le pape, Notre-Dame et le sacre, le Champ-de-Mars et la distribution des aigles, la cathédrale de Milan et la couronne de fer, Gênes la superbe et sa fête nautique, Austerlitz et les trois empereurs, quelles décorations, quels accessoires, quels personnages! Accents de l'orgue, cantiques des prêtres, acclamations de la foule et des soldats, cris des mourants, son du clairon, roulement du tambour, orchestres de bal, fanfares militaires, bruit du canon, voilà les harmonies tour à tour joyeuses et lugubres, qui retentissent pendant que l'action se déroule. Au milieu de ce tumulte, de cette agitation, ce que nous regarderons surtout c'est une femme. Nous l'avons précédemment étudiée comme vicomtesse de Beauharnais, comme citoyenne Bonaparte, et comme femme du premier consul. Nous allons maintenant l'étudier dans son nouveau rôle, celui d'impératrice.

Reportons-nous à la journée du 18 mai 1804. Nous sommes dans le château de Saint-Cloud. L'empire vient d'y être proclamé par le Sénat, avant le plébiscite qui doit ratifier le nouvel état de choses. La toile est levée, la pièce commence, et jamais drame n'aura eu plus de contrastes, plus de péripéties, plus de mouvement. Le principal acteur, Napoléon, est déjà habitué à son rôle, comme s'il le jouait depuis son enfance. Joséphine est aussi très bien dans le sien. Femme à la mode, n'a-t-elle pas appris, par ses succès de salon, à remporter des victoires plus considérables? Pour une beauté en vogue, il n'y a pas une grande différence à être assise sur un fauteuil ou sur un trône. Les acteurs secondaires ne sont pas aussi familiarisés avec leur nouvelle attitude. Rien de plaisant comme l'embarras de tout le service, quand il s'agit de répondre aux interrogations de l'empereur. On commence par se tromper, puis on se reprend pour plus mal dire encore ; on répète dix fois en une minute : sire, général, Votre Majesté, citoyen, premier consul. Constant, le valet de chambre de l'empereur, nous décrit cette journée du 18 mai 1804, qui se passe en réceptions, présentations, entrevues et félicitations. « Tout le monde, dit-il, est ivre de joie dans le château de Saint-Cloud, chacun se fait l'effet d'être monté subitement en grade, comme le général Bonaparte, devenu, de premier consul, souverain. On s'embrasse, on se complimente, on se fait mutuellement part de ses espérances et de ses plans pour l'avenir; il n'y a si mince subalterne qui ne soit saisi d'ambition. » En un mot, l'antichambre, sauf la différence des personnages, offre la répétition exacte de ce qui se passe dans le salon. On dirait une première représentation qui a été impatiemment attendue, et qui passionne au même degré les artistes et le public. La journée, d'abord éclairée par un soleil splendide s'est obscurcie. Le ciel, d'abord si pur, est tout à coup devenu noir comme de l'encre. Un orage a longtemps menacé d'éclater. Mais personne n'a vu là un mauvais présage. Les esprits sont tous portés à l'optimisme. Les courtisans font du zèle avec cet empressement, cette passion, cette *furie française*, qui est dans le caractère national, et qui s'exerce tour à tour sur un champ de bataille ou dans une antichambre. Les Français combattent et flattent avec la même ardeur.

Seuls, au milieu de cette émulation de dévouement et d'allégresse, les membres de la famille impériale, ceux-là mêmes qui devraient être les plus satisfaits, et surtout les plus étonnés de leurs grandeurs, montrent un visage inquiet, presque chagrin. Seuls, ils laissent voir qu'ils ne sont pas contents du maître. Leur amour-propre est démesuré ; leurs susceptibilités sont extrêmes. Rien ne semble assez splendide pour eux, en fait d'honneurs et de privilèges, et quand on pense à la modeste maison de leur père, à Ajaccio, on ne peut s'empêcher de sourire devant les vanités de ces nouveaux princes du sang. Des quatre frères de Napoléon deux sont absents et brouillés avec lui : Lucien, pour avoir épousé Mme Jouberton ; Jérôme pour avoir épousé Mlle Paterson. Sa mère, Mme Lætitia Bonaparte, femme de tête, qui unit à beaucoup de courage un rare bon sens, n'est nullement enthousiasmée par la prodigieuse fortune du moderne César. Ayant le pressentiment que tout cela ne doit point durer, elle économise, par prudence et non par avarice. Tandis que les courtisans célèbrent les triomphes du nouvel empereur, elle s'attarde à Rome, auprès de son fils Lucien, qu'elle a suivi dans un exil volontaire, et en faveur de qui elle s'est prononcée, dans la querelle avec Napoléon. Quant à Joseph et à Louis, élevés, eux et leurs femmes, à la dignité d'Altesses impériales, et nommés, l'un grand-électeur, l'autre connétable, on pourrait croire que surchargés, comblés, accablés de richesses et d'honneurs, ils se déclarent satisfaits. Eh bien ! pas le moins du monde. Ce qui les indigne, c'est de n'être pas désignés personnellement dans le plébiscite par lequel leur postérité sera appelée à la succession de la couronne de France. Ce plébiscite est ainsi conçu : « Le peuple français veut l'hérédité de la dignité impériale dans la descendance directe, naturelle, légitime et adoptive de Napoléon Bonaparte ; et dans la descendance directe, naturelle, légitime de Joseph Bonaparte et de Louis Bonaparte, ainsi qu'il est réglé par le sénatus-consulte organique du 28 floréal an XII. » Ces stipulations sont, pour la famille de l'empereur, une cause de zizanies et de récriminations incessantes. Lucien et Jérôme regardent comme une chose inique l'exclusion dont ils sont frappés. Joseph et Louis se demandent avec indignation pourquoi l'on parle de leur postérité, au lieu de parler d'eux-mêmes. Très jaloux de Joséphine et de son fils, Eugène de Beauharnais, ils sont, en outre, très froissés du droit d'adoption que s'est réservé l'empereur, et qui contient pour eux-mêmes une menace et pour Eugène une espérance. Louis Bonaparte, furieux de la calomnie qui prétend que sa femme Hortense a été la maîtresse de Napoléon, la persécute, et prend de l'ombrage contre son propre fils, représenté comme celui de l'empereur. Quant à Elisa Bacciochi, Caroline Murat et Pauline Borghèse, elles ne peuvent supporter le chagrin d'être placées dans la hiérarchie, au-dessous de l'impératrice, leur belle-sœur, et la pensée qu'elles n'ont pas encore le titre de princesse du sang, qui est accordé à la femme de Joseph et à la femme de Louis, les plonge dans un véritable désespoir.

Mme de Rémusat, qui assiste, le 18 mai 1804, au premier dîner impérial, dans le château de Saint-Cloud, va nous faire le tableau de ce curieux repas. Le général Duroc, grand maréchal du palais, a prévenu, les uns après les autres, tous les convives, des titres de prince et princesse qu'il faut donner à Joseph, à Louis et à leurs femmes, mais qu'il ne faut donner ni aux sœurs de l'empereur, ni à leurs maris. Cette fatale nouvelle consterne Elisa, Caroline et Pauline.

On se met à table, Napoléon est gai, de bonne humeur, jouissant peut-être en secret de la petite contrainte que le nouveau cérémonial impose à ses convives. Mme Murat, entendant, à plusieurs reprises, l'empereur nommer la *princesse* Louis, ne peut ni cacher son dépit, ni retenir ses pleurs. Chacun en est embarrassé, tandis que Napoléon sourit malicieusement.

Le lendemain, l'empereur vient à Paris tenir un grand lever aux Tuileries, car il n'est pas homme à retarder les jouissances d'apparat que son ambition satisfaite puise dans son nouveau titre. Dans ce palais où a régné le Comité de salut public, où a siégé la Convention, et d'où est parti triomphalement Robespierre pour présider à la fête de l'Être-Suprême, on n'entend plus prononcer que les noms d'empereur, d'impératrice, de monseigneur, de prince, de princesse, d'altesse impériale, d'altesse sérénissime. On prétend que Bonaparte a découpé les bonnets rouges pour faire des cordons de la Légion d'honneur. Les plus farouches révolutionnaires sont devenus conservateurs du moment où ils ont eu quelque chose à conserver. L'Empire a bien peu d'heures d'existence, et déjà l'on trouve à la cour qui vient de naître les mêmes compétitions, les mêmes jalousies, les mêmes vanités que dans les cours de monarchies plusieurs fois séculaires. On se croirait à Versailles, sous le règne de Louis XIV, dans la galerie des Glaces, ou dans le salon de l'Œil-de-Bœuf. Il faudrait un Dangeau pour noter heure par heure les minuties de l'étiquette. L'empereur marche, parle, pense, agit, comme un souverain d'ancienne race. On ne s'habitue à rien aussi promptement qu'à la puissance. L'homme investi du rang suprême se croit naïvement éternel. On dirait qu'il a toujours été et qu'il sera toujours. Comment ne pas être enivré par l'odeur d'un perpétuel encens ? Comment se dire à soi-même la vérité, quand il n'y a pas autour de soi une seule personne qui ait le courage de vous la dire ? A l'heure où la presse est muselée, où les pouvoirs publics n'ont d'autre droit que celui de l'approbation, où l'on ne trouve plus même, comme dans les ovations antiques, la voix de l'esclave qui rappelle au triomphateur qu'il n'est qu'un homme, comment ne pas être infatué de sa grandeur, comment ne pas se croire le maître absolu de la destinée ? Rien ne résiste au nouveau César. Il publiera dédaigneusement, dans le *Moniteur*, la protestation de Louis XVIII contre son avènement. Il se fera également adorer par des montagnards et par des grands seigneurs, par des régicides et par des hommes du trône et de l'autel. Il semble que tout commence, ou plutôt que tout recommence par lui. « Le vieux monde fut submergé, a dit Chateaubriand. Quand les flots de l'anarchie se retirèrent, Napoléon parut à l'entrée d'un nouvel univers, comme ces géants que l'histoire profane et sacrée nous peint au berceau de la société, et qui se montrèrent à la terre après le déluge. »

L'ancien général de la République se complaît dans son attitude de souverain absolu. Il étudie les règlements de l'étiquette avec la même ardeur qu'il mettait à étudier ses états de troupes. Il trouve que les hommes d'ancien régime s'entendent mieux à l'art de la flatterie que les hommes nouveaux, même les plus empressés. Comme le remarque Mme de Staël, « chaque fois qu'un gentilhomme de l'ancienne cour rappelle l'étiquette du temps jadis, propose une révérence de plus, une certaine façon de frapper à la porte de quelque antichambre, une manière plus cérémonieuse de présenter une dépêche, de plier une lettre, de la terminer par telle ou telle formule, il est accueilli, comme s'il faisait faire des progrès au bonheur de l'espèce humaine. » Napoléon attache ou feint d'attacher une importance considérable aux mille riens dont se compose cette vie essentiellement futile qui s'appelle la vie de cour. Il établit dans les palais la même discipline que dans les camps. Tout y devient méthodique. Les courtisans apprennent le cérémonial, comme les officiers apprennent la théorie. La consigne est aussi scrupuleusement suivie dans les salons que sous les tentes. Au bout de quelques mois, l'empereur Napoléon aura la cour la plus brillante et la mieux tenue de toute l'Europe. Parfois le tourbillon de vanités dont il est entouré impatiente ce grand astre, sans lequel ses satellites ne seraient rien. Mais, à d'autres moments, son orgueil se complaît à la pensée que c'est sa volonté, son caprice, qui fait sortir du néant tous ces grands de la terre. Il ne lui déplaît pas de voir qu'on se passionne à un si haut degré pour les hochets imaginés par lui. Il aime à jeter ses courtisans, par un sourire ou par un visage froid, dans l'ivresse ou dans le désespoir. Il trouve l'ambition de ses sœurs puérile, mais il s'en amuse ; et, si elles pleurent un peu, il finit par leur accorder ce qu'elles désirent.

Le 19 mai, après le dîner de famille, Mme Murat, de plus en plus affligée de n'être pas princesse, elle qui est une Bonaparte par naissance tandis que Mme Joseph et Mme Louis, qui ne sont qu'une Clary et une Beauharnais, portent ce titre de princesse, Mme Murat éclate en plaintes et en reproches. « Pourquoi, dit-elle à son tout-puissant frère, me condamner, moi et mes sœurs, à l'obscurité, au mépris, tandis qu'on couvre des étrangers d'honneurs et de dignités ? » D'abord Napoléon s'irrite de ce langage. « En vérité, s'écrie-t-il, à voir vos prétentions, mesdames, on croirait que nous tenons la couronne des mains du feu roi notre père. » A la fin de la conversation, Mme Murat, non contente de pleurer, s'évanouit. Napoléon s'adoucit à l'instant, et, quelques jours après, on apprend, par le *Moniteur*, que désormais, en parlant aux sœurs de l'empereur, on leur donnera la qualification de Princesse et d'Altesse impériale.

L'impératrice eut pour dame d'honneur Mme de La Rochefoucauld et pour dame d'atours Mme de Lavalette. Ses dames du palais, dont le nombre devait être bientôt porté à douze, et plus tard, encore augmenté, n'étaient d'abord que quatre : Mmes de Talhouët, de Luçay, de Lauriston et de Rémusat. Ces dames excitèrent, elles aussi, des jalousies très vives, et l'on vit se produire, à cause d'elles, une sorte de parodie des agitations vaniteuses qui bouleversaient la famille impériale. Les femmes admises dans l'intimité de l'impératrice ne pouvaient se consoler des privilèges accordés aux dames du palais.

Au fond, toutes les cours se ressemblent. Sur une plus grande et plus brillante échelle, ce sont les mêmes petitesses, les mêmes commérages, les mêmes zizanies que dans les loges de concierge, les antichambres et les offices. Regardez philosophiquement les choses d'un peu haut. Y a-t-il beaucoup de différence entre un maître d'hôtel et un chambellan, entre une femme de chambre et une dame du palais ? Ajoutons, toutefois, que, dès qu'ils ont des places et de l'argent à distribuer, les républicains ont des courtisans, tout aussi bien que les monarques, et qu'on trouve partout et toujours des gens prêts à se baisser, si, en se courbant, ils espèrent ramasser quelque chose à terre. Les révolutions changent les gouvernements, mais elles ne changent pas le cœur humain ; ce sont, après comme avant elles, les mêmes prétentions, les mêmes préjugés, les mêmes flatteries. Qu'on encense un tribun, un dictateur ou un César, ce sont toujours les mêmes génuflexions intéressées, la même bassesse.

Le nouvel Empire commençait brillamment. Mais les critiques sourdes ne lui manquaient pas. Le faubourg Saint-Germain devenait en grande majorité hostile et dédaigneux. Il considérait comme des parvenus les grands dignitaires de l'Empire et l'empereur lui-même, comme des renégats les hommes d'ancien régime qui se ralliaient à lui. La dénomination de « citoyen » était supprimée et celle de « monsieur » rétablie, après avoir été effacée de la conversation et des écrits pendant douze ans. Miot de Mélito constate dans ses Mémoires que l'opinion se prêta d'abord d'assez mauvaise grâce à ce changement ; ceux-là mêmes qui, dans l'origine, avaient montré le plus de répugnance pour la dénomination de citoyen, trouvaient mauvais qu'on rendît le titre de monsieur à des révolutionnaires, à des sans-culottes, et affectaient de conserver l'appellation de citoyen, en parlant à ceux qu'ils rangeaient dans cette classe. Bien des gens se moquaient du nouvel état de choses. Les Parisiens, dont l'humeur est toujours malicieuse, faisaient des calembours ou aiguisaient des épigrammes. Ils disaient à propos de l'Empire : « C'est une belle pièce, mais il y a vingt scènes (Vincennes) de trop. » On faisait circuler ce billet de faire part de la mort de la République :

> L'indivisible citoyenne,
> Qui ne devait jamais périr,
> N'a pu supporter, sans mourir,
> L'opération césarienne.
> Grands parents de la République,
> Grands raisonneurs de politique,
> Dont je partage la douleur,
> Venez assister, en famille,
> Au grand convoi de votre fille,
> Morte en couche d'un empereur.

Le faubourg Saint-Germain, malgré quelques adhésions intéressées, était ironique. Le général de Ségur, alors capitaine et attaché au service du grand maréchal du palais, remarqua qu'en 1804, à fort peu d'exceptions près, portant sur plusieurs nobles obscurs, pauvres ou ruinés, et sur d'autres déjà engagés dans la fortune civile et militaire de Napoléon, il fallut d'abord bien des négociations et bien des séductions de diverse nature pour décider quelques noms connus à figurer dans la première composition de la cour. Le général ajoute à ce sujet : « Spectateur, confident aussi des moyens qu'on mit en usage, je fus dans ces premiers temps témoin de bien des refus, et chargé de quelques-uns. J'entendis même à cet égard des plaintes amères. Je me souviens que, en y répondant, j'alléguai mon exemple à l'impératrice, en racontant ce qu'il m'en avait coûté pour me ranger sous le drapeau tricolore, puis même pour me décider à entrer dans la maison militaire du premier consul. Cette réponse fut si bien comprise par l'impératrice qu'elle y répliqua par une semblable confidence. C'était l'aveu de ses combats intérieurs, de ses longues répugnances, à la fin de 1795, malgré son goût pour Bonaparte, avant de se résoudre à épouser celui qu'elle-même appelait alors le général Vendémiaire. »

Joséphine, bien qu'impératrice, était restée légitimiste, et se rendait parfaitement compte des côtés faibles de l'Empire. Aux Tuileries, dans la chambre de Marie-Antoinette, elle ne se sentait pas à sa place ; elle trouvait étonnant d'avoir pour dame d'honneur une duchesse d'ancienne race, et mettait toute son ambition à se faire pardonner par les royalistes son élévation au rang suprême. Napoléon était, lui aussi, très préoccupé des Bourbons, dans lesquels il avait le pressentiment de rencontrer ses successeurs. « Un de ses regrets les plus vifs, a écrit le prince de Metternich, était de ne pouvoir invoquer le principe de la légitimité comme base de sa puissance. Peu d'hommes ont plus profondément senti que lui combien l'autorité, privée de ce fondement, est précaire et fragile, et combien elle prête le flanc aux attaques. »

Après avoir rappelé la démarche que l'empereur fit auprès de Louis XVIII, pour tâcher d'obtenir l'abandon des droits du prétendant, le prince de Metternich ajoute : « Me parlant de cette démarche, Napoléon me dit : La réponse de Monsieur était noble, elle était pleine de fortes traditions. Il y a dans ces *légitimes* quelque chose qui ne tient pas au seul esprit. » L'empereur qui, au début de sa carrière, afficha un si vif enthousiasme républicain, avait au fond une nature essentiellement autoritaire et monarchique. Il aurait voulu être un souverain d'ancienne roche. Le plaisir qu'il mettait à s'entourer des personnages de l'antique aristocratie prouve combien le soi-disant apôtre couronné de la démocratie avait les instincts nobiliaires. Les rares républicains restés fidèles à leurs principes s'indignaient de pareilles tendances; ils avaient vu avec douleur se relever un trône, et, pour des motifs différents, les anciens jacobins non raliés et les hommes de Coblentz, éloignés encore de la cour, s'unissaient dans un même sentiment d'amertune et de critique contre l'Empire.

Le procès du général Moreau fit bien voir les germes d'opposition qui existaient à l'état latent. Il est difficile de se faire une idée de l'affluence énorme qui encombrait toutes les avenues du Palais de Justice le jour de l'ouverture des débats, et qui ne cessa de s'y porter pendant les douze jours que dura le procès, aussi intéressant pour les royalistes que pour les républicains. La meilleure compagnie de Paris tint à y assister. Le jugement fut rendu le 10 juin. Georges Cadoudal et dix-neuf accusés, parmi lesquels M. Armand de Polignac et M. de Rivière, furent condamnés à mort.

Au grand étonnement de l'empereur, Moreau ne fut condamné qu'à deux ans de prison. Au lieu de lui faire subir sa peine, on lui accorda la permission de se rendre aux États-Unis. Pour lui faciliter les moyens de s'y établir, l'empereur lui acheta une maison de la rue d'Anjou-Saint-Honoré, pour une somme de huit cent mille francs, bien supérieure à sa valeur réelle, et en fit présent à Bernadotte, qui n'éprouva aucun scrupule à l'accepter. La somme fut payée à Moreau, avant son départ pour Cadix, sur les fonds secrets de la police. Joséphine, à force d'instances et de supplications, sauva les jours du duc Armand de Polignac, dont la peine de mort fut commuée en quatre années d'emprisonnement devant être suivies de la déportation. Mᵐᵉ Murat obtint la même commutation pour le marquis de Rivière, et ces deux grâces, auxquelles on donna une grande publicité, contribuèrent beaucoup à diminuer l'irritation des royalistes. Après le procès de Moreau, les partis, découragés, et se sentant réduits à l'impuissance, désarmèrent, au moins pour quelque temps. Napoléon fut partout le maître.

On ne pensait plus à la République. Son nom figurait encore ainsi sur l'exergue des monnaies : « République française, Napoléon empereur, » mais elle n'existait plus qu'à l'état d'ombre, de fantôme. Cependant l'empereur voulut célébrer encore, en 1804, la fête républicaine du 14 juillet. Mais l'objet de cette fête fut si dénaturé qu'il eût été bien difficile d'y reconnaître l'anniversaire de la prise de la Bastille et de la première fédération. L'on ne dit pas un seul mot de ces deux événements dans la cérémonie. L'éloge officiel de la Révolution fut remplacé par une distribution solennelle de croix de la Légion d'honneur.

C'était la première fois que l'empereur et l'impératrice se montraient en public dans l'appareil de la souveraineté. Ce fut aussi la première fois qu'ils s'accordèrent le privilège de traverser en voiture la grande allée du jardin des Tuileries, Accompagnés d'un magnifique cortège, ils se rendirent, en grande pompe, à l'hôtel des Invalides, dont la Révolution avait fait un temple de Mars, et dont l'Empire venait de refaire une église catholique. Ils furent reçus à la porte de l'hôtel des Invalides par le gouverneur et par M. de Ségur, grand maître des cérémonies, et à l'entrée de l'église par le cardinal du Belloy, à la tête d'un nombreux clergé. Napoléon et Joséphine entendirent la messe avec recueillement ; puis, après un discours prononcé par le grand chancelier de la Légion d'honneur, M. de Lacépède, l'empereur dit à haute voix la formule du serment, à la fin de laquelle tous les légionnaires s'écrièrent : « Je le jure ! » Ce spectacle électrisa la foule et des acclamations unanimes retentirent. Au milieu même de la cérémonie, Napoléon appela près de lui le cardinal Caprara, qui avait pris une part si importante à la négociation du Concordat et qui bientôt devait si puissamment contribuer à décider le pape à venir à Paris pour le sacre. L'empereur, détachant de son cou le cordon de la Légion d'honneur, le donna à ce vieux et respectable prélat. Les chevaliers du nouvel ordre passèrent ensuite l'un après l'autre devant le trône souverain. Pendant ce défilé, un homme du peuple, vêtu d'une blouse, se plaça sur les marches du trône. On fut d'abord surpris, et l'on interrogea cet homme, qui montra son brevet de légionnaire. Aussitôt l'empereur le fit approcher avec empressement, et, lui remettant la croix, lui donna l'accolade.

L'impératrice eut ce jour-là un succès de beauté, constaté par Mme de Rémusat elle-même, ordinairement peu bienveillante, et forcée de reconnaître que, par le goût de sa parure et l'habileté de sa recherche, Joséphine sut paraître jeune et agréable, en tête d'un nombre considérable de jeunes et jolies femmes dont, pour la première fois, elle se montrait entourée. « On la vit, au grand jour, ajoute la dame du palais, à l'éclat d'un soleil brillant, vêtue d'une robe de tulle rose, semée d'étoiles d'argent, fort découverte selon la mode du moment, couronnée d'un nombre infini d'épis de diamants, et cette toilette fraîche et resplendissante, l'élégance de sa démarche, le charme de son sourire, la douceur de ses regards, produisirent un tel effet que j'ai ouï dire à nombre de personnes qui assistèrent à la cérémonie qu'elle effaçait tout le cortège qui l'environnait. » Trois jours après, l'empereur partait pour le camp de Boulogne.

Malgré l'enthousiasme du peuple et de l'armée, une chose était bien évidente pour tout observateur sérieux, c'est que le nouveau régime, n'ayant pas la solidité qui résiste au malheur, avait besoin, pour vivre, de succès perpétuels. Napoléon était condamné, par son système de gouvernement, non-seulement à réussir, mais à éblouir, à étonner, à subjuguer. Il fallait à son empire des pompes extraordinaires, des coups de théâtre prodigieux, des fêtes babyloniennes, des aventures gigantesques, des victoires colossales. Son blason impérial, pour ne point paraître mesquin, avait besoin d'être doré à outrance et devait compenser en gloire ce qui lui manquait en ancienneté. Pour se faire accepter par les monarques européens, ses nouveaux frères, et pour faire oublier en France les titres séculaires de la maison de Bourbon, l'ancien officier des armées de Louis XVI, l'ancien sous-lieutenant d'artillerie, devenu tout à coup un César et un Charlemagne, ne pouvait qu'à force de prestige rendre explicable une si subite et si étrange transformation. Il voulut avoir une cour féodale, majestueuse, entourée de toutes les pompes et de toute la hiérarchie du moyen âge. Il sentait la difficulté de son rôle, et comprenait combien une nation a besoin de gloire pour oublier la liberté. De là un effort perpétuel pour ajouter chaque jour quelque chose à l'éclat de la veille, et pour égaler d'abord, pour dépasser ensuite les splendeurs des plus vieilles et des plus célèbres dynasties. Cette insatiable soif d'action et de renommée allait être à la fois pour Napoléon la cause de sa force et celle de sa faiblesse. Mais seuls quelques hommes perspicaces se faisaient ces réflexions au début de l'Empire. Les masses, facilement optimistes, considéraient naïvement le nouvel empereur comme un être infaillible, impeccable, et s'imaginaient que, parce qu'il n'avait pas encore été vaincu, il était pour toujours invincible. Joséphine ne se faisait point de pareilles illusions ; elle connaissait les côtés défectueux du caractère de son époux, et redoutait l'avenir, non-seulement pour elle, mais pour lui. Chose peu commune chez les personnes qui sont, comme elle, entourées d'une phalange innombrable de flatteurs, elle ne devait avoir dans sa carrière aucun moment d'orgueil ou d'infatuation.

II

LE VOYAGE AUX BORDS DU RHIN

Avant de se faire sacrer par un pape, à l'exemple de Charlemagne, Napoléon voulut aller méditer sur la tombe du grand empereur carlovingien dont il se considérait comme le digne successeur. Un voyage sur les bords du Rhin, une tournée triomphale dans ces illustres villes allemandes que la France révolutionnaire avait été si fière de conquérir, parut au nouveau souverain devoir être le prologue des pompes du couronnement. Napoléon voulut frapper en même temps les imaginations dans son récent empire et dans l'antique empire d'Allemagne. Il voulut que les fanfares de la renommée retentissent en son honneur sur les deux rives du fleuve si célèbre et si disputé.

L'impératrice Joséphine qui était allée prendre les eaux à Aix-la-Chapelle, précéda de quelques jours son mari dans cette ville. Napoléon lui écrivait, le 6 août 1804 : « Mon amie, je suis à Calais, depuis minuit; je pense en partir ce soir pour Dunkerque. Je suis content de ce que je vois et assez bien de santé. Je désire que les eaux te fassent autant de bien que m'en font le mouvement, la vue des camps et la mer. Eugène est parti pour Blois. Hortense se porte bien. Louis est à Plombières. Je désire beaucoup te voir. Tu es toujours nécessaire à mon bonheur. Mille choses aimables chez toi. » L'empereur adressait à l'impératrice une autre lettre, datée d'Ostende le 14 août 1804 : « Mon amie, je n'ai pas reçu de tes nouvelles depuis plusieurs jours; cependant j'aurais été fort aise d'être instruit du bon effet des eaux et de la manière dont tu passes ton temps. Je suis depuis huit jours à Ostende. Je serai après-demain à Boulogne pour une fête assez brillante. Instruis-moi, par le courrier, de ce que tu comptes faire, et de l'époque où tu dois terminer tes bains. Je suis très-satisfait de l'armée et des flottilles. Eugène est toujours à Blois. Je n'entends pas plus parler d'Hortense que si elle était au Congo. Je lui écris pour la gronder. Mille choses aimables pour tous. »

Napoléon arriva le 3 septembre à Aix-la-Chapelle. L'empereur François avait pris, le 10 août, le titre impérial décerné à sa maison, et s'était qualifié empereur élu d'Allemagne, empereur héréditaire d'Autriche, roi de Bohême et de Hongrie. Il avait ensuite donné à M. de Cobentzel l'ordre de se rendre à Aix-la-Chapelle pour y remettre à Napoléon ses lettres de créance. Napoléon fit au diplomate autrichien un accueil sympathique, et se vit entouré d'une foule de ministres étrangers qui vinrent lui rendre hommage. Il rétablit les honneurs annuels qu'on rendait jadis à la mémoire de Charlemagne, descendit dans le caveau du géant, et donna au clergé de la cathédrale d'éclatantes marques de sa munificence. On fit voir à l'impératrice, un morceau de la croix du Christ, que le grand empereur carlovingien avait longtemps porté sur son sein, comme un talisman. On lui offrit une sainte relique, un bras presque entier du héros; mais elle refusa ce présent en disant qu'elle ne voulait pas priver Aix-la-Chapelle d'un si précieux souvenir, elle surtout à qui le bras d'un homme aussi grand que Charlemagne servait d'appui.

D'Aix-la-Chapelle, Napoléon et Joséphine se rendirent à Cologne, puis à Coblentz, puis à Mayence en voyageant séparément. L'impératrice quitta Cologne le 16 septembre, à quatre heures du soir, et arriva à Bonn un peu avant la nuit, pour repartir le lendemain matin. Cette ville lui parut très jolie, et lui donna le regret de n'y pas séjourner davantage. Elle y descendit dans une belle maison, dont le jardin aboutissait à une terrasse qui donnait sur le Rhin. Après le souper, elle prit plaisir à s'y promener. La joie du peuple accouru en foule au bas de la terrasse, le calme de la nuit et la beauté du fleuve éclairé par la lune rendaient cette soirée délicieuse. Le lendemain à quatre heures du matin l'impératrice remonta en voiture; à dix heures, elle entrait à Coblentz. L'empereur n'y arriva qu'à six heures du soir. Il était parti de Cologne, le jour même. A Bonn, il monta à cheval, pour examiner par lui-même tout ce qui ne peut être bien vu que par l'œil du maître. De Coblentz où la ville leur offrit un bal, Napoléon et Joséphine se rendirent à Mayence, chacun par une voie différente. L'empereur prit la grande route qui longe le Rhin. L'impératrice remonta le fleuve dans un yacht que le prince de Nassau-Weilbourg avait mis à sa disposition. Son voyage fut très pittoresque.

Le brouillard épais du matin ne tarda point à se dissiper. Joséphine, qui se fit servir à déjeuner sur le pont, admirait les sites délicieux qui se déroulent avec tant de variété depuis Beppart jusqu'après Baccarah; riantes prairies, villes s'élevant en amphithéâtres; dans le lointain, montagnes couvertes de forêts; puis le fleuve qui se resserre, l'horizon qui se rétrécit, les montagnes qui se rapprochent, l'œil qui n'aperçoit plus que l'eau, le ciel, et des rochers sauvages dont les cimes sont couronnées par les tours en ruines des vieux manoirs du moyen âge. L'embarcation légère, qui glissait si doucement, si rapidement sur l'onde, avec son Neptune doré à la poupe, faisait songer à la barque de Cléopâtre. Tantôt le silence était profond ; tantôt le son des cloches s'unissait aux acclamations des paysans sur le rivage. Les plus pauvres villages eux-mêmes avaient envoyé des gardes d'honneur, arboré des drapeaux et dressé des arcs de triomphe. Chose caractéristique, la rive droite qui, cependant n'appartenait pas à la France, semblait rivaliser de zèle et d'enthousiasme avec la rive française, la rive gauche ; c'étaient des deux côtés du fleuve, les mêmes cris de joie, les mêmes démonstrations, les mêmes salves d'artillerie. Arrivée devant Saint-Goar, qui se trouve sur la rive gauche, l'impératrice aperçut à la fois la municipalité de la ville qui venait à sa rencontre, au son d'une musique militaire, sur des bateaux ornés de verdure, et, de l'autre côté du fleuve, sur la plateforme du château de Hess-Reinfels, la garnison hessoise, qui présentait les armes, et dont les salves d'artillerie retentissaient en même temps que celles des habitants de Saint-Goar. Plus loin on fit résonner avec un porte-voix le fameux écho de Lurleiberg, qui répète si distinctement, et à plusieurs reprises, les mots qu'on lui envoie. Puis on passa devant le fantastique château du Palatinat, ce manoir légendaire, bâti au milieu même des eaux du fleuve, et qui était autrefois l'asile des comtesses palatines dans les derniers temps de leur grossesse et le berceau de leurs enfants. L'impératrice descendit à Bingen, où elle passa la nuit, et remonta le lendemain matin dans son yacht. Vers trois heures de l'après-midi, elle arrivait à Mayence, où elle était attendue sur le rivage par douze jeunes filles appartenant aux premières familles de la ville. Presque en même temps, le canon se faisait entendre à une autre porte, et annonçait l'arrivée de l'empereur.

En route, Napoléon avait remarqué, dans une île du Rhin, située à l'extrémité même de l'Empire français, le couvent de Roland Werck. On lui dit que les religieuses qui vivaient dans cet asile ne l'avaient pas quitté pendant la dernière guerre, et que très-souvent les boulets lancés par les canons des deux armées s'étaient entrecroisés dans l'île sans atteindre le monastère où priaient ces saintes femmes. L'empereur s'intéressa à leur sort, et leur concéda la propriété des soixante ou quatre-vingts arpents dont la petite île se compose.

Arrivés à Mayence, le 21 septembre, Napoléon et Joséphine y reçurent le plus chaleureux accueil. Le soir, toutes les rues, tous les monuments furent illuminés. Le prince archichancelier de l'empire germanique, qui devait au souverain de la France la conservation de son opulence et de son titre, voulut lui rendre hommage. L'empereur se trouva entouré d'une véritable cour de princes allemands. Les princes de la maison de Hesse, le duc et la duchesse de Bavière, l'électeur de Bade, âgé de plus de soixante-quinze ans, qui était venu avec son fils et son petit-fils, apparaissaient comme les vassaux du nouveau Charlemagne. Le second Théâtre français avait été mandé de Paris, et donnait des représentations devant ce public d'altesses. Chacun était frappé de la promptitude avec laquelle le soldat couronné avait pris l'attitude d'un souverain d'ancienne race, tout en conservant le langage et l'aspect militaires. Un jour, à son lever, il dit au prince héréditaire de Bade : « Qu'avez-vous fait hier ? » Le jeune homme répondit avec embarras qu'il s'était promené de rue en rue. Vous avez eu tort, reprit Napoléon. Ce qu'il fallait faire c'était le tour des fortifications et les bien examiner. Que savez-vous ! Peut-être devez-vous un jour assiéger Mayence. Qui m'eût dit, à moi, lorsque simple officier d'artillerie, je me promenais dans Toulon, qu'il serait dans ma destinée de reprendre cette ville. » Ce fut à Mayence que des trésors extorqués par la fraude à des princes allemands possessionnés leur furent rendus. Ce fut à Mayence que le nom de Gutenberg reçut un premier hommage solennel.

Le général de Ségur raconte, dans ses Mémoires, une anecdote, qui se rattache au séjour de Napoléon dans la vieille cité allemande. L'empereur s'était rendu incognito et sans escorte dans une île du Rhin, située près de la ville. En se promenant dans cette île, presque entièrement déserte, il fut frappé par le triste aspect d'une chaumière, dans laquelle se lamentait une pauvre femme dont le fils venait d'être enrôlé. « Consolez-vous, dit Napoléon, sans se faire connaître, et en se donnant un nom supposé: venez demain à Mayence, et demandez-moi; j'ai du crédit près des ministres, je vous recommanderai. » La pauvre femme fut exacte au rendez-vous. Elle s'aperçut avec joie et surprise que l'inconnu de la veille était l'empereur des Français. Napoléon se fit un plaisir de lui apprendre que sa maison détruite par la guerre serait rebâtie, qu'on y ajouterait un petit troupeau et plusieurs arpents de terre, et que son fils lui serait rendu.

Une correspondance insérée dans le *Moniteur* rendait compte ainsi du départ de Napoléon et de Joséphine : « Mayence, 11 vendémiaire (3 octobre). L'impératrice est partie hier pour Paris, où elle se rend par Saverne et Nancy. L'empereur part en ce moment; il va visiter Frankental, Kaiserlauten et Creutznach; il reprendra ensuite la route de Trèves. Le séjour de Leurs Majestés a été pour nous une source de bonheur et d'avantages durables. Les intérêts les plus précieux de notre département ont été favorablement réglés. Nous n'avons plus rien à désirer que de montrer à quel point nous sommes reconnaissants, dévoués et fidèles, et combien étaient sincères les vœux que nos citoyens exprimaient par leurs acclamations unanimes. Les électeurs, les princes, les étrangers de haute distinction réunis en si grand nombre, et qui avaient donné à notre ville l'aspect d'une grande capitale nous quittent en ce moment. »

Le voyage sur les bords du Rhin fit beaucoup d'impression en France et dans le reste de l'Europe. Il faut avouer que personne n'a eu au même degré que l'empereur le talent spécial qu'on pourrait appeler l'art de la mise en scène. Napoléon, dans le caveau d'Aix-la-Chapelle, face à face avec l'ombre de Charlemagne, quel sujet pour un peintre ou pour un poète! Victor Hugo y songeait peut-être quand il fit dire au don Carlos de *Hernani* :

> Qu'il fut heureux celui qui dort dans ce tombeau!
> Qu'il fut grand! De son temps, c'était encor plus beau.
> Oh! quel destin! Pourtant cette tombe est la sienne.
> Tout est-il donc si peu que ce soit là qu'on vienne?
> Quoi donc! avoir été prince, empereur et roi;
> Avoir été l'épée, avoir été la loi,
> Quoi! pour titre César et pour nom Charlemage,
> Géant, pour piédestal avoir eu l'Allemagnne,
> Avoir été plus grand qu'Annibal, qu'Attila,
> Aussi grand que le monde, et que tout tienne là.
> Oh! briguez donc l'empire, et voyez la poussière
> Que fait un empereur; couvrez la terre entière
> De bruit et de tumulte, élevez, bâtissez
> Votre empire, et jamais ne dites : C'est assez!
> Si haut que soit le but où votre orgueil aspire,
> Voilà le dernier terme!...

A Bruxelles, dans l'église de Sainte-Gudule, Napoléon a évoqué le souvenir de Charles-Quint.

A Aix-la-Chapelle, dans le caveau de la cathédrale, il a interrogé l'ombre de Charlemagne. Et, comme il a médité sur la tombe du carlovingien légendaire, les souverains de passage à Paris méditent à leur tour sur sa tombe abritée par le dôme doré des Invalides. Ils descendent dans la crypte, ils regardent le parvis supporté par douze grandes statues de marbre blanc, dont chacune représente une victoire, le pavé de mosaïque figurant une immense couronne entourée de bandelettes, le sarcophage de granit rouge de Finlande posé sur un socle de granit vert des Vosges. Puis ils entrent dans la chambre souterraine, sanctuaire en marbre noir, qui contient, comme autant de reliques, l'épée que Napoléon portait à Austerlitz, les décorations qu'il avait sur son uniforme, la couronne d'or que la ville de Cherbourg lui avait votée, et enfin soixante drapeaux, provenant de ses victoires. L'église des Invalides inspire les mêmes pensées que la cathédrale d'Aix-la-Chapelle. Dans les deux basiliques, les souverains, les grands de la terre, peuvent se faire les mêmes réflexions sur la gloire, sur la mort et sur le peu de poussière qui reste des héros.

III

L'ARRIVÉE DU PAPE A FONTAINEBLEAU.

Le moment du sacre approchait. Affermi déjà sur le trône par la reconnaissance officielle des puissances étrangères, Napoléon voulait faire consacrer son titre impérial par une grande cérémonie religieuse dont le retentissement serait immense dans le monde catholique tout entier. On avait d'abord pensé, pour cette solennité, à la date du 26 Messidor an XII (14 juillet 1804), puis à celle du 18 Brumaire an XIII (9 novembre 1804). Mais le choix de ces deux époques n'était pas heureux. La concordance entre le souvenir de la prise de la Bastille et le couronnement d'un souverain se serait difficilement comprise. Quant à la date du 18 Brumaire, elle aurait réveillé les regrets des républicains et rappelé les services de Lucien Bonaparte, qui, après avoir été le principal auxiliaire de la fortune de son frère, vivait, à Rome, dans la disgrâce et dans l'exil. D'autre part, les hésitations du pape, qui ne se décida qu'avec la plus grande peine à se rendre à Paris, avaient reculé l'époque du couronnement, qui finit par être fixée au commencement du mois de décembre.

Joséphine attendait à la fois avec impatience et avec crainte l'événement dont elle se disait que son sort définitif allait dépendre. Le pape, ce personnage mystérieux et saint, était en route. Allait-il être pour elle un sauveur? Serait-elle la femme répudiée ou l'impératrice couronnée? Le clergé ne se lassait pas de célébrer la gloire de Napoléon. Les évêques le traitaient, dans leurs mandements, comme l'élu de Dieu. Un prélat avait dit, à propos de l'établissement de l'Empire : « Un dieu et un monarque! Comme le Dieu des chrétiens est le seul digne d'être adoré et obéi, vous, Napoléon, êtes le seul homme digne de commander aux Français! » Un autre prélat avait dit : « Napoléon, que Dieu appela des déserts de l'Égypte, comme un autre Moïse, fera concorder le sage empire de la France avec le divin empire de Jésus-Christ. Le doigt de Dieu est ici. Prions le Très-Haut qu'il protège, par sa main puissante, l'homme de sa droite. Que le nouvel Auguste vive, commande à jamais! La soumission lui est due, parce qu'il est l'ordre de la Providence! » Eh bien! malgré ces louanges hyperboliques, qui retentissaient dans toutes les chaires des églises de l'Empire français, le restaurateur des autels, le sauveur de la religion n'était marié que civilement! Au point de vue ecclésiastique, il vivait en plein concubinage. Il avait fait bénir par le cardinal Caprara l'union de son frère Louis avec Hortense de Beauharnais, et celle de sa sœur Caroline avec Murat. Mais, malgré les supplications de Joséphine, il lui avait refusé cette pieuse satisfaction. C'était dans le pape que l'impératrice mettait son espoir. Elle croyait qu'il aurait pitié d'elle, et qu'il ferait cesser, en la mettant en règle avec l'Eglise, un état de choses si humiliant pour sa dignité de souveraine, et si pénible pour sa conscience de catholique.

En même temps, Joséphine se demandait avec inquiétude si elle serait couronnée. Ses beaux-frères, qui redoublaient contre elle leurs intrigues haineuses, auraient voulu non seulement qu'elle fût exclue de la cérémonie du sacre, mais encore qu'elle fût condamnée au divorce, sous prétexte de sa stérilité. Joseph Bonaparte ne cessait de répéter que Napoléon devait épouser quelque princesse étrangère, ou, au moins, quelque héritière d'un ancien nom de France, et il faisait valoir, non sans habileté, le désintéressement avec lequel il poussait à une détermination qui devait avoir pour résultat de l'éloigner du trône, lui et sa descendance. Les sœurs de l'empereur avaient la même hostilité contre Joséphine, haïe par elles, et pourtant si digne d'être aimée. Comme Napoléon gardait le silence sur ses intentions à l'égard du couronnement de l'impératrice, les Bonaparte s'imaginaient déjà qu'elle allait être répudiée, et manifestaient à ce propos une joie prématurée, qui déplut à l'empereur et le rapprocha de sa femme. Fatigué des obsessions de sa famille, il y mit brusquement un terme, et combla de joie Joséphine en lui annonçant qu'elle serait couronnée à Notre-Dame.

Il faut lire, dans les Mémoires de Miot de Mélito, le curieux récit du conseil qui fut tenu à Saint-Cloud, le 17 novembre 1804, pour régler le cérémonial du sacre. Parmi les quatre frères de Napoléon, deux étaient en disgrâce, Lucien et Jérôme, et ils ne devaient pas assister au couronnement. Quant à Joseph et à Louis, il fut décidé qu'ils y figureraient tous deux, non point en qualité de princes du sang, mais seulement comme grands dignitaires de l'Empire. (Joseph était grand électeur, Louis était connétable.)

Cette décision une fois prise, Joseph dit, dans le conseil du 17 novembre : « Puisqu'on a reconnu qu'à l'exception du chef de l'État, aucun autre, quel que soit son rang, ne peut être considéré comme participant aux honneurs de la souveraineté, et que nous, particulièrement, nous ne sommes pas traités comme princes, mais seulement comme grands dignitaires, il ne serait pas juste que nos femmes qui, dès ce moment, ne sont que femmes de grands dignitaires, portassent, comme princesses, la queue du manteau de l'impératrice, qui doit alors la faire porter par ses dames d'honneur ou du palais. » Cette observation déplut à l'empereur, et, pour la réfuter, les membres du conseil citèrent plusieurs exemples, notamment celui de Marie de Médicis. Joseph, qui avait peut-être prévu l'objection, y répondit par une érudition inattendue : « Marie de Médicis, dit-il, ne fut qu'accompagnée de la reine Marguerite, première femme de Henri IV, et de Madame (Catherine de Bourbon), sœur du roi. La queue du manteau était portée par une parente très éloignée. La reine Marguerite avait, à la vérité, offert un bel exemple de générosité en assistant au couronnement de la femme qui la remplaçait, et qui, plus heureuse qu'elle, avait donné des héritiers à Henri IV. Mais on n'avait pas exigé d'elle qu'elle portât la queue du manteau de Marie de Médicis, et, pourtant, Marie de Médicis avait droit à tous les honneurs puisqu'elle était mère.» Cette allusion, plus que transparente, à la stérilité de Joséphine, exaspéra Napoléon qui, se levant brusquement de son fauteuil, apostropha son frère avec violence et amertume. A la suite du conseil, Joseph offrit à l'empereur de se retirer en Allemagne. Napoléon se radoucit, et, le 27 novembre, il dit à son frère : «J'ai beaucoup réfléchi au différend qui s'est élevé entre vous et moi, et je vous avouerai que, depuis six jours que dure cette querelle, je n'ai pas eu un instant de repos. J'en ai perdu jusqu'au sommeil, et vous seul pouvez exercer sur moi un tel empire : je ne sais aucun événement qui puisse me troubler à ce point. Cette influence tient encore à mon ancienne affection pour vous, au souvenir que je garde de celle que vous m'avez témoignée dans mon enfance, et je suis beaucoup plus dépendant que vous ne le croyez de ce genre de sentiments..... Placez-vous dans une monarchie héréditaire, et soyez mon premier sujet. C'est un assez beau rôle à jouer que d'être le second homme de France, peut-être de l'Europe... Faites mes volontés, suivez les mêmes idées que moi; ne flattez pas les patriotes quand je les repousse; n'éloignez pas les nobles quand je les appelle; formez votre maison d'après les principes qui m'ont dirigé. Soyez prince, enfin, et ne vous effrayez pas des conséquences de ce titre.»

Joseph finit par céder, et promit que sa femme se conformerait sans murmurer au cérémonial réglé pour le sacre. Seulement, on ménagea les amours-propres, en employant dans le procès-verbal le mot soutenir le manteau, au lieu de l'expression porter la queue, « car les vanités, ajoute Miot de Mélito, se raccrochent à tout ce qui peut les sauver.»

Quant à Mme Bonaparte, la mère, elle s'obstinait à prolonger son séjour à Rome, auprès de son fils Lucien. Malgré les avertissements réitérés qui leur arrivaient de Paris, elle ne devait y arriver que plusieurs jours après le sacre, ce qui ne l'empêchera pas de figurer dans le grand tableau consacré à cet événement par David, le peintre tour à tour jacobin et impérialiste, qui préluda par l'apothéose de Marat à l'apothéose de Napoléon.

Le pape Pie VII, alors âgé de soixante-deux ans, était parti de Rome le 2 novembre, après avoir longtemps prié à l'autel de Saint-Pierre. Le peuple du Transtevère avait accompagné longtemps sa voiture en pleurant. Il le voyait avec frayeur s'aventurer dans un voyage vers la France révolutionnaire. A Florence, il avait été reçu par la reine d'Etrurie, devenue veuve, et actuellement régente pour son fils. A Lyon, il commença à se rassurer. Des flots de population accouraient pour demander à genoux la bénédiction du vicaire de Jésus-Christ. Pendant ce temps, Napoléon faisait terminer les réparations qu'il avait prescrites pour mettre le château de Fontainebleau en état de recevoir le souverain pontife. En moins de vingt jours, l'ameublement du palais avait été confectionné, et le château avait repris comme par enchantement sa splendeur d'autrefois.

On se demandait comment aurait lieu la première entrevue du pape et de l'empereur. Elle soulevait plus d'une difficulté d'étiquette, que Napoléon trouva ainsi le moyen d'éluder. Pie VII devait arriver par la forêt de Fontainebleau, et l'empereur devait aller à sa rencontre, par la forêt de Nemours. Pour éviter le cérémonial, Napoléon prit le prétexte d'une partie de chasse. La vénerie, avec ses équipages, fut réunie dans la forêt. Napoléon était à cheval, en habit de chasse. A l'heure où il savait que le cortège pontifical parviendrait à la croix de Saint-Hérem, — c'était le dimanche 25 novembre 1804, à midi, — il dirigea son cheval de ce côté, et, dès qu'il fut à la demi-lune qui est au sommet de la côte, il vit arriver la voiture du pape.

D'après les renseignements fournis par les Mémoires du duc de Rovigo, la voiture de Pie VII s'étant arrêtée, le souverain pontife sortit par la portière de gauche, avec son costume blanc. Il y avait de la boue, et l'auguste vieillard n'osait mettre son pied de soie blanche à terre; cependant il fallut bien qu'il en vînt là. Napoléon mit pied à terre, pour le recevoir, et se jeta cordialement dans ses bras. Ces deux illustres personnages, qui, sans se connaître, avaient déjà si souvent pensé l'un à l'autre, et qui devaient exercer sur leurs mutuelles destinées une si grande influence, se voyaient, pour la première fois, avec une émotion profonde. Au moment où ils s'embrassaient une voiture de l'empereur, que l'on avait fait approcher à dessein, fut avancée de quelques pas, comme par l'inattention des conducteurs; des hommes étaient apostés pour tenir les deux portières ouvertes; l'empereur prit celle de droite, et un officier de cour indiqua au pape celle de gauche, de sorte que, par les deux portières, les deux souverains entrèrent ensemble dans la même voiture. L'empereur se mit naturellement à droite, et ce premier pas décida de l'étiquette, sans négociations, pour tout le temps que devait durer le séjour du pape.

Sur le seuil du palais de Fontainebleau, l'impératrice, les grands dignitaires de l'empire, les généraux étaient rangés en cercle pour recevoir et pour saluer Pie VII. On lui fit un accueil plein de vénération. Sa belle et noble figure, son air de bonté angélique, sa voix douce et sonore produisirent une vive impression. Joséphine était surtout émue par la présence du vicaire du Christ. Après avoir pris quelques instants de repos dans l'appartement qui lui était réservé, et où il avait été conduit par M. de Talleyrand, grand chambellan, par le général Duroc, grand maréchal du palais, et par M. de Ségur, grand maître des cérémonies le pape alla faire une visite à Napoléon qui, après un entretien d'une demi-heure, le reconduisit jusqu'à la salle dite alors des Grands-Officiers. Les deux souverains dînèrent ensemble, et le pape se retira de bonne heure, pour se reposer des fatigues de son long voyage. Le lendemain, on fit venir, dans la soirée, quelques chanteurs pour exécuter un concert dans les appartements de l'impératrice; mais Pie VII se retira, au moment où ce concert allait commencer.

Dans la journée, Joséphine, ayant eu avec le pape un entretien confidentiel, lui avait avoué le secret qui la préoccupait à un si haut degré. Elle, qui régnait sur la plus grande des nations catholiques; elle, la compagne du successeur des rois très chrétiens, des fils aînés de l'Église, la femme d'un souverain qu'un pape allait sacrer, elle n'était mariée que civilement! Elle supplia Pie VII d'employer toute son influence auprès de Napoléon, afin de faire cesser une situation qui était, pour son cœur d'épouse et de chrétienne, une torture et un remords de tous les instants. Le pape se montra touché de la confidence que lui faisait sa chère fille (c'est ainsi qu'il appelait toujours l'impératrice). Il lui promit de demander, au besoin d'exiger, comme condition du sacre, la célébration du mariage religieux de l'empereur, et cette promesse combla de joie Joséphine.

La présence du pape et de l'empereur, la foule de prélats, de généraux, d'hommes de cour, de femmes brillantes, le mélange des pompes de la religion et de celles de la monarchie rendaient au château des Valois, quelques jours avant délabré et abandonné, une splendeur et une magnificence toutes nouvelles. Jamais, aux plus beaux temps des règnes de François Ier, de Henri II ou de Louis XIV, cette fastueuse résidence n'avait paru plus éblouissante et plus grandiose. Il a tant de prestige, ce merveilleux palais, avec son architecture à la fois superbe et pittoresque, ses majestueuses façades, ses cinq cours: celles du Cheval-Blanc, de la Fontaine, du Donjon, des Princes, de Henri IV ! Elle est si belle, cette salle des Fêtes, avec son ornementation élégante et riche entre toutes, son plafond de bois de noyer, divisé en caissons octogones richement profilés à fond d'or et d'argent, sa cheminée monumentale, ses chiffres, ses emblèmes, ses fresques fantastiques, chefs-d'œuvre lumineux du Primatice et de Nicolo dell' Abate !

Hélas ! ce Fontainebleau splendide, cet étincelant palais, où triomphent en ce moment le pape et l'empereur, comme il sera plus tard funeste à tous les deux ! Le pape y reviendra prisonnier, torturé dans son cœur de vieillard, de prêtre, de vicaire du Christ. Et l'empereur y videra jusqu'à la lie la coupe des humiliations, du désespoir. C'est là que vaincu, brisé, trahi par la fortune, il signera son abdication. C'est là qu'il prononcera ces déchirantes paroles : « C'est bien fait ! il m'arrive ce que j'avais mérité. Je ne voulais pas de statues, car je savais qu'il n'y a sûreté à les recevoir que de la postérité. Pour les conserver de son vivant, il faudrait être toujours heureux. Je songe à la France, qu'il est affreux de laisser dans cet état, sans frontières, quand elle en avait de si belles ! C'est ce qu'il y a de plus poignant dans les humiliations qui s'accumulent sur ma tête. Cette France, que je voulais faire si grande, la laisser si petite ! » C'est là que, submergé par une incommensurable douleur, le vainqueur de tant de combats voudra chercher dans le suicide un refuge contre les tourments de sa pensée, et qu'il ne réussira pas même à se donner la mort, lui qui, sur les champs de bataille, avait moissonné tant d'existences humaines. O mortels, ignorants de vos propres destinées, combien vous êtes heureux de ne pas les connaître à l'avance !...

IV

LES APPRÊTS DU SACRE.

L'impératrice, accompagnée de Mme de La Rochefoucauld, dame d'honneur, et de Mme d'Arberg, dame du palais, partit de Fontainebleau, le jeudi 29 novembre 1804, et arriva dans la même journée à Paris. Elle y précéda de quelques heures l'empereur et le pape qui, à Fontainebleau, étaient montés ensemble en voiture, et qui firent leur entrée aux Tuileries à huit heures du soir. Un peloton de mamelucks suivait le carrosse impérial, et c'était une chose singulière de voir ces musulmans escorter le vicaire de Jésus-Christ. Le pape fut logé aux Tuileries, dans le pavillon de Flore. On attacha à sa personne M. de Viry, chambellan de l'empereur; M. de Luçay, préfet du palais, et le colonel Durosnel, écuyer cavalcadour.

Tout Paris était agité par l'approche du grand événement. Les hôtels regorgeaient de monde. La population de la capitale se trouvait presque doublée, tant l'affluence des provinciaux et des étrangers était grande. Les fournisseurs travaillaient jour et nuit pour que les toilettes et les uniformes fussent prêts. C'était dans tous les ateliers une activité sans pareille. Leroy, qui, jusqu'alors n'avait été que marchand de modes, s'était décidé, pour la circonstance, à entreprendre la couture, et avait pris pour associée Mme Raimbault, célèbre couturière de l'époque. De leurs magasins étaient sortis les magnifiques vêtements que l'impératrice devait porter, le jour du sacre. Quant à ses joyaux, qui consistaient en une couronne, un diadème et une ceinture, ils étaient l'œuvre du joaillier Margueritte. La couronne se composait de huit branches, qui se réunissaient sous un globe d'or surmonté d'une croix. Les branches étaient garnies de diamants, quatre en forme de feuilles de palmier, et quatre en feuilles de myrte. Autour de la courbure il y avait un cordon incrusté de huit énormes émeraudes. Le bandeau étincelait d'améthystes. Le diadème était formé par quatre rangées de perles entrelacées de feuillage en diamants, avec plusieurs gros brillants, dont un seul pesait cent quarante-neuf grains. La ceinture enfin était un ruban d'or, enrichi de trente-neuf pierres roses. Le sceptre de l'empereur avait été confectionné par Odiot ; il était en argent massif, enlacé d'un serpent d'or, et surmonté d'un globe sur lequel on voyait une figurine représentant Charlemagne assis. Quant à la main de justice, à la couronne et à l'épée, elles sortaient des ateliers de Biennais. Le costume des hommes de la cour devait être très riche. Il se composait d'un habit français de couleurs différentes pour les services qui dépendaient du grand-maréchal, du grand-chambellan et du grand-écuyer, avec une broderie d'argent pour tous ; le manteau sur une épaule, en velours et doublé de satin ; l'écharpe, le rabat de dentelle et le chapeau retroussé sur le devant et garni d'un panache. Les femmes devaient être en robe de bal, à traînes, avec une collerette de blonde appelée *chérusque*, qui, attachée sur les deux épaules et montant assez haut derrière la tête, rappelait les modes du temps de Catherine de Médicis.

On faisait des répétitions pour le couronnement, comme pour une pièce à grand spectacle. Depuis les principaux acteurs jusqu'aux moindres comparses, chacun étudiait son rôle en conscience ; les maîtres des cérémonies devaient servir de souffleurs à ceux qui manqueraient de mémoire. Les voitures impériales et celles des princes et des princesses avaient été conduites un matin aux alentours de Notre-Dame attelées de leurs chevaux et à vide. Cochers, postillons, palefreniers, s'étaient ainsi bien rendu compte de l'itinéraire qu'ils devaient suivre et des endroits où ils devaient stationner.

Les équipages étaient splendides, les chevaux magnifiques, les livrées étincelantes. On n'avait jamais vu plus de luxe aux époques les plus fastueuses de la monarchie.

M. de Bausset raconte que, huit jours avant le couronnement, le peintre Isabey reçut de l'empereur la demande de sept dessins devant représenter les sept principales cérémonies qui auraient lieu à Notre-Dame, mais dont les répétitions ne pouvaient se faire dans la cathédrale, à cause des nombreux ouvriers occupés, jour et nuit, à l'embellir et à la décorer. Exiger sur-le-champ sept dessins réunissant chacun plus de cent personnes en action, c'était demander l'impossible. Isabey éluda la difficulté avec beaucoup d'adresse. Il acheta chez les marchands de joujoux tous les petits bonshommes qu'il put trouver, les habilla en pape, en empereur, en impératrice, en princes, en princesses, en grands dignitaires, en cardinaux, en chambellans, en écuyers, en dames d'honneur, en dames du palais. Il plaça les poupées ainsi habillées sur un plan en relief de l'intérieur de Notre-Dame, et portant le tout à l'empereur : « Sire, dit-il, j'apporte à Votre Majesté mieux que des dessins. » Napoléon trouva l'idée très ingénieuse, et se servit des poupées et du plan, pour bien faire comprendre à chaque figurant sa place et son emploi.

Le *Moniteur* du 9 Frimaire an XIII (30 novembre 1804) publia à l'avance, avec les détails les plus minutieux, le cérémonial du sacre, qui fut réglé par l'empereur avec autant de soin qu'un plan de bataille. Une difficulté s'était élevée à cette occasion. Le pape aurait voulu que l'empereur communiât publiquement, le jour du sacre, et Napoléon en avait délibéré. Le grand-maître des cérémonies, M. de Ségur lui objecta la nécessité préalable d'une confession à laquelle il ne se prêterait peut-être pas, et d'une absolution qu'on pourrait lui refuser. « La difficulté n'est point là, répliqua l'empereur, le Saint-Père sait distinguer les péchés de César de ceux de l'homme. » Puis il ajouta : « Je sais que je dois l'exemple du respect pour la religion et ses ministres ; aussi me voyez-vous bien traiter les prêtres, aller régulièrement à la messe, et y assister avec une attitude grave et recueillie. Mais on me connaît, et, pour moi, comme pour les autres, si j'allais plus loin, qu'en penseriez-vous ? Ne serait-ce pas donner l'exemple de l'hypocrisie, et commettre un sacrilège ? » Le pape n'insista point. L'idée de cette crainte d'un sacrilège, Napoléon l'exprimera de nouveau, en 1816, sur le rocher de Sainte-Hélène : « On fit tout au monde, dira-t-il alors, pour me porter, à la manière de nos rois, à aller en grande pompe communier à Notre-Dame ; je m'y refusai tout à fait ; je n'y croyais pas assez, disais-je, pour que ce pût m'être salutaire, et j'y croyais trop encore pour m'exposer raidement à un sacrilège. »

Il y eut une autre difficulté qui préoccupait beaucoup le pape, et qui ne se trouvait pas réglée dans le cérémonial du sacre. Il s'agissait de savoir si l'empereur recevrait la couronne des mains du souverain-pontife. Pie VII avait posé la question, avant son départ de Rome, et le cardinal Consalvi avait écrit sur ce sujet, auquel le Vatican attachait une extrême importance : « Tous les empereurs français, tous ceux d'Allemagne qui ont été sacrés par les papes, ont été, en même temps, couronnés par eux. Le saint-père, pour se décider au voyage, a besoin de recevoir de Paris l'assurance qu'il ne sera rien innové, dans la circonstance actuelle, contrairement à l'honneur et à la dignité du souverain-pontife. » A Rome, les réponses avaient été vagues, dilatoires. A Paris, l'empereur, laissant quelque chose à l'imprévu, s'était contenté de dire : « J'arrangerai cela moi-même. »

Les préparatifs s'achevaient à Notre-Dame. Ils étaient très considérables. On avait abattu plusieurs maisons qui gênaient la façade septentrionale. Devant le grand portail, alors mutilé par les ravages révolutionnaires, on avait élevé une décoration en charpente peinte, figurant un vaste porche gothique à quatre arcs qui soutenaient les statues des trente-six *bonnes villes* dont les maires devaient assister au couronnement. A droite et à gauche, se dressaient les images de Clovis et de Charlemagne, le sceptre en main. Au-dessus, entre deux aigles d'or, rayonnait le blason impérial. Ce portrail était uniquement destiné à l'entrée des cortèges du pape et de l'empereur. Il communiquait avec l'archevêché au moyen de grandes galeries couvertes, en bois, et ornées, à l'intérieur, de belles tapisseries des Gobelins. L'archevêché, où Pie VII et Napoléon devaient se rendre, avant d'entrer dans la cathédrale, et qui, aujourd'hui, n'existe plus (il a été demoli, le 14 février 1831, dans un jour de fureur populaire), était situé tout à côté de l'église métropolitaine. Construit en 1161 par Maurice de Sully, reconstruit en 1697 par le cardinal de Noailles, embelli en 1750 par l'archevêque de Beaumont, ce palais de l'archevêché avait servi de local à l'Assemblée Constituante, du 19 octobre au 9 novembre 1789. C'est là que le pape et l'empereur devaient faire une station, en venant des Tuileries, et revêtir les grands costumes du sacre, avant de pénétrer dans la cathédrale.

Le vaisseau de Notre-Dame avait été entièrement tendu d'étoffes cramoisies ornées de franges d'or, et portant, brodées à tous les coins, les armes de l'Empire. De chaque côté de la grande nef, et dans le pourtour du chœur, on avait élevé trois rangs de tribunes, également décorées de tentures de soie et de velours, frangées d'or, avec des trophées de drapeaux à chaque pilier. Au-dessus des trophées, il y avait des Victoires ailées et dorées, portant des girandoles garnies d'une profusion de bougies. A ces girandoles s'ajoutaient vingt-quatre lustres suspendus à la voûte de la cathédrale. La construction des tribunes avait diminué le jour, et l'on était en plein hiver, à une saison où la nuit arrive vite. On avait donc décidé que la cathédrale serait éclairée pendant tout le temps de la cérémonie, ce qui augmenterait l'éclat et la pompe de cette solennité. Le chœur fermé par une balustrade, avait été réservé pour le clergé. A droite du maître-autel, sur une estrade de onze marches, on avait élevé le trône pontifical, que surmontait un dôme doré, décoré des armoiries de l'Église catholique, apostolique et romaine. En face, et de chaque côté du trône pontifical, se trouvaient des banquettes à dossier, destinées aux cardinaux et aux prélats. Pour l'empereur et l'impératrice, on avait préparé ce qu'on appelait le petit trône et le grand trône. Le petit trône se composait de deux fauteuils, l'un pour Napoléon, l'autre pour Joséphine. Ces deux fauteuils, placés sur une estrade de quatre marches, étaient en face du maître-autel. L'empereur et l'impératrice devaient s'y asseoir, durant la première partie de la cérémonie. Quant au grand trône, il était situé à l'autre extrémité de l'église, et adossé à la grande porte, qui se trouvait ainsi condamnée. On arrivait à ce grand trône, exhaussé sur une vaste estrade en demi-cercle, par un large escalier de vingt-quatre marches. Il était placé sous un baldaquin en forme d'arc de triomphe, que soutenaient huit colonnes dorées, et il dominait toute l'église. L'empereur et l'impératrice ne devaient monter sur le grand trône qu'après leur couronnement.

Napoléon, à l'occasion du sacre, avait fait présent à la cathédrale d'un assortiment de vases sacrés en vermeil, enrichis de diamants, d'aubes en dentelles très précieuses, d'une croix processionnelle, de chandeliers, d'encensoirs. En même temps, il fit rendre à l'église métropolitaine un grand nombre de reliques dont la piété de saint Louis avait doté la Sainte-Chapelle. Déposées, en 1791, par ordre de Louis XVI, au trésor de Saint-Denis, puis transportées en 1793 dans le cabinet des curiosités de la Bibliothèque nationale, elles avaient figuré, sous le Directoire, dans la salle des Antiques. L'empereur les rendait aux hommages des fidèles.

Les préparatifs du sacre étaient achevés, et la cérémonie s'annonçait comme devant être magnifique. Mme Junot, la future duchesse d'Abrantès, déjeuna aux Tuileries, chez l'impératrice, le 1er décembre 1804, veille du couronnement. Joséphine était fort émue, mais le bonheur perçait dans son regard. Elle raconta, pendant le déjeuner, tout ce que l'empereur lui avait dit d'aimable, le matin même, et comment il lui avait essayé sur le front la couronne, qu'elle devait ceindre le lendemain à Notre-Dame. En disant cela, elle versait des larmes de reconnaissance. Elle parla ensuite de la peine qu'elle avait éprouvée, en recevant un refus de Napoléon, lorsqu'elle lui avait demandé, le matin même, le retour de Lucien. « J'ai voulu, dit-elle, invoquer une aussi grande journée, mais Bonaparte m'a répondu avec aigreur, et j'ai été contrainte de me taire. Je voulais prouver à Lucien que je sais rendre le bien pour le mal ; si vous en trouvez l'occasion, faites-le lui savoir. »

Dans la soirée, le Sénat vint aux Tuileries présenter à l'empereur le résultat du plébiscite qui approuvait l'empire et l'hérédité; trois millions cinq cent vingt et un mille six cent soixante citoyens avaient voté pour; deux mille cinq cent soixante-dix-neuf avaient voté contre. Napoléon répondit au président du Sénat avec cette infatuation que donnent le succès et le sentiment de la force : « Je monte au trône où m'ont appelé les vœux unanimes du Sénat, du peuple et de l'armée, le cœur plein du sentiment des grandes destinées de ce peuple que, au milieu des camps, j'ai, le premier, salué du nom de grand. Depuis mon adolescence, mes pensées tout entières lui sont dévolues, et, je dois le dire ici, mes plaisirs et mes peines ne se composent plus aujourd'hui que du bonheur ou du malheur de mon peuple. Mes descendants conserveront longtemps ce trône. Ils ne perdront jamais de vue que le mépris des lois et l'ébranlement de l'ordre social ne sont que les résultats de la faiblesse et de l'incertitude des princes. » A l'homme qui parle avec tant de confiance de sa race, et qui jette sur l'avenir un regard si tranquille, n'est-on pas tenté de répondre avec le poète :

> L'avenir ! l'avenir !... Mystère !
> Toutes les choses de la terre,
> Gloire, fortune militaire ;
> Couronne éclatante des rois,
> Victoire aux ailes embrasées,
> Ambitions réalisées,
> Ne sont jamais sur nous posées
> Que comme l'oiseau sur nos toits.

Non, si puissant qu'on soit ; non, qu'on rie ou qu'on pleure,
Nul ne te fait parler, nul ne peut avant l'heure
    Ouvrir ta froide main,
O fantôme muet, ô notre ombre, ô notre hôte,
Spectre toujours masqué, qui nous suis côte à côte,
    Et qu'on nomme demain !

L'heure des catastrophes viendra vite, mais elle n'est pas encore sonnée, et demain sera encore radieux. De six heures du soir jusqu'à minuit, des salves d'artillerie sont tirées d'heure en heure, pour annoncer l'approche du grand événement ; à chaque salve, les tours, les clochers, les édifices publics sont éclairés, pendant quelques minutes, par des flammes de Bengale. Les insignes impériaux, entre autres l'épée de Charlemagne, se trouvent déjà dans l'église de Notre-Dame. Le général de Ségur, alors capitaine et adjoint au grand-maréchal du palais, est chargé de veiller, pendant la nuit, sur ce précieux dépôt. Il a consigné, à ce propos, un fait qui prouve bien l'esprit batailleur des hommes de l'époque. Un des officiers qui le secondaient dans la garde du glaive impérial eut la folle idée de s'en servir, en provoquant l'un de ses camarades, qui, lui ayant opposé son sabre, se consola d'avoir été vaincu, et même un peu blessé, par une épée si glorieuse.

Dans la même nuit — celle qui précéda le sacre — les vœux de Joséphine furent exaucés. Son union avec Napoléon fut bénie par l'église. On dressa mystérieusement un autel dans le palais des Tuileries, et là, en présence de M. de Talleyrand et du maréchal Berthier, qui, seuls, servirent de témoins, le cardinal Fesch célébra, dans le plus profond secret, le mariage religieux de l'empereur et de l'impératrice. Les scrupules de Pie VII se trouvaient ainsi apaisés. Joséphine pouvait être couronnée le lendemain.

V

LE SACRE.

Nous sommes au 2 décembre 1804. Dès le matin, tout Paris est sur pied. Il fait très froid. Le ciel est brumeux, mais on ne songe pas à la rigueur de la saison. Toutes les rues par lesquelles doit passer le cortège ont été soigneusement nettoyées et sablées. Les habitants ont décoré la façade de leurs maisons selon leurs goûts et leurs moyens, avec des draperies, des tapisseries, des fleurs artificielles, des branches d'arbres verts. Deux haies d'infanterie bordent un espace de près d'une demi-lieue. Bien avant l'heure où le pape et l'empereur doivent quitter les Tuileries pour se rendre à Notre-Dame, une foule innombrable se presse dans les rues, à toutes les fenêtres, sur tous les toits. Le maréchal Murat, gouverneur de Paris, offre de bonne heure un magnifique déjeuner aux princes d'Allemagne, venus à Paris pour assister au sacre : l'électeur archichancelier de l'empire germanique, les princes de Nassau, de Hesse et de Bade. Après le déjeuner, il les fait conduire à Notre-Dame dans quatre superbes voitures à six chevaux, avec une escorte commandée par un de ses aides de camp, et lui-même monte à cheval pour se mettre à la tête des vingt escadrons de cavalerie qui doivent précéder le carrosse de l'empereur.

Aux Tuileries, Napoléon endosse le costume désigné sous le nom de *petit habillement*. C'est celui qu'il doit porter, pendant le trajet du palais à l'archevêché. Il ne revêtira le *grand habillement*, c'est-à-dire la robe et le manteau impérial, qu'à l'archevêché, au moment d'entrer dans l'église. Voici la description du petit habillement, telle que la donne Constant, le valet de chambre de l'empereur : bas de soie brodés en or, brodequins de velours blanc, brodés en or, sur les coutures, avec boutons et boucles en diamants aux jarretières, habit de velours cramoisi, avec parements en velours blanc, demi-manteau cramoisi, doublé de satin blanc, couvrant l'épaule gauche, et rattaché à droite sur la poitrine avec une double agrafe en diamants ; toque en velours noir, surmontée de deux aigrettes, la ganse en diamants, et pour bouton, le plus célèbre des joyaux de la couronne, le Régent.

Le costume de l'impératrice n'est pas moins magnifique. Elle porte une robe à traîne en brocart d'argent semé d'abeilles d'or, elle a les épaules découvertes, mais ses bras sont enserrés dans des manches étroites, à broderies d'or, dont le haut est enrichi de diamants, et auxquelles se trouve attachée une fraise en dentelle lamée d'or, qui remonte jusqu'au milieu de la tête. La robe collante est sans taille, suivant la mode du temps. Au-dessous du sein, il y a un ruban d'or, enrichi de trente-neuf pierres roses. Les bracelets, les boucles d'oreilles, le collier se composent de pierres précieuses et de camées antiques. Le diadème est formé par quatre rangées de perles entrelacées de feuillage en diamants. Coiffée de mille boucles, comme au temps de Louis XIV, l'impératrice, qui a quarante et un ans, semble, au dire de Mme de Rémusat, n'en avoir que vingt-cinq. L'empereur admire la beauté de Joséphine, dans ce riche appareil. Tant de luxe et d'éclat l'éblouit. A ce moment, il évoque les souvenirs de son enfance, et, se tournant du côté du plus aimé de ses frères, il lui dit avec émotion : « Joseph, si notre père nous voyait ! »

Neuf heures viennent de sonner. C'est le moment fixé pour le départ du pape, qui doit arriver à Notre-Dame avant l'empereur. Le souverain-pontife, vêtu de blanc, descend l'escalier du pavillon de Flore, et monte dans une voiture surmontée d'une grande tiare et attelée de huit chevaux gris. Il est d'usage à Rome, quand le pape sort pour officier dans les grandes églises, comme celle de Saint-Jean-de-Latran, par exemple, qu'un de ses camériers parte un instant avant lui, monté sur une mule, et portant une grande croix de procession. Pie VII a exigé que cet usage fût respecté à Paris. Le cortège pontifical est donc précédé par un camérier, dont la mule ne laisse pas d'exciter les sourires de la foule innombrable qui borde les quais. Mais quand passe le pape, on s'agenouille, et l'on reçoit pieusement sa bénédiction. Précédées et suivies de détachements de cavalerie, la voiture du pape et les huit voitures dans lesquelles se trouvent les cardinaux, les prélats et les officiers italiens venus de Rome avec lui, s'avancent lentement par les quais jusqu'à l'archevêché. Au moment où le souverain-pontife fait son entrée dans ce palais, où l'attendent tous les cardinaux, archevêques, et évêques français, et où il va revêtir les ornements pontificaux, il est reçu par le cardinal du Belloy, métropolitain de Paris. Il doit se rendre de l'archevêché à Notre-Dame par la galerie de bois qui met en communication le palais et la cathédrale. Le cortège pontifical entre à Notre-Dame dans l'ordre suivant ; un prêtre portant la croix apostolique, sept acolytes portant les sept chandeliers d'or, plus de cent évêques, archevêques ou cardinaux, en chape et en mitre, marchant deux à deux, et enfin, pour fermer la marche, sous un dais, entre deux cardinaux qui, de chaque côté, soutiennent les bords de sa chape d'or, le saint-père, la tiare sur la tête. Le clergé entonne l'hymne *Tu es Petrus,* qui produit une impression profonde, et le souverain-pontife, après s'être agenouillé quelques instants devant le maître-autel, va s'asseoir au milieu du chœur, à droite de l'autel, sur le trône pontifical, que surmonte un dôme décoré des armoiries de l'Église.

L'empereur et l'impératrice, qui devaient partir des Tuileries à dix heures précises, n'en sortent qu'à dix heures et demie. Ils montent dans la magnifique voiture appelée voiture du sacre. Ce merveilleux carrosse de gala excite l'admiration de la foule, toujours si curieuse de spectacles. Attelé de huit superbes chevaux splendidement caparaçonnés, il est surmonté d'une énorme couronne d'or que soutiennent quatre aigles aux ailes éployées. Les quatre côtés de la cloison, formés par des glaces sans tain et encadrées dans de minces montants ciselés, laissent voir aussi distinctement que si la voiture était découverte Napoléon et Joséphine, qui sont dans le fond, et Joseph et Louis Bonaparte, qui sont sur le devant. Des salves d'artillerie retentissent pour annoncer que l'empereur vient de partir des Tuileries. Vingt escadrons de cavalerie, ayant le maréchal Murat à leur tête, le précèdent. Dix-huit voitures à six chevaux, contenant les grands dignitaires, et les personnages de la cour, le suivent. Les musiques militaires jouent des marches triomphales, et, sur le parcours, une foule innombrable salue le souverain. Le cortège, qui sort des Tuileries par le Carrousel, prend la rue Saint-Honoré jusqu'à celle des Lombards, puis le pont au Change et les quais jusqu'à la rue du Parvis-Notre-Dame et à l'archevêché. Au moment même où l'empereur et l'impératrice entrent dans la cour du palais archiépiscopal, le brouillard, qui couvrait le ciel depuis le matin, se dissipe, le soleil se lève, et ses rayons font étinceler les dorures du carrosse impérial. Le *Moniteur*, dans son enthousiasme officiel, montrera « l'astre du jour échappant, contre toute espérance, à l'empire d'une saison ténébreuse pour éclairer une si belle journée. »

Arrivé à l'archevêché, Napoléon y ôte le *petit habillement*, pour revêtir le costume du sacre. Ce costume, entièrement distinct du petit habillement que l'empereur a porté pendant le trajet des Tuileries à l'archevêché, se compose d'une étroite robe de satin blanc, brodée d'or sur toutes les coutures, et d'un manteau impérial en velours cramoisi, entièrement semé d'abeilles d'or et entouré d'un large dessin de branches d'olivier, de laurier et de chêne, enlaçant des N couronnés; la doublure, la bordure et l'épitoge ou palatine sont en hermine. Ce manteau, qui recouvre l'épaule droite, tout en laissant passer le bras, et retombe par devant jusqu'au dessous du genou, ne pèse pas moins de quatre-vingts livres, et bien qu'il soit soutenu par quatre personnes, le prince Joseph, le prince Louis, l'archichancelier Cambacérès et l'architrésorier Lebrun, c'est pour l'empereur, qui est de petite taille, un somptueux, mais pesant fardeau. Il le porte d'ailleurs avec majesté. Il a mis sur sa tête une couronne de laurier d'or, le laurier de César; à son cou, le collier de la Légion d'honneur en diamants; à son côté gauche, un glaive à forte poignée, dont le fourreau en émail bleu est orné d'aigles et d'abeilles d'or. En même temps, Joséphine a complété son costume, en mettant sur sa robe un long manteau en velours rouge semé d'abeilles d'or et doublé d'hermine, dont les pans sont soutenus par les princesses Joseph, Louis, Elisa, Pauline et Caroline.

Le cortège impérial se rend de l'archevêché à Notre-Dame par la galerie de bois, qui relie l'édifice à la cathédrale, et entre dans l'église, non point par le portail, condamné parce que le grand trône y est adossé, mais par l'une des deux portes latérales de la façade. On observe dans la marche l'ordre suivant, avec dix pas de distance entre chaque groupe: les huissiers, sur quatre de front; les hérauts d'armes, sur deux de front; le chef des hérauts d'armes; les pages, sur quatre de front; les aides des cérémonies; les maîtres des cérémonies; le grand-maître des cérémonies, M. de Ségur; le maréchal Sérurier, portant sur un coussin l'anneau de l'impératrice; le maréchal

Moncey, portant la corbeille qui doit recevoir le manteau de la souveraine; le maréchal Murat, portant sur un coussin sa couronne; l'impératrice, ayant son premier écuyer à sa droite, son premier chambellan à sa gauche, et couverte du manteau impérial, soutenu par les cinq princesses, qui ont elles-mêmes chacune un manteau de cour soutenu par un officier de leurs maisons; Mme de La Rochefoucauld, dame d'honneur, et Mme de Lavalette, dame d'atours de l'impératrice; le maréchal Kellermann, portant la couronne de Charlemagne, diadème à six branches orné de camées précieux; le maréchal Pérignon, portant le sceptre de Charlemagne, sceptre qui est terminé par la boule du monde, avec une figurine du grand empereur carlovingien; le maréchal Lefebvre, portant l'épée de Charlemagne; le maréchal Bernadotte porte le collier de Napoléon, le colonel général Eugène de Beauharnais, l'anneau de l'empereur; le maréchal Berthier, le globe impérial; M. de Talleyrand, grand chambellan, la corbeille destinée à recevoir le manteau du souverain. L'empereur s'avance ensuite, la couronne de laurier d'or sur la tête, et tenant d'une main son sceptre d'argent, surmonté d'un aigle et entouré d'un serpent d'or, de l'autre, sa main de justice. Son manteau est soutenu par ses deux frères: Joseph, grand électeur, et Louis, connétable, ainsi que par l'archichancelier Cambacérès et l'architrésorier Lebrun. Puis viennent le grand-écuyer, le colonel général de la garde de service et le grand-maréchal du palais, tous trois de front, les ministres sur quatre de front et les grands officiers militaires.

Dès que Napoléon paraît dans l'église, les vingt mille personnes qu'elle contient poussent le cri de « Vive l'empereur ! » Un cardinal présente l'eau bénite à Joséphine, le cardinal archevêque de Paris la présente à Napoléon, et les deux prélats, après avoir complimenté l'impératrice et l'empereur, les conduisent processionnellement, sous un dais porté par des chanoines, jusqu'à la place où s'élève, dans le chœur, le petit trône. C'est ainsi qu'on désigne les deux fauteuils où le souverain et sa compagne doivent s'asseoir pendant la première partie de la cérémonie, et qui sont placés en face du maître-autel, sur une estrade de quatre marches. Au moment où l'empereur et l'impératrice entrent dans le chœur, le pape descend de sa chaire pontificale et entonne le *Veni Creator*. L'empereur remet à l'archichancelier sa main de justice, à l'architrésorier son sceptre, au prince Joseph sa couronne, au prince Louis son épée, au grand-chambellan son manteau impérial, au colonel général Eugène de Beauharnais son anneau. Ces six objets — main de justice, sceptre, couronne, épée, manteau impérial et anneau — constituent ce qu'on appelle les « ornements de l'empereur ». Ils sont déposés sur l'autel par chaque dignitaire chargé de les porter

4.

et doivent être remis au souverain par le pape pendant le sacre. Il en est de même des « ornements de l'impératrice », qui se composent de son anneau, de son manteau, de sa couronne, et qui sont déposés sur l'autel : l'anneau, par le maréchal Sérurier, le manteau, par le maréchal Moncey, la couronne, par le maréchal Murat. Quant aux insignes de Charlemagne, sa couronne, son sceptre, son épée, ils resteront pendant tout le temps de la cérémonie entre les mains des maréchaux Kellermann, Pérignon et Lefebvre qui se tiennent debout à droite du petit trône, dans le chœur.

Dès que les ornements de l'empereur et de l'impératrice ont été déposés sur l'autel, le pape demande en latin à l'empereur s'il promet d'employer tous ses efforts pour faire régner dans l'Église et parmi son peuple la loi, la justice et la paix. Napoléon touche des deux mains le livre des évangiles, que lui présente le grand-aumônier, et il répond : *Profiteor*. Alors le pape, les évêques, les archevêques, les cardinaux s'agenouillent devant l'autel et commencent les litanies. Lorsqu'on arrive aux trois versets qui ne se disent que pour le sacre des souverains, l'empereur et l'impératrice se mettent aussi à genoux.

Après les litanies, le grand aumônier, un autre cardinal et deux évêques se dirigent vers le petit trône, s'inclinent profondément devant Napoléon et Joséphine, et les conduisent au pied de l'autel pour y recevoir l'onction sacrée. L'empereur et l'impératrice s'agenouillent sur des carreaux de velours bleu placés à la première marche de l'autel.

Le pape fait à Napoléon une triple onction sur la tête et dans les deux mains, en disant la prière de la consécration :

« Dieu puissant et éternel, qui avez établi Hazaël pour gouverneur de la Syrie, et Jéhu, roi d'Israël, en leur manifestant vos volontés par l'organe du prophète Elie ; qui avez également répandu l'onction sainte des rois sur la tête de Saül et de David, par le ministère du prophète Samuel, répandez par mes mains les trésors de vos grâces et de vos bénédictions sur votre serviteur Napoléon, que, malgré notre indignité personnelle, nous consacrons aujourd'hui empereur en votre nom. »

Le pape fait ensuite les même onctions à l'impératrice, en récitant cette prière : « Que le Père de l'éternelle gloire soit ton aide, et que le Tout-Puissant te bénisse ; qu'il exauce tes vœux ; qu'il remplisse ta vie de longs jours ; qu'il confirme sans cesse cette bénédiction et la maintienne à jamais avec tout le peuple ; qu'il couvre de confusion tes ennemis ; que la sanctification du Christ et l'onction de cette huile fleurissent sur toi, afin que celui qui t'a accordé sa bénédiction sur la terre te donne dans le ciel le bonheur des anges, et que tu sois bénie et gardée, pour la vie éternelle par Jésus-Christ, notre Seigneur, qui vit et règne dans les siècles des siècles. »

L'empereur et l'impératrice sont ensuite reconduits au petit trône, c'est-à-dire à leurs deux fauteuils ; devant chaque fauteuil est un prie-Dieu. Puis la grand'messe commence. Elle est dite par le pape. C'est une messe en musique, dont les morceaux ont été composés par Paesiello, l'abbé Rose et Lesueur. Chanteurs et instrumentistes, il y a trois cents exécutants. On remarque parmi les solistes le grand chanteur Laïs, et Kreutzer et Baillot, deux célèbres violonistes. Au *Graduel*, la messe est interrompue pour la bénédiction des ornements dont l'empereur et l'impératrice ont été ensuite revêtus.

Napoléon, suivi de l'archichancelier, de l'architrésorier, du grand chambellan, du grand écuyer, de deux chambellans, et Joséphine, accompagné par sa dame d'honneur, sa dame d'atours, son premier chambellan, son premier écuyer, se dirigent vers l'autel, et en gravissent les premières marches en même temps, le souverain pontife, tournant le dos à l'autel, s'assied sur un siège en forme de pliant, sans dossier. Puis il bénit les ornements impériaux, et prononce pour chacun de ces ornements une prière spéciale. Sa Sainteté les remet à l'empereur dans l'ordre suivant : d'abord l'anneau, que Napoléon passe à son doigt, ensuite l'épée, qu'il replace dans le fourreau, le manteau, qui est attaché sur ses épaules par les chambellans, puis la main de justice et le sceptre, qu'il rend à l'archichancelier et à l'architrésorier.

Le seul ornement qu'il reste encore à remettre à l'empereur, c'est la couronne. On se rappelle qu'il y a eu à Rome une longue négociation pour savoir si l'empereur serait couronné par le pape, ou s'il se couronnerait lui-même. La question est restée dans le vague, et Napoléon a dit qu'il la règlerait à Notre-Dame au moment décisif. Cependant Pie VII est convaincu qu'il va placer la couronne sur la tête du souverain. Il vient de lui remettre l'anneau, l'épée, le manteau, la main de justice, le sceptre, et il s'apprête à faire de même pour la couronne. Mais l'empereur, qui a gravi la dernière marche de l'autel, et qui observe chaque mouvement du pape, lui prend des mains le signe du pouvoir suprême, et, fièrement, le pose lui-même sur sa tête. Pie VII, dominé et surpris, n'a pas essayé de résister au conquérant.

Napoléon, après s'être ainsi couronné, va couronner l'impératrice. C'est le moment le plus solennel de la vie de Joséphine. Ce moment, qui écartera loin d'elle les appréhensions du divorce tant redouté, c'est la réalisation éclatante de ses espérances les plus chères, c'est l'apogée de son triomphe. Napoléon s'approche avec émotion de cette compagne de ses beaux jours, de la femme qui lui a porté bonheur. Elle est prosternée devant lui, le visage inondé par des pleurs de joie et de reconnaissance, joignant les mains et frémissante. De son côté, il se rappelle tout ce qu'il lui doit : son bonheur, car il a eu, grâce à elle, le bien suprême, un amour partagé ; sa gloire, car c'est elle qui lui a fait obtenir, en 1796, le commandement en chef de l'armée d'Italie, origine de tous ses triomphes. Comme il se félicite, en ce moment, de n'avoir pas obéi aux suggestions haineuses de ses frères, et d'avoir conservé auprès de lui sa chère Joséphine ! La tendresse du jeune général Bonaparte revit dans le cœur du souverain. Il trouve Joséphine plus gracieuse, plus touchante, plus aimable que jamais, et c'est avec un élan d'allégresse qu'il pose le diadème impérial sur cette tête charmante et chérie.

L'empereur et l'impératrice, une fois couronnés, vont se rendre au grand trône qui est élevé à l'entrée de l'église, contre le grand portail. Ils y sont solennellement conduits par le pape et ses cardinaux. Le cortège impérial se reforme dans le même ordre qu'à son arrivée à Notre-Dame, l'impératrice précédant l'empereur. A ce moment les princesses semblent faire quelque difficulté pour porter les pans du manteau de la souveraine. L'empereur s'en aperçoit, et adresse à ses sœurs quelques mots secs et fermes, qui mettent tout le monde en mouvement. Le cortège arrive jusqu'au pied du grand trône. L'empereur en gravit le vingt-quatre marches, et s'y asseoit majestueusement, couronné, couvert du manteau impérial, tenant la main de justice et le sceptre.

A sa droite, sur un fauteuil semblable au sien, à un degré plus bas, se place l'impératrice. A un degré plus bas encore, les princesses se mettent sur de simples sièges. A gauche de l'empereur et à deux degrés au-dessous de lui, se trouvent les princes et les grands dignitaires. De chaque côté de l'estrade, se rangent les maréchaux, les grands-officiers et les dames de la cour. Le coup d'œil est éblouissant. Le souverain-pontife monte à son tour les vingt-quatre marches, et, dominant ainsi toute la cathédrale, il étend les mains sur l'empereur et l'impératrice, et prononce ces paroles latines, formule de l'intronisation : *In hoc solio confirmare vos Deus, et in regno æterno secum regnare faciat Christus!* « Que Dieu vous confirme sur ce trône, et que le Christ vous fasse régner avec lui dans son règne éternel ! » Puis, le souverain-pontife baise l'empereur sur la joue, et, se retournant vers les assistants, il s'écrie : *Vivat imperator in æternum !* « Que l'empereur vive à jamais ! » C'est le cri qui, dix siècles auparavant, a retenti dans la basilique de Saint-Pierre de Rome, quand le chef du même peuple, Charlemagne, a été proclamé empereur d'Occident !

Les acclamations retentissent, et trois cents musiciens entonnent le *Vivat imperator !* hymne composée par l'abbé Rose. Le cortège pontifical et le cortège impérial retournent dans le chœur. L'empereur et l'impératrice y reprennent leur place sur leurs fauteuils, et le pape commence le

Te Deum. Après ce cantique d'action de grâces, exécuté par quatre chœurs et deux orchestres, la messe, qui avait été interrompue au *Graduel* par la remise des ornements impériaux et l'intronisation, continue. A l'*Offertoire*, Napoléon et Joséphine, suivis des deux princes et des cinq princesses, vont remettre leur offrande au souverain pontife. Elle se compose d'un vase en vermeil, d'un pain d'or, d'un pain d'argent, et d'un cierge autour duquel sont incrustées treize pièces de monnaie. A l'*Élévation*, le prince Joseph ôte la couronne de l'empereur, et Mme de La Rochefoucauld, dame d'honneur, celle de l'impératrice. Napoléon et Joséphine s'agenouillent devant l'hostie, et reprennent leur couronne, en se relevant.

La messe une fois finie, l'empereur prête le serment politique prescrit par la Constitution, et dont les termes avaient soulevé une si vive opposition à Rome. Les présidents des grands corps de l'État lui apportent la formule, et, la main étendue sur le livre des Évangiles, l'empereur jure de maintenir les principes de la Révolution, ainsi que l'intégrité du territoire, et de gouverner en vue de l'intérêt, du bonheur et de la gloire du peuple français. Le chef des hérauts d'armes crie alors d'une voix forte : « Le très glorieux et très auguste empereur Napoléon, empereur des Français, est couronné et intronisé : Vive l'empereur ! » C'est la fin de la cérémonie. Les salves d'artillerie se joignent aux acclamations.

La solennité a réussi, et Napoléon pourra dire à son frère Joseph : « C'est pour moi une bataille gagnée ; j'ai obtenu, de l'art et des mesures que j'ai prises, au delà du succès que je pouvais en attendre. » N'avait-il pas raison, n'était-il pas prophète quand, au moment de la signature du Concordat, il disait à son secrétaire : « Bourrienne, vous verrez quel parti je saurai tirer des prêtres ? » Les chasubles d'or ont bien fait à côté des uniformes, les crosses et la tiare à côté des épées et du sceptre. Habile metteur en scène, Napoléon a su vieillir sa gloire récente, en empruntant au passé toutes ses majestés, toutes ses pompes, et en accaparant avec habileté ce qu'il y a de plus lumineux dans la légende des siècles. Il a pris à Charlemagne ses insignes, et à César son laurier d'or. Chef d'une nation qui a grandi par la croix et le glaive, il a voulu faire de son couronnement la fête de l'Église et de l'armée.

Le cortège impérial et le cortège pontifical retournent à l'Archevêché, et, au bout d'une demi-heure, se dirigent vers les Tuileries, en suivant le Marché-Neuf, la place du Châtelet, la rue Saint-Denis, les boulevards, la rue et la place de la Concorde, le pont Tournant et la grande allée du château. La nuit est venue. Les maisons sont illuminées. Cinq cents torches éclairent la marche des deux cortèges, et à leur clarté, qui a quelque chose d'imposant et d'étrange, la foule contemple avidement le nouveau Charlemagne et le vicaire de Jésus-Christ. On se croirait revenu aux temps épiques du moyen âge, tels que les décrira le poète :

> Le pape et l'empereur sont tout ; rien n'est sur terre
> Que pour eux et par eux ; un suprême mystère
> Vit en eux, et le ciel, dont ils ont tous les droits,
> Leur fait un grand festin des peuples et des rois.
> Le monde au-dessous d'eux s'échelonne et se groupe.
> Ils font et défont ; l'un délie et l'autre coupe.
> L'un est la vérité, l'autre est la force ; ils ont
> Leur raison en eux-mêmes, et sont parce qu'ils sont.
> Lorsqu'ils sortent, tous deux égaux, du sanctuaire,
> L'un dans sa pourpre, et l'autre avec son blanc suaire,
> L'univers ébloui contemple avec terreur
> Ces deux moitiés de Dieu, le pape et l'empereur (1).

Napoléon et Joséphine rentrent aux Tuileries, à six heures et demie, et le pape à près de sept heures. L'empereur, un peu fatigué de tant de pompes, reprend avec plaisir son modeste uniforme de colonel des chasseurs de la garde. Il dîne en tête à tête avec Joséphine, et lui demande de garder, pendant le repas, le diadème qu'elle porte si gracieusement, et qui lui va si bien. Le soir, il cause gaiement avec les dames du palais, et, admirant leurs riches toilettes qui ont fait, dans la journée, si bon effet à Notre-Dame, il leur dit en riant : « C'est à moi, mesdames, c'est à moi que vous devez d'être si charmantes. » Puis, on regarde aux fenêtres le jardin illuminé, le grand parterre entouré de portiques en lampions, la grande allée décorée de colonnades radieuses, sur les terrasses des orangers en feu, à chaque arbre une multitude de verres de cou-

(1) Victor Hugo. *Hernani.*

leur, et enfin, sur la place de la Concorde, une immense étoile. On dirait un palais de flammes.

C'est le peintre conventionnel, le montagnard, le régicide, qui a insulté Louis XVI, qui a fait l'apothéose de Marat, qui a crayonné d'une main haineuse les traits de Marie-Antoinette, marchant à l'échafaud ; c'est ce peintre-là, ce démagogue fougueux, cet ardent révolutionnaire, qui se chargera de faire le tableau officiel du sacre. Il poussera la galanterie jusqu'à choisir pour sujet non pas le moment où Napoléon s'est couronné lui-même, mais le moment du couronnement de l'impératrice, et, comme un critique lui reprochera d'avoir fait Joséphine trop jeune : « Allez le lui dire ! » répondra-t-il vivement. Quand le tableau sera terminé, l'empereur et la cour iront le voir dans l'atelier de l'artiste. Napoléon, la tête couverte, se promènera pendant une demi-heure devant cette large toile, haute de plus de six mètres, longue de plus de neuf, et qui contient cent portraits. (Elle est actuellement à Versailles dans la salle des Gardes, au haut de l'escalier de marbre). L'empereur la contemplera avec la plus grande attention, tandis que David et tous les assistants observeront un respectueux silence. Cette longue attente fera battre le cœur de l'artiste. Enfin Napoléon, se tournant de son côté, lui dira : « C'est bien, David, c'est très bien. Vous avez deviné toute ma pensée, vous m'avez fait chevalier français. Je vous sais gré d'avoir transmis aux siècles à venir la preuve d'affection que j'ai voulu donner à celle qui partage avec moi les peines du gouvernement. » Puis, faisant deux pas vers l'artiste, et levant son chapeau, il lui dira, d'une voix élevée : « David, je vous salue. »

Parfois, à Notre-Dame, pendant la semaine sainte, lors des cérémonies du soir, où l'antique cathédrale est éclairée par des lustres, comme le jour du sacre, j'évoque les souvenirs de cette métropole, je songe aux baptêmes et aux mariages royaux qui y furent célébrés, aux drapeaux qui furent suspendus à ses voûtes, aux *Te Deum* et aux *De Profundis* qu'on y chanta, à Bossuet y prononçant l'oraison funèbre du prince de Condé, à l'impudique déesse de la Raison y profanant le sanctuaire. Je me recueille, je ferme les yeux. Il me semble que j'assiste aux pompes du sacre, que je vois le pape Pie VII sur son trône pontifical, et, devant l'autel, Napoléon qui couronne de ses propres mains Joséphine. J'entends l'écho lointain des litanies et des fanfares, de l'orgue et des acclamations. Puis je médite sur l'inanité, le néant des grandeurs et des gloires d'ici-bas. De tant de personnages illustres qui s'agenouillèrent dans cette vieille basilique, que reste-t-il ? A peine quelques pincées de cendre... Je rouvre les yeux. Les chants ont cessé. La foule s'est écoulée lentement. Les lustres sont éteints, et, au fond de l'église, dans la pénombre, comme une timide étoile dans un ciel nuageux, apparaît une lampe solitaire.

VI

LA DISTRIBUTION DES DRAPEAUX.

Le couronnement fut le signal d'une période de fêtes. Napoléon voulait que toutes les classes de la société se réjouissent, que le commerce réalisât des bénéfices considérables, que le luxe fît des prodiges, que Paris apparût comme la ville par excellence, la capitale des capitales. Le lendemain du sacre devait être la fête de la populace, et le jour de la distribution des drapeaux la fête de l'armée. Le lundi 3 décembre, il y eut partout des jeux forains, des plaisirs à la portée de la foule. L'esprit de courtisanerie prenait toutes les formes, même la forme populaire, et l'on se servait de tous les langages, même du jargon des halles, pour flatter le nouveau souverain. On chantait la « Ronde joyeuse sur la loterie de treize mille volailles, avec accompagnement des fontaines de vin. »

C'était la description des comestibles distribués aux pauvres de la ville de Paris :

> Vive, vive Napoléon,
> Qui nous baille
> D'la volaille,
> Du pain et du vin à foison,
> Vive, vive Napoléon !

> Dès le premier jour, l'abondance
> Et le bonheur sont dans la France.
> Puisque ça commence si bien,
> Je n'manquerons jamais de rien.

Cette chanson se chantait dans toutes les rues, sur toutes les places, comme en 93 se chantait le *Ça ira*.

Le compliment des forts de la Halle et de leurs *dames* était ainsi tourné :

> J'ons dans l'parvis, avec not'femme,
> Fait un petit raisonnement,
> C'est que c'n'est pas un bâtiment
> Mille fois grand comm'Notre-Dame
> Qui s'rait capable d'contenir
> Tous ceux qu'ont sujet d'te bénir.

En fait d'encens, les souverains trouvent tout bon, même ce qu'il y a de plus grossier, de plus vulgaire.

On faisait, au sujet de Napoléon, ce distique :

> Il a reçu pour nous, quand un Dieu le forma,
> Le bras de Romulus et l'esprit de Numa.

L'impératrice avait aussi sa part de louanges :

> Epouse du héros que l'univers contemple,
> Les grâces avec toi l'accompagnent au temple.
> Chacun voit la bonté respirer sur tes traits.
> Ta main en répand les bienfaits.

Elle aimait beaucoup les fleurs ; on lui adressa ce quatrain :

> Josephiniana ! telle est la fleur nouvelle
> Dont l'éclat fixe mon regard.
> Pour joindre aux lauriers de César,
> Il ne fallait rien moins qu'une fleur immortelle.

On chantait aussi le souverain dans un langage mythologique, car ses flatteurs voulaient épuiser pour lui tous les genres de l'adulation. Le jour du sacre, la préfecture de police avait fait distribuer une pièce de vers intitulée : *la Couronne de Napoléon apportée de l'Olympe, de la part de Jupiter :*

> Montant l'un des coursiers de la fière Bellone,
> De l'Olympe, Mercure apporte une couronne,
> Le roi des dieux l'envoie au héros des Français.
> Elle est le prix de ses succès.
> Vous qu'il guida cent fois dans les champs de la gloire,
> Phalange des guerriers, enfants de la victoire,
> En bravant des Anglais l'impuissante fureur,
> Chantez Napoléon, chantez votre empereur.

Le 3 décembre, les réjouissances publiques organisées par le gouvernement s'étendirent depuis la place de la Concorde jusqu'à l'Arsenal. Des hérauts d'armes parcouraient la ville, en distribuant des médailles frappées à l'occasion du couronnement. Ces médailles représentaient d'un côté la figure de l'empereur, le front ceint de la couronne des Césars ; de l'autre, l'image d'un magistrat et celle d'un guerrier antique soulevant sur un bouclier un héros couronné, et couvert d'un manteau impérial. Au-dessous on lisait : « Le Sénat et le Peuple. »

Aussitôt après le passage des hérauts d'armes

les réjouissances commencèrent. Elles devaient se prolonger fort avant dans la nuit. Les distributions de vivres se joignaient aux jeux de tout genre. On se serait cru au temps des empereurs romains. *Panem et circenses.* On avait élevé sur la place de la Concorde quatre grandes salles en bois pour les bals populaires. Le froid était rigoureux; il gelait. Cependant l'animation était extrême. Sur les boulevards, il y avait à chaque pas des théâtres de pantomime, des groupes de chanteurs ambulants, des danseurs de corde, des mâts de cocagne, des orchestres. Depuis la place de la Concorde jusqu'à l'extrémité du boulevard Saint-Antoine étincelait un double cordon de verres de couleur en guirlandes. Le Garde-meuble et le palais du Corps législatif resplendissaient de lumières. Les portes Saint-Denis et Saint-Martin étaient couvertes de lampions depuis le bas jusqu'au sommet; la foule fut ravie du feu d'artifice; jamais elle n'en avait vu un si beau.

Les habitants de Paris avaient été invités à illuminer les façades de leurs maisons, et, soit par enthousiasme soit par calcul, ils avaient dépensé pour cela des sommes considérables. Parmi les illuminations, on remarquait celle de l'ingénieur Chevalier, dont la boutique donnait sur le Pont-Neuf. Dans un cartouche transparent, entouré de lauriers et de myrtes, était représenté un opticien qui dirigeait sa lunette vers le ciel où luisait une étoile brillante, autour de laquelle on lisait : Dans ce signe est le salut! *In hoc signo salus!*

Le 3 décembre avait été le premier jour des « fêtes du couronnement ». Le troisième jour de ces fêtes fut consacré suivant les expressions du *Moniteur*, « aux armes, à la valeur, à la fidélité ». Ce fut le jour où Napoléon distribua solennellement à l'armée et aux gardes nationales de l'empire les aigles « qu'elles devaient toujours trouver sur le chemin de l'honneur ». La cérémonie eut lieu au Champ-de-Mars, Comme dit encore le *Moniteur*, « ce vaste champ, couvert de députations qui représentaient la France et l'armée, offrait le spectacle d'une valeureuse famille réunie sous les yeux de son chef ». La façade principale de l'École militaire avait été décorée d'une immense tribune, formant plusieurs tentes à la hauteur des appartements du premier étage de l'édifice. Celle du milieu, fixée sur quatre colonnes qui portaient des figures de victoires dorées, couvrait le trône de l'empereur et celui de l'impératrice. Les princes, les grands dignitaires, les ministres, les maréchaux de l'Empire, les grands officiers de la couronne, les officiers civils, les princesses, les dames de la cour devaient se placer à la droite du trône. La galerie, au milieu de laquelle se trouvait la tente impériale, et qui était devant la façade de l'École militaire, se divisait en seize parties : huit à droite, huit à gauche, qui représentaient les seize cohortes de la Légion d'honneur.

5.

On descendait de cette galerie dans le Champ-de-Mars par un large escalier, dont le premier gradin était garni par les présidents de canton, les préfets, les sous-préfets et les membres du conseil municipal. Sur les autres degrés étaient rangés les colonels des régiments et les présidents des collèges électoraux des départements qui portaient les drapeaux surmontés par les aigles. Aux deux côtés de l'escalier apparaissaient les figures colossales de la France faisant la guerre et de la France faisant la paix. Vingt-cinq mille hommes de troupes, dont chacun admirait la belle tenue et l'air martial, étaient depuis six heures du matin sous les armes.

Malheureusement, le temps était horrible. Il dégelait. La pluie tombait à torrents. Le Champ-de-Mars était un lac de boue. Les courtisans, qui, le 2 décembre, avaient tant célébré le soleil, représenté par eux comme un comparse de la fête, comme un esclave docile aux volontés de l'empereur, étaient bien obligés de reconnaître qu'il pleuvait. Mme de Rémusat a fait à ce propos une réflexion fort juste. Elle a bien raison de dire qu'une des flatteries les plus communes dans tous les temps, quoiqu'elle soit la plus ridicule, c'est celle qui tend à faire croire que le besoin qu'un roi a du soleil arrive à avoir de l'influence sur l'apparition de cet astre. « J'ai vu, au château des Tuileries, ajoute-t-elle, l'opinion comme établie que l'empereur n'avait qu'à déterminer une revue ou une chasse à tel ou tel jour, et que le ciel, ce jour-là, ne manquait pas d'être serein. On remarquait avec assez de bruit chaque fois que cela arrivait, et on glissait sur les temps de brouillard et de pluie. On voit, au reste, que c'était la même chose sous Louis XIV. Je voudrais, pour l'honneur des souverains, qu'ils reçussent avec tant de froideur, je dirais presque de dégoût, cette puérile flatterie, que personne ne s'avisât plus d'en essayer l'effet. Il ne fut pourtant plus possible de dire qu'il n'avait pas plu au Champ-de-Mars pendant la distribution des aigles. Mais combien ai-je vu de gens qui assuraient, le lendemain, que la pluie ne les avait pas mouillés! »

Malgré le mauvais temps, une foule énorme remplissait les endroits par où devait passer le cortège impérial. Les terrasses des Tuileries, la place de la Concorde, les quais étaient pleins de monde. D'innombrables spectateurs garnissaient les talus du Champ-de-Mars. Le *Moniteur*, toujours courtisan, devait dire, dans sa description officielle de la cérémonie : « Si la situation des spectateurs était pénible, il n'en est pas un qui ne trouvât un dédommagement dans le sentiment qui l'y faisait demeurer, et dans l'expression des vœux que ses acclamations manifestaient de la manière la plus éclatante. »

A midi, l'empereur et l'impératrice, suivis de leur cortège, et dans l'ordre adopté pour le couronnement, sortirent du château des Tuileries, traversèrent la grande allée, le pont Tournant, la place de la Concorde, et se rendirent au Champ-de-Mars. Devant leur voiture, marchaient les chasseurs de la garde et l'escadron des mamelucks, derrière les grenadiers à cheval et la légion d'élite. Arrivés à l'École militaire, Napoléon et Joséphine reçurent les hommages du corps diplomatique, puis se revêtirent des costumes du sacre, et allèrent se placer dans la tribune adossée à la façade, à la hauteur du premier étage. Dès que l'empereur fut sur son trône, les salves d'artillerie se joignirent au bruit des tambours, au son des clairons, aux fanfares des musiques militaires. Les députations de l'armée, groupées dans le Champ-de-Mars, se mirent en colonnes serrées et s'approchèrent. Alors, Napoléon se leva, et d'une voix forte : « Soldats ! s'écria-t-il, voilà vos drapeaux ; ces aigles vous serviront toujours de point de ralliement ; ils seront partout où votre empereur le jugera nécessaire pour la défense de son trône et de son peuple. Vous jurez de sacrifier votre vie pour les défendre, et de les maintenir constamment, par votre courage, sur le chemin de la victoire. Vous le jurez ! » Officiers et soldats répondirent : « Nous le jurons ! »

Hélas ! ces drapeaux seront toujours sur le chemin de l'honneur, mais ils ne seront pas toujours sur le chemin de la victoire, car la victoire est femme, et souvent elle varie. Ces drapeaux, contre combien d'ennemis faudra-t-il les défendre, sous les feux d'un soleil brûlant, ou sous des avalanches de neige glacée ! Quels traits d'héroïsme, quels prodiges de courage, quelles admirables actions d'éclat se produiront, sur tant de champs de bataille, à côté de ces étendards ! Que de fatigues, que de souffrances, que de sacrifices, que de dangers, que de blessures terribles, que de morts glorieuses, quelle pluie de sang, et tout cela pour arriver, en fin de compte, aux plus lamentables catastrophes ! Si l'on avait prévu le lugubre avenir, les tambours qui battaient aux champs auraient dû être couverts d'un crêpe noir. Mais l'armée se croyait invincible. L'idée de la possibilité d'une défaite l'aurait fait sourire de pitié. Fière d'elle-même et de son chef, elle poussait des cris de joie et d'orgueil, en défilant par divisions devant le trône.

Un seul incident troubla cette cérémonie militaire. Tout à coup un jeune homme inconnu s'approcha de la tribune impériale, et cria : « Point d'empereur ! La liberté ou la mort ! » On arrêta tout de suite l'ardent républicain. Sa voix avait été étouffée par le bruit des armes et par les fanfares.

Cependant la pluie tombait toujours. Elle avait percé les toiles et les tentures qui abritaient le trône. L'impératrice fut forcée de se retirer, avec sa fille, qui relevait de couches. Les autres princesses imitèrent cet exemple, à l'exception de

Mme Murat qui demeura courageusement exposée aux averses, quoique légèrement vêtue. Elle s'accoutumait dès lors, disait-elle, à supporter les contraintes inévitables du rang suprême.

A cinq heures du soir, Napoléon et Joséphine étaient de retour aux Tuileries, où il y eut, dans la galerie de Diane, un grand dîner de gala. Dressée au milieu de la galerie, sur une estrade, la table de l'empereur et de l'impératrice était placée sous un dais magnifique. L'impératrice s'y assit, ayant l'empereur à sa droite et le pape à sa gauche. Autour de la table impériale, les grands officiers de la couronne, ainsi qu'un colonel général de la garde et un préfet du palais, se tenaient debout.

Le service était fait par des pages. L'archichancelier de l'empire germanique prit place à la table du souverain. Il y avait également, dans la galerie de Diane, d'autres tables pour les princes français et pour le prince héréditaire de Bade, pour les ministres, pour les dames et les officiers de la maison impériale. Après le dîner, il y eut un concert, auquel le pape consentit à assister. Le concert une fois fini, Pie VII se retira, et la soirée se termina par un ballet que les danseurs de l'Opéra dansèrent dans la grande salle désignée depuis l'Empire sous le nom de salle des Maréchaux.

VII

LES FÊTES

L'hiver de 1804-1805 fut très brillant. Napoléon voulait que le début de son règne eût un caractère féerique. Il donnait aux grands fonctionnaires des appointements énormes, mais il les contraignait à dépenser tout leur traitement, à mener grand train, à recevoir beaucoup, à inviter chez eux les étrangers de distinction. Le luxe devenait obligatoire, le commerce réalisait des bénéfices inespérés, Paris n'avait jamais été si animé, au point de vue mondain, même aux plus belles époques de l'ancienne monarchie. Cette génération belliqueuse, habituée à se souhaiter à elle-même une vie courte, mais bonne, et qui savait que les fêtes du jour seraient interrompues par les batailles du lendemain, apportait dans un bal la même ardeur, le même entrain que dans un combat. On se hâtait de jouir de la prospérité présente, comme si l'on eût prévu les catastrophes à venir. La galanterie française, oubliée pendant la Révolution, reprenait son empire. Les femmes ressemblaient aux belles châtelaines du moyen âge, qui donnaient leur cœur aux plus braves chevaliers. L'amour et la gloire étaient les deux choses à la mode. L'ancienne femme de chambre de la reine Marie-Antoinette, Mme Campan, qui avait été, dans son pensionnat de Saint-Germain, l'institutrice de la plupart des jeunes femmes de la cour, avait formé une pléiade de beautés façonnées aux manières aristocratiques, en tête de laquelle brillait son élève la plus intelligente et la mieux douée, Hortense de Beauharnais, mariée au prince Louis-Bonaparte. Le grand chambellan, M. de Talleyrand, mauvais évêque, mais type de grand seigneur, et le grand-maître des cérémonies, M. de Ségur, dont les succès comme ambassadeur de Louis XVI auprès de Catherine II, avaient eu beaucoup de retentissement, donnaient le ton à la maison de l'empereur et à celle de l'impératrice.

Napoléon avait pris pour mot d'ordre le luxe et l'élégance. Les grands dîners, les concerts, les fêtes officielles se succédaient avec une rapidité merveilleuse. Joséphine, qui aimait la toilette avec passion, se sentait tout heureuse d'avoir des prétextes pour satisfaire ses goûts de dépense. Les trois sœurs de l'empereur menaient le train de véritables princesses et rivalisaient de somptuosité. Les princes Joseph et Louis déployaient le faste d'apprentis souverains.

Presque toutes les femmes de la cour étaient jeunes et jolies. On aurait été dans un grand embarras, s'il avait fallu décerner à l'une d'elles, de préférence aux autres, le prix de beauté. Trois d'entre elles se distinguaient tout particulièrement. C'étaient Mme Maret (la future duchesse de Bassano), Mme Savary (la future duchesse de Rovigo), et Mme de Canisy (la future duchesse de Vicence). Cette dernière avait épousé M. de Canisy, écuyer de l'empereur. Elle devait plus tard divorcer et se marier à M. de Caulaincourt, duc de Vicence et grand écuyer.

Napoléon, à Sainte-Hélène, a retracé ainsi l'origine de cette beauté célèbre : « Mme de Loménie, nièce du cardinal, avant de mourir par le tribunal révolutionnaire, confia au Père Patrault ses deux filles encore en bas âge. Le moment de la Terreur passé, Mme de Brienne, leur tante, qui avait échappé à la tempête et conservé encore une grande fortune, les redemanda au Père Patrault qui les refusa longtemps, se fondant sur ce que leur mère lui avait recommandé d'en faire des paysannes. » Et Napoléon ajoutait : « J'étais alors général de l'armée de l'intérieur ; je fus l'entremetteur de la restitution de ces deux enfants, non sans peine ; Patrault y résistait par tous les moyens du temps. Ce sont les femmes que vous avez connues depuis sous le nom de Mme de Marnésia et de la belle Mme de Canisy. »

La duchesse d'Abrantès, se reportant aux souvenirs du brillant hiver de 1804-1805, a dit dans ses Mémoires : « Une personne qui était toute éblouissante de beauté, surtout lorsqu'elle paraissait dans une fête, c'était Mme de Canisy. Je l'ai souvent comparée à une Muse. Il est impossible de réunir sur un visage plus d'agréments ravissants que n'en présentait le sien. La régularité des traits, le charme du regard, du sourire, la chevelure soyeuse et lustrée, tout s'y trouvait. Je crois qu'on ne verra pas de longtemps une chose aussi charmante que le coup d'œil offert par les trois belles personnes qui entraient ensemble dans un bal; c'étaient Mmes de Canisy, Maret et Savary. »

Les fêtes ne manquaient point pour faire briller l'éclat de tant de beautés en vogue. Celle qui fut donnée à l'empereur et à l'impératrice, le 16 décembre 1804, à l'Hôtel de Ville, entraîna de telles dépenses qu'elle endetta pour plusieurs années la ville de Paris. Napoléon, Joséphine, les princes Joseph et Louis s'y rendirent dans la voiture du sacre. Des batteries d'artillerie placées sur le Pont-Neuf annoncèrent le moment de leur arrivée, tandis que des buffets chargés de pièces de volailles et de fontaines de vin attiraient sur la place une multitude immense; presque chaque individu avait sa part dans cette distribution de vivres, grâce à la précaution prise par les autorités, de ne donner une pièce que sur la présentation d'un billet. La façade de l'Hôtel de Ville était illuminée en verres de couleur. L'impératrice, en entrant dans l'appartement qui lui avait été préparé, y trouva une toilette en or, complètement fournie et de la plus grande richesse. C'était le présent que lui offrait la municipalité. Le président du conseil municipal lui dit, à cette occasion : « Madame, les Parisiens, qui savent si bien reconnaître ce qui est bon, délicat et noble, pouvaient-ils ne pas rendre hommage à cette sensibilité si profonde, à ces grâces si touchantes, à cette dignité si vraie qui distinguent Votre Majesté ? L'heureuse influence de ces rares qualités se fait déjà sentir dans toutes les classes de la société, et tandis que votre auguste époux élève la nation française au faîte de la gloire, vous lui faites reprendre le premier rang parmi les peuples les plus renommés par leur urbanité. » La salle où devait avoir lieu le festin impérial était désignée sous le nom de salle des Victoires. Sur la porte, on lisait : *Fasti Napoleoni*, et, de distance en distance, séparées par des trophées militaires et par des étendards, apparaissaient vingt-cinq inscriptions latines en l'honneur de Napoléon. Avant de dîner, on lui présenta le service de vermeil que lui offrait la ville de Paris. Puis il s'assit, avec l'impératrice, sur une estrade recouverte d'un dais, et le repas commença. Pendant le dîner, un orchestre, caché dans un bosquet, joua une symphonie d'Haydn, et l'on chanta une cantate remplie d'adulations pour l'empereur et l'impératrice :

>D'un plaisir pur, en ce beau jour,
>Heureux Français, goûtons les charmes.
>Que l'éclat imposant des drapeaux et des armes
>N'arrête pas les chants de notre amour ?
>Si d'un héros la sagesse *divine*
>De la discorde apaisa les fureurs,
>Par ses bienfaits l'auguste Joséphine,
>De l'infortune adoucit les rigueurs.
>On la chérit, on la révère.
>A la ville, à la cour, aux champs,
>Elle est l'appui des indigents,
>De l'orphelin elle est la mère.

Après le dîner on tira un feu d'artifice éblouissant. Au moment où les premières fusées s'élevaient dans l'air, les choristes entonnèrent une seconde cantate :

>Que dans nos temples l'encens fume !
>Que l'air brille de mille feux !
>Que le salpêtre qui s'allume
>Jusques au ciel porte nos vœux !
>Que l'amour, la reconnaissance
>A nos enfants disent son nom ;
>Que partout on répète en France :
>Vive à jamais Napoléon !

Parmi les pièces du feu d'artifice, apparaissait un vaisseau de quatre-vingts canons, dont les ponts, les mâts, les voiles et les cordages étaient figurés en illuminations resplendissantes. Le bouquet, auquel l'empereur lui-même mit le feu, représentait le mont Saint-Bernard vomissant un volcan du milieu de ses rochers couverts de neige. Au centre, rayonnait l'image de Napoléon à la tête de son armée, et gravissant à cheval le sommet escarpé du mont.

La fête de l'Hôtel de Ville, qui se termina par un bal de sept cents personnes, avait été une véritable apothéose. Mme de Rémusat a dit, à propos des flatteries à outrance qu'on y inventa : « On a beaucoup parlé des éloges prodigués à Louis XIV, sous son règne ; je suis sûre qu'en les réunissant tous, ils ne feraient pas la dixième partie de ceux qu'a reçus Bonaparte. Je me rappelle que, dans une autre fête donnée encore à l'empereur par la Ville, quelques années après, comme on était à bout d'inscriptions, on inventa de mettre en lettres d'or, au-dessus du trône où il devait s'asseoir, ces paroles de l'Ecriture : *Ego sum qui sum*, et personne ne s'en montra scandalisé. »

Le Sénat et le Corps législatif donnèrent aussi de grandes fêtes pour célébrer le couronnement. Celle du Corps législatif fut particulièrement brillante. Cette Assemblée, qui rivalisait alors de zèle obséquieux avec le Sénat, avait décidé qu'une statue en marbre serait érigée à l'empereur, dans la salle des séances, en mémoire de la confection du code civil. On choisit pour la fête le jour de l'inauguration de cette statue. L'impératrice, suivie d'un magnifique cortège, arriva, vers sept heures du soir, au palais du Corps législatif. Au moment où elle y faisait son entrée, des musiciens entonnèrent le célèbre chœur de Gluck, qui, sous le règne de Louis XVI, se chantait, dans les occasions solennelles, en l'honneur de Marie-Antoinette :

> Que d'attraits, que de majesté !

Des applaudissements unanimes retentirent, pour marquer l'allusion. Puis, sur l'invitation du président, les maréchaux Murat et Masséna levèrent les voiles qui recouvraient la statue, et tous les regards se portèrent sur l'image de Napoléon, le front ceint d'une couronne de lauriers mêlés de feuilles de chêne et d'olivier. Plus tard, lors de l'abdication de Fontainebleau, Napoléon exprimera le regret de s'être laissé décerner des statues de son vivant.

M. de Vaublanc monta ensuite à la tribune et prononça un discours rempli de louanges hyperboliques, qui se terminait ainsi : « Vous vivez, vous tous, menacés par le malheur des temps, vous vivez, et vous le devez à celui dont vous voyez l'image. Vous accourez, infortunés proscrits, vous respirez l'air si doux de votre patrie, vous embrassez vos pères, vos enfants, vos épouses, vos amis, vous le devez à celui dont vous voyez l'image. Il n'est plus question de sa gloire, je ne l'atteste plus ; j'invoque l'humanité d'un côté, la reconnaissance de l'autre ; je vous demande à qui vous devez un bonheur si grand, si extraordinaire, si imprévu. Vous répondez tous avec moi : C'est au grand homme dont vous voyez l'image. » Dans ce discours, chef-d'œuvre de littérature officielle, l'adulation revient comme un refrain. Le président répéta à son tour un éloge à peu près semblable. « Il était peu de personnes alors, dit Constant, historiographe de la fête, qui songeassent à trouver ces louanges exagérées; leur opinion a peut-être changé depuis. »

Après les discours, il y eut un dîner de trois cents couverts, puis un bal merveilleux d'élégance. On y voyait, en plein hiver, une abondance extraordinaire d'arbustes et de fleurs. Les salles de *Lucrèce* et de la *Réunion*, dans lesquelles on dansait, ressemblaient à un immense parterre de lauriers-roses, de lilas, de jonquilles, de lys et de jasmins.

De toutes les fêtes, la plus belle fut peut-être celle que les maréchaux de l'Empire donnèrent à l'empereur et à l'impératrice, dans la salle de l'Opéra. Elle coûta dix mille francs à chaque maréchal. La salle de l'époque était, depuis 1794, située rue de Richelieu. (C'est celle qui a été détruite sous la Restauration, à la suite du meurtre du duc de Berry, tué sur le seuil même du théâtre). A l'aide d'un plancher placé sur l'orchestre et le parterre, de plain-pied avec la scène, on la transforma en une magnifique salle de bal. Vingt-quatre lustres étaient suspendus au plafond. Il y avait une girandole des deux côtés de chaque loge. La décoration se composait de gaze d'argent et de guirlandes de fleurs. Les uniformes des hommes et les parures des femmes rivalisaient d'éclat. Il y avait des robes brodées en pierreries qui forçaient les spectateurs à baisser la paupière, tant elles resplendissaient. Jamais on n'avait vu pareille profusion de lumière, de fleurs, de parfums, de diamants. Dans ce cadre magique, les beautés à la mode, avec leurs robes lamées en or et en argent, leurs turbans en étoffes turques, leurs bijoux, leurs camées antiques, apparaissaient comme des sultanes. C'était un éblouissement, une féerie.

Les maréchaux arrivèrent à huit heures du soir. L'impératrice vint à dix heures, l'empereur à onze. Au moment où il fit son entrée, les acclamations furent si fortes qu'on crut que les bougies allaient s'éteindre. On joua une marche militaire, puis il y eut un concert terminé par le *Vivat Imperator* de l'abbé Rose, qui avait produit tant d'effet le jour du couronnement. Après le concert, le prince Louis Bonaparte, le maréchal Murat, Eugène de Beauharnais et le maréchal Berthier ouvrirent le bal avec les princesses. L'empereur fit deux fois le tour de la salle. On eût dit qu'il passait une revue. Puis il alla s'asseoir à côté de l'impératrice, sur une estrade, et il se retira avant la fin du bal.

Ajoutez à toutes ces fêtes les grands cercles et les concerts des Tuileries. C'était une belle chose, ces soirs-là, que la salle des Maréchaux, remplie de jeunes et jolies femmes, aux toilettes éblouissantes, et d'hommes dont les costumes recevaient un nouvel éclat des plaques, des épaulettes, des ganses de chapeaux à plumes, des montures d'épée en diamants. Le concert fini, on passait dans la galerie de Diane où étaient dressées les tables pour le souper. Il y avait celle de l'impératrice, celles des princesses, de la dame d'honneur, de la dame d'atours, des dames du palais. « Toutes ces tables, a dit la duchesse d'Abrantès, étaient entourées de femmes ayant des roses sur la tête, le sourire à la bouche, et, avec tout cela, bien souvent des larmes dans les yeux ; c'est que la vanité, qui partout est souveraine, tient surtout *sa cour à la cour*. Là tout est faveur, tout est disgrâce. Un mot, un regard distrait du souverain ou de la souveraine, c'est un malheur, un malheur grave. Qu'on juge de ce que produit alors une invitation omise ou accordée! »

L'impératrice, pendant le concert, composait sa table de souper, c'est-à-dire désignait les femmes qu'elle devait avoir pour convives, et chargeait son chambellan de service de prévenir les élues. Les princesses faisaient de même, et les officiers de leur maison prévenaient également les femmes qu'elles avaient choisies. Il n'y avait que douze couverts à la table de l'impératrice, huit ou dix à celles des princesses. Quand arrivaient les chambellans chargés de transmettre les invitations si ardemment désirées, c'était parmi les huit cents ou mille femmes qui se trouvaient aux Tuileries, les soirs de concert et de grands bals, une émotion et une anxiété qui ne laissaient pas que d'amuser les gens observateurs. Le coup d'œil offert par la galerie de Diane était alors superbe. Sur la table de l'impératrice rayonnait un service en or entremêlé de cristaux et de porcelaines de Sèvres. Les hommes circulaient dans la galerie pendant le souper, mais dès que l'empereur paraissait, un sentiment de respect et de crainte se peignait sur toutes les physionomies. On se serait cru revenu au temps de Louis XIV, à l'époque où La Bruyère disait : « Il n'y a rien qui enlaidisse certains courtisans comme la présence du prince ; à peine les puis-je reconnaître à leurs visages, tant leurs traits sont altérés et leur contenance est avilie ; les gens fiers et superbes sont les plus défaits, car ils perdent plus du leur ; celui qui est honnête et modeste s'y soutient mieux, il n'a rien à réformer. » La duchesse d'Abrantès, se rappelant l'intimidation que l'approche de Napoléon exerçait, a écrit : « Même ceux qui parlent aujourd'hui du *Corse* avec un grand courage d'insulte, ceux-là (je les ai vus, et je n'étais pas la seule) étaient les plus craintifs devant l'ombre même de son chapeau. » Les femmes tremblaient peut-être plus encore. Elles redoutaient les questions que l'empereur pourrait leur adresser, et, au dire de Mme de Rémusat, il n'y en avait pas une qui ne fût charmée de le voir s'éloigner de la place où elle était. Sous le premier Empire, tout avait un caractère militaire, même les fêtes. Le souverain conservait toujours les allures d'un général en chef. La discipline se faisait sentir dans un bal, aussi bien que dans un camp, et les jeunes gens ne se livraient aux plaisirs que pour retourner, plus alertes et plus intrépides, aux combats.

VIII

L'ÉTIQUETTE DU PALAIS IMPÉRIAL.

Au commencement de 1805, la cour était définitivement constituée. Après des études laborieuses faites par une commission spéciale, et après des discussions auxquelles Napoléon s'était autant appliqué qu'à celles du Code civil, tous les rouages de l'étiquette avaient été réglés méthodiquement. La machine fonctionnait avec une régularité parfaite. L'empereur y attachait une extrême importance au point de vue politique et au point de vue social. A ses yeux, l'étiquette avait le grand avantage de tracer entre lui et ceux qui naguère encore étaient ses supérieurs ou ses égaux, une infranchissable ligne de démarcation. Il la regardait comme un utile moyen de gouvernement, comme une condition du prestige nécessaire à un souverain, surtout à un souverain de nouvelle date. Il était très fier de sa cour, de l'opulence qui y régnait, des résultats considérables qu'il parvenait à y obtenir, moyennant des dépenses relativement minimes, et, jusque sur le rocher de Sainte-Hélène, il devait volontiers se reporter à ce souvenir qui lui était particulièrement agréable.

« La cour de l'empereur, lisons-nous dans le *Mémorial*, était bien plus magnifique, sous tous les rapports, que tout ce qu'on avait vu jusque-là, et cependant, disait-il, elle coûtait infiniment moins. La suppression des abus, l'ordre et la régularité dans les comptes, faisaient cette grande différence. Sa chasse, à quelques particularités près, inutiles ou ridicules, observait-il, comme celles du faucon et autres, était aussi splendide, aussi nombreuse que celle de Louis XVI, et elle ne lui coûtait annuellement, assurait-il, que quatre cent mille francs, tandis qu'elle revenait au roi à sept millions. Il en était de même de la table; l'ordre et la sévérité de Duroc, disait l'empereur, avaient accompli des prodiges sur ce point. Sous les rois, les palais ne demeuraient point meublés, on transportait les mêmes meubles d'un palais à l'autre; on n'en fournissait point aux gens de la cour, c'était à chacun à s'en pourvoir. Sous lui, au contraire, il n'y avait personne en service qui ne se trouvât, dans la chambre qui lui était assignée, aussi bien ou mieux que chez lui, pour tout ce qui était nécessaire ou convenable. »

La cour manœuvrait aussi bien que le régiment

le mieux exercé. Napoléon aurait été impitoyable pour la moindre infraction à des règlements dont il était le principal auteur, et sur lesquels il avait longuement médité. Les courtisans devaient connaître le manuel de l'étiquette, aussi bien que les officiers la théorie. L'empereur surveillait les moindres détails, s'occupait de tout, voyait tout. Sous l'ancienne monarchie, on avait à la cour beaucoup plus de latitude, et les personnes d'ancien régime qui étaient entrées dans la maison de l'empereur ne laissaient pas que d'être un peu gênées par une discipline dont la sévérité était inflexible. La cour était, d'ailleurs, très bien montée. Il y régnait une grande élégance, et les traditions de l'ancienne société française y étaient scrupuleusement respectées. Le faubourg Saint-Germain y transportait ses habitudes de conversation et de politesse. De son côté, Napoléon avait pris très vite les allures des souverains de l'Europe, tout en conservant son caractère martial. C'était à la fois un empereur et un général en chef. Toutefois, l'élément militaire ne dominait point à sa cour. L'élément civil y était plus considérable que dans d'autres cours de l'Europe, dans celle de Russie, par exemple. Napoléon n'aurait pas permis autour de lui la moindre familiarité soldatesque; dès qu'on franchissait le seuil du palais des Tuileries, il fallait avoir les manières, l'attitude, le langage d'un homme de cour.

Les levers et les couchers du souverain étaient rétablis, comme du temps des Bourbons. Mais sous la royauté, ils étaient réels; sous l'empire, ils étaient fictifs. Au lieu de présenter les plus petits détails d'une toilette véritable, ces instants n'étaient plus réellement consacrées qu'à recevoir le matin et à congédier le soir celles des personnes de la maison civile ou militaire de l'empereur qui avaient des ordres directs à prendre de lui, ou à qui appartenait « le droit de lui faire leur cour à ces heures privilégiées ». Napoléon, à Sainte-Hélène, devait se vanter d'avoir aux Tuileries, mis de côté en fait d'étiquette « tout ce qui était sale et réel, pour y substituer tout ce qui n'était que nominal et de pure décoration. Un roi, disait-il, n'est pas dans la nature; il est dans la civilisation. Il n'en est point de nu ; il n'en saurait être que d'habillé. »

Essayons de retracer les règles de l'étiquette, telles qu'elles fonctionnaient en 1805. Indiquons en même temps les principaux personnages dont la maison de l'empereur se composait à cette époque, et précisons le genre de fonctions dont ils se trouvaient chargés. Ils étaient répartis en plusieurs services distincts, dépendant chacun d'un grand officier de la couronne, avec des attributions soigneusement déterminées et ne se confondant jamais avec aucun des autres services.

Il y a six grands-officiers de la couronne : le grand-aumônier (cardinal Fesch), le grand-maréchal du palais (général Duroc), le grand-veneur (maréchal Berthier), le grand-écuyer (général de Caulaincourt), le grand chambellan (M. de Talleyrand), le grand-maître des cérémonies (M. de Ségur).

Les colonels généraux sont le maréchal Davout, commandant les grenadiers à pied ; le maréchal Soult, commandant les chasseurs à pied ; le maréchal Bessières, commandant la cavalerie ; le maréchal Mortier commandant l'artillerie et les matelots. Ces colonels généraux de la garde impériale font partie de la maison de l'empereur, et jouissent, au point de vue hiérarchique, des mêmes prérogatives que les grands-officiers de la couronne.

Le grand-aumônier est l'évêque de la cour partout où elle se trouve. Il donne à l'empereur et à sa cour la dispense de l'abstinence. Il l'accompagne aux offices de l'église et lui présente son livre d'heures. Lors des dîners en grand couvert, il bénit le repas. Il délivre les prisonniers que l'empereur fait mettre en liberté à certains jours solennels.

Les attributions du grand-maréchal du palais sont le commandement militaire dans les résidences impériales, la surveillance de leur entretien, embellissement et ameublement, la distribution des logements, le service de la bouche, le chauffage, l'éclairage, l'argenterie, la livrée. C'est lui qui commande aux détachements de la garde impériale qui font le service dans les palais impériaux. C'est lui qui donne les ordres pour battre le réveil ou la retraite, pour ouvrir ou fermer les grilles du palais. C'est lui qui, à l'armée et en voyage, est chargé de pourvoir au logement de l'empereur. En 1805, le budget du grand-maréchal s'élève à 2 millions 338,167 francs. En 1806, il atteindra la somme de 2,770,841 francs. Il y a quatre tables au château : celle des officiers et Dames de service, celle des officiers de la garde et des pages, celle de la lectrice et des dames d'annonce de l'impératrice.

Le grand-maréchal a sous ses ordres les préfets du palais, qui sont: MM. de Luçay, de Beausset et de Saint-Didier. Ils suppléent le grand-maréchal pour le service de la bouche, de l'éclairage, du chauffage, de l'argenterie et de la livrée. Ils visitent les cuisines, les offices, les caves, la lingerie, pour s'assurer que tout est en ordre. Il y a toujours un préfet du palais de service ; il est relevé tous les huit jours. Le préfet du palais prévient l'empereur et l'impératrice, quand le repas est servi ; il les précède pour les conduire à table, et il les précède également pour les reconduire dans leurs appartements quand le repas est terminé.

Le grand-maréchal a aussi sous ses ordres les gouverneurs des palais et les maréchaux des logis. Ces derniers sont chargés de la distribution des appartements et logements pour l'empereur, l'impératrice et les personnes de leur suite, dans les résidences impériales et dans les voyages.

Ils ont pour auxiliaires les fourriers du palais.

Le grand-veneur a dans ses attributions tout ce qui a rapport aux chasses à courre et à tir dans les bois et forêts du domaine de la couronne.

Les attributions du grand-écuyer sont : l'écurie, les pages, les courriers, les armes de guerre de l'empereur, la direction des haras de Saint-Cloud. Il marche immédiatement devant l'empereur, quand le souverain sort de ses appartements pour monter à cheval, lui donne la cravache, lui présente le bout des rênes et l'étrier gauche. Il s'assure de la solidité des voitures, de l'intelligence et de l'adresse des piqueurs, cochers et postillons, de la sûreté et de l'instruction des chevaux. En cortège ou en route, il est dans la voiture qui précède la voiture impériale. Il accompagne toujours le souverain à l'armée, et si le cheval de celui-ci vient à être tué ou à tomber, c'est à lui, grand écuyer, de relever l'empereur et de lui offrir son propre cheval.

Le grand-écuyer a sous ses ordres quatre écuyers cavalcadeurs, qui sont les colonels Durosnel, Defrance, Lefebvre, Vatier, et deux écuyers ordinaires, qui sont MM. de Canisy et de Villoutrey. L'écuyer de service accompagne toujours l'empereur, que le souverain soit en voiture ou soit à cheval. Si c'est en voiture, il se place à cheval, à la portière de droite, à moins que le colonel général de service ne soit à cheval lui-même, auquel cas l'écuyer se place à la portière de gauche.

L'écuyer de service précède l'empereur sortant de son appartement ou y rentrant. Il ne quitte jamais le salon de service pendant la journée, et couche dans le palais.

Les pages, qui ont pour gouverneur le général Gardanne, sont aussi sous les ordres du grand-écuyer. Agés de quatorze à seize ans, lors de leur nomination, ils restent pages jusqu'à dix-huit. Ce sont eux qui, au grand couvert et dans les appartements d'honneur, servent à table l'empereur, l'impératrice, les princes et les princesses. Si l'empereur sort à cheval, un page le suit à cheval; s'il sort en voiture, le page monte derrière la voiture. Quand le souverain se sert de son carrosse de gala, autant de pages que possible montent derrière le carrosse et sur le siège, près du cocher. Dans les audiences et les jours de messe, huit pages sont de service. Ils se tiennent en haie quand l'empereur rentre dans ses appartements, et le précèdent quand il en sort. Si l'empereur n'est pas rentré au palais quand il fait nuit, des pages l'attendent à la porte du vestibule, pour le précéder, en portant un flambeau. Ce sont aussi les pages qui font l'office de messagers, et, quand ils vont remettre une lettre impériale, on ouvre à leur approche les portes à deux battants.

Un contemporain a ainsi décrit l'impression que produisirent les pages, en 1804, la première fois qu'ils firent le service des grands appartements des Tuileries : « Ils ont été, dit-il, beaucoup remarqués, surtout le soir, par les dames. Le fait est qu'ils sont tous fort jolis garçons, les plus âgés surtout ; joignez à cela une bonne tournure, un uniforme frais et galant à la fois, et le désir de bien servir un maître difficile, et la maîtresse la meilleure et la plus indulgente, on croira sans peine qu'ils devaient être attentifs et prévenants. Le grand uniforme de ces jeunes messieurs ne diffère de la grande livrée que par la nature du galon de leur habit qui imite une broderie, l'aiguillette qu'ils portent sur l'épaule gauche et le jabot de dentelle qui se joue dans l'ouverture de la veste. Du reste, ils mettent en grand uniforme, comme les valets de pied, l'habit vert galonné en or sur toutes les coutures et la boucle d'or sur les souliers, le chapeau à plumet blanc, mais ils n'ont point d'épée. Peut-être a-t-on bien fait de ne pas leur en donner, car ils joueraient avec. Tous ont été choisis parmi les fils des généraux de division et des grands dignitaire de l'empire. »

A Saint-Hélène, Napoléon dira, à propos de ses pages et de l'écurie impériale : « L'écurie de l'empereur lui coûtait trois millions ; les chevaux revenaient à trois mille francs l'un dans l'autre par an. Un page de six à huit mille francs ; cette dernière dépense était la plus forte peut-être du palais ; aussi pouvait-on vanter l'éducation qu'on leur donnait, les soins qu'on en prenait. Toutes les premières familles de l'empire sollicitaient d'y placer leurs enfants, elles avaient raison. »

Le service de la chambre a pour chef le grand-chambellan, dont les attributions s'étendent sur tout ce qui concerne les honneurs du palais, les audiences ordinaires, les serments qui se prêtent dans le cabinet de l'empereur, les entrées, les levers et couchers du souverain, les fêtes, les cercles, les théâtres du palais, la musique, les loges de l'empereur et de l'impératrice aux différents spectacles, la garde-robe de l'empereur, sa bibliothèque, les huissiers et les valets de chambre.

Le grand chambellan a sous ses ordres (toujours en 1805) un premier chambellan, M. de Rémusat, et treize chambellans : MM. d'Arberg, A. de Talleyrand, de Laturbie, de Brigode, de Viry, de Thiard, Garnier de Laboissière, d'Hédouville, de Croy, de Mercy-Argenteau, de Zuidwyck, de Tournon, de Bondy. Dans l'Almanach impérial de 1805, ces personnages ne sont pas désignés avec leurs titres nobiliaires; leurs particules mêmes ne sont pas mentionnées ou sont englobées dans le nom. Telle est l'orthographe adoptée par l'Almanach : M. Rémusat; MM. Darberg, A. Talleyrand, Laturbie, Brigode, Deviry, Dethiard, Garnier-Laboissière, Hédouville, Decroy, Mercy-Argenteau, Zuidwyck, Detournon, Debondy. »

Le chambellan de service est désigné sous le nom de chambellan de jour. Il y a toujours au palais deux chambellans de jour, dont un pour le grand appartement, et l'autre pour l'appartement d'honneur de l'empereur. Ils sont relevés toutes les semaines. Les principales attributions des chambellans consistent à introduire près de l'empereur, à commander les huissiers et valets de chambre, à faire exécuter les règlements sur les entrées, à surveiller les levers et les couchers des souverains.

C'est tantôt un chambellan, tantôt un aide de camp de l'empereur qui remplit des fonctions de maître de la garde-robe. Il a l'ordonnance sur tout ce qui la compose : habits, linge, dentelles, chaussures et cordons de la Légion d'honneur. S'il assiste à la toilette de l'empereur, il doit lui passer lui-même son habit, lui attacher le cordon ou le collier, lui présenter son épée, son chapeau et ses gants, lorsque le grand-chambellan est absent.

Le grand-maître des cérémonies règle les rangs et préséances, dresse et fait exécuter les règlements pour les cérémonies publiques et solennelles, pour la réception des princes souverains et héréditaires, et des ambassadeurs ou ministres étrangers.

Les colonels généraux de la garde impériale et les aides de camp de l'empereur font aussi partie de la maison.

Dans les cérémonies où l'empereur est en voiture de gala, deux colonels généraux de la garde se placent à la portière de gauche. Si le souverain est à cheval, ils le suivent tous quatre immédiatement. Le grand-écuyer, ou l'officier qui le remplace, suit aussi, et il est placé au milieu d'eux.

Le colonel général de service reçoit directement de l'empereur les ordres relatifs aux divers régiments de la garde impériale, et il les transmet directement aux trois autres colonels généraux. Il est logé dans le palais, de préférence à tout autre officier de la couronne, et aussi près que possible des appartements du souverain, soit dans les résidences, soit en voyage. A l'armée il couche dans la tente de l'empereur.

Napoléon a douze aides de camp. L'aide de camp de service s'appelle l'aide de camp de jour. Il a toujours un cheval sellé ou une voiture attelée, dans une remise du palais, et à portée, pour qu'il puisse être à même de remplir les commissions que l'empereur voudrait lui donner. Depuis le moment où le souverain est couché, l'aide de camp de service est plus spécialement chargé de la garde de sa personne, et il couche dans la pièce voisine. A l'armée, les aides de camp de l'empereur font le service de chambellans.

Deux éléments distincts se font remarquer dans la composition de la maison de l'empereur : l'élément militaire et l'élément aristocratique. Il y a des hommes qui doivent tout à leur valeur et d'autres hommes qui doivent tout à leur naissance ; il y a des patriotes de 1792 et des émigrés. Mais il faut le reconnaître, l'Almanach impérial en main, c'est l'élément aristocratique qui domine. Napoléon, que certains écrivains s'obstinent à représenter comme le champion couronné de la démocratie, et comme l'empereur des plébéiens, fut à sa cour plus aristocrate que Louis XVIII à la sienne. Les grands noms produisaient sur lui plus d'impression que sur les anciens rois. Même après qu'il sera trahi, abandonné, renié, insulté par l'aristocratie, il conservera un faible pour elle. En 1816 il dira : « La démocratie peut être furieuse, mais elle a des entrailles, on l'émeut ; pour l'aristocratie, elle demeure toujours froide, elle ne pardonne jamais. » Eh bien ! le croirait-on ? après avoir rendu ce jugement, il se reprochera non point d'avoir trop fait, mais de n'avoir point fait assez pour la noblesse française. « Je vois bien, ajoutera-t-il, que j'ai fait trop ou trop peu pour le faubourg Saint-Germain. J'en ai fait assez pour mécontenter le parti opposé, et pas assez pour m'attacher tout à fait celui-là. J'aurais dû m'attacher l'émigration à sa rentrée ; l'aristocratie m'eût facilement adoré ; aussi bien il m'en fallait une ; c'est le vrai, le seul soutien d'une monarchie, son modérateur, son levier, son point résistant ; l'État sans elle est un vaisseau sans gourvernail, un vrai ballon dans les airs. Or le bon de l'aristocratie, sa magie est dans son ancienneté, dans le temps, et c'étaient les seules choses que je ne pusse pas créer. Il faut avouer que, pour un ancien général républicain, pour l'homme qui avait envoyé Augereau faire le coup d'État jacobin du 18 fructidor, et qui, sur les marches de l'Église Saint-Roch, avait, le 13 vendémiaire, foudroyé les conservateurs parisiens, voilà un langage bien aristocratique, bien imprégné d'ancien régime. Napoléon dira encore, en 1816 : « Les nations veillies et corrompues ne se gourvernent pas comme les peuples antiques et vertueux. Pour un individu aujourd'hui, qui sacrifierait tout au bien public, il en est des milliers qui ne connaissent que leurs intérêts, leurs jouissances, leur vanité. Or, prétendre régénérer un peuple en un instant et en poste, serait un acte de démence. Le génie de l'ouvrier doit être de savoir employer les matériaux qu'il a sous la main, et voilà un secret de la reprise de toutes les formes monarchiques, du retour des titres, des croix, des cordons. »

Républicains de 1796, officiers et soldats d'Italie qui invectiviez avec tant d'énergie les rois « ivres de sang et d'orgueil ; » vous qui chantiez, si enthousiastes, le *Chant du Départ* de Méhul :

> Le peuple souverain s'avance,
> Tyrans descendez au cerceuil ;

Républicains, reconnaîtriez-vous votre ancien général sous les lambris d'or des Tuileries ? Il dîne en grand couvert ; la table est placée sur une estrade et sous un dais, avec deux fauteuils, un pour lui, l'autre pour l'impératrice. Il est précédé, quand il entre dans la salle du repas, par un cortège de pages, de maîtres des cérémonies, de préfets du palais ; il est suivi par le colonel-général de service, par le grand-chambellan, par le grand-écuyer, par le grand aumônier. Vous qui, dans vos casernes, tourniez en ridicule la religion, regardez. Le grand-aumônier vient sur le devant de la table, et bénit le dîner. C'est un général de division, le grand-écuyer Caulaincourt, qui offre à Bonaparte le fauteuil. C'est un autre général de division, le grand-maréchal du palais, Duroc, qui lui présente la serviette, et qui lui verse à boire. Ce ne sont pas seulement les grands dignitaires de l'empire, ce sont les princes eux-mêmes qui tiennent à honneur de lui servir de domestiques. S'il se trouve dans l'appartement un prince de la famille impériale, l'objet de toilette que demande l'empereur est remis par le chambellan de service à ce prince, et par le prince au souverain. On se croirait revenu au temps du roi-soleil.

L'appartement impérial, aux Tuileries, se compose de deux parties distinctes : le grand appartement de représentation et l'appartement ordinaire de l'empereur.

Le grand appartement de représentation contient les pièces suivantes :

1° Une salle de Concert (la salle des Maréchaux) ;

2° Un premier salon (dit sous Napoléon III salon du Premier Consul) ;

3° Un second salon (salon d'Apollon),

4° Une salle du Trône ; .

5° Un salon de l'Empereur (appelé depuis salon de Louis XIV) :

6° Une galerie (la galerie de Diane);

L'appartement ordinaire de l'empereur (le même que celui de Louis XIV) se compose d'un appartement d'honneur et d'un appartement intérieur.

L'appartement d'honneur comprend :
1° Une salle des Gardes ;
2° Un premier salon ;
3° Un second salon ;

L'appartement intérieur comprend :
1° Une chambre à coucher ;
2° Un cabinet de travail ;
3° Un arrière-cabinet ;
4° Un bureau topographique.

Les huissiers font le service de l'appartement d'honneur, et les valets de chambre celui de l'appartement intérieur.

L'étiquette a réglé soigneusement le droit d'entrée dans les différentes pièces dont se compose le grand appartement de représentation. Il y a là, au point de vue hiérarchique, une gradation savamment étudiée. Les pages ont l'entrée dans la salle des Maréchaux ; les personnes faisant partie de la maison de l'empereur et de celle de l'impératrice dans le premier et le second salon ; les princes et princesses de la famille impériale, les ministres, les grands officiers de la couronne, les présidents des grands corps de l'État, dans la salle du Trône. En passant devant le trône, hommes et femmes doivent saluer. Le souverain et sa femme ont seuls l'entrée de droit dans le salon de l'empereur. Tout autre individu, quels que soient son rang et ses fonctions, n'y entre que lorsque l'empereur le fait appeler.

Que d'importance on attache à ces futilités, à ces mille riens, au droit de pénétrer dans telle ou telle pièce, de marcher avant ou après telle personne, de présenter au souverain tel ou tel objet de sa toilette ! « Un honnête homme, a dit Mme de Rémusat, un homme raisonnable, a souvent honte, vis-à-vis de lui-même, des joies ou des peines que lui fait éprouver le métier de courtisan, et cependant on ne peut guère échapper aux unes et aux autres. Un cordon, une légère différence dans un costume, le passage d'une porte, l'entrée de tel ou tel salon, voilà des occasions, chétives en apparence, d'une foule d'émotions, toujours renaissantes. En vain on voudrait pourtant s'endurcir contre elles... En vain l'esprit, la raison se dressent contre un tel emploi des facultés humaines ; tout mécontent de soi qu'on est, il faut se rapetisser avec tout le monde, et fuir la cour tout à fait, ou consentir à prendre sérieusement toutes les niaiseries dont est composé l'air qu'on y respire. »

O vanité des choses humaines ! Que sont-ils devenus, ces salons des Tuileries, où l'on était si fier de pénétrer, et qu'on ne traversait qu'avec une respectueuse frayeur ? Regardez les ruines lamentables de ce palais funeste. Vous distinguerez encore, calcinés par l'huile de pétrole et mouillés par la pluie, quelques-uns de ces salons, jadis si étincelants, jadis remplis d'une foule si empressée et si brillante. Quel spectacle, et quels enseignements ! Où pourrait-on mieux méditer sur le néant des grandeurs et des gloires d'ici-bas? Comme on en comprend bien la misère, et quelle mélancolie envahit l'âme, quand on songe que dans quelques jours ces débris seront rasés du sol, et qu'on pourra dire avec le poète : Les ruines elles-mêmes ont péri ? *Etiam periere ruinæ.*

IX

LA MAISON DE L'IMPÉRATRICE

Nous venons de passer en revue la maison civile et la maison militaire de l'empereur en 1805. Examinons maintenant la maison de l'impératrice à la même époque.

L'impératrice a pour premier aumônier un évêque grand seigneur, Ferdinand de Rohan. Sa dame d'honneur est une parente de son premier mari, la duchesse de La Rochefoucauld, que l'Almanach impérial de 1805 désigne sous cette simple appellation : Mme Chastulé de La Rochefoucauld. C'est une femme petite, contrefaite, mais très grande dame par l'intelligence, par le tact, par l'esprit, sans ambition, sans intrigue, n'ayant accepté qu'à regret la charge de dame d'honneur, et voulant plusieurs fois donner sa démission. Pour dame d'atours, l'impératrice a Mme de Lavalette, une Beauharnais, femme de tête et de cœur, qui, au commencement de la seconde Restauration, s'immortalisera en sauvant, par héroïsme, les jours de son mari.

Aux quatre dames du palais qui étaient en fonctions au commencement de l'Empire, Mmes de Luçay, de Rémusat, de Talhouët, de Lauriston, on a ajouté treize autres dames : la maréchale Ney, Mme d'Arberg, la maréchale Lannes, Mmes Duchâtel, de Séran, de Colbert, Savary, Octave de Ségur, de Turenne, de Montalivet, de Bouillé, de Vaux, de Marescot.

La dame d'honneur est à l'impératrice ce que le grand-chambellan est à l'empereur. La dame d'atours a des fonctions analogues à celles du maître de la garde-robe. Les dames du palais sont pour ainsi dire des chambellans du sexe féminin.

« Notre parti, dira la duchesse d'Abrantès, était alors radieux d'un genre de gloire que les femmes recherchent bien autant que les hommes poursuivent la leur, c'étaient l'élégance et la beauté. Parmi les jeunes femmes qui composaient la cour de l'impératrice et celle des princesses, il était difficile de citer une femme laide, et combien y en avait-il dont la beauté faisait, sans hyperbole, l'ornement le plus réel des fêtes que Paris voyait donner chaque jour dans ces temps de féerie ! »

Toutes les dames du palais étaient jeunes, et presque toutes étaient remarquables par leur beauté. Parmi les plus belles, on distinguait la maréchale Ney, nièce de Mme Campan ; la maréchale Lannes, dont le visage rappelait les types les plus ravissants de Raphaël, et surtout la femme d'un conseiller d'État déjà vieux, Mme Duchâtel (dont le fils a été ministre de l'intérieur, sous le règne de Louis-Philippe, et le petit-fils ambassadeur de la République à Vienne). La duchesse d'Abrantès a décrit ainsi cette beauté justement célèbre : « Il est, a-t-elle dit, une femme de la cour impériale, qui parut dans le monde un peu avant l'époque du couronnement, et dont le portrait est une chose que réclament des Mémoires contemporains, surtout écrits par une femme : c'est Mme Duchâtel. Mme Duchâtel ne fournirait pas un modèle à un statuaire, parce que ses traits n'ont rien de cette régularité qu'exige l'art du sculpteur. Le charme inexprimable de sa figure, charme que la parole même ne peut rendre qu'imparfaitement, consiste dans les plus beaux yeux bleu foncé à longues et soyeuses paupières, et dans un sourire fin, gracieux, spirituel, découvrant les plus belles dents d'ivoire, et puis, avec tout cela, de beaux cheveux blonds, une petite main, un petit pied, une élégance générale que justifiait ensuite un esprit tout à fait remarquable. De tout ce que je viens de dire, il résultait un ensemble qui attirait d'abord, et puis qui attachait. »

L'impératrice Joséphine avait, en 1805, un premier chambellan, le général de division de Nansouty ; un chambellan introducteur des ambassadeurs, M. de Beaumont ; quatre chambellans ordinaires, MM. d'Aubusson-Lafeuillade, de Galard-Béarn, de Coutomer, de Gavre ; un premier écuyer, le sénateur d'Harville ; deux écuyers cavalcadours, le colonel Fouler et le général Bonardy de Saint-Sulpice ; un secrétaire des commandements, M. Deschamps. Le conseil de la maison de l'impératrice se composait de la dame d'honneur, de la dame d'atours, du premier chambellan, du premier écuyer. Le secrétaire des commandements y tenait la plume. L'intendant général de la maison impériale assistait au conseil.

La dame d'atours avait sous ses ordres une première femme des atours, M$_{ll}$e Aubert, qui était chargée du soin et de l'entretien de toute la garde-robe. Mme Saint-Hilaire était première femme de l'impératrice Joséphine, comme Mme Campan avait été première femme de la reine Marie-Antoinette. Les fonctions de Mme Saint-Hilaire consistaient à veiller à l'exécution de tout le service de la chambre, à recevoir les ordres de l'impératrice pour les heures de son lever, de sa toilette du matin et du soir. La première femme avait ce qu'on appelle les honneurs du service, quand la dame d'honneur et la dame d'atours étaient absentes. L'impératrice avait des huissiers et des dames d'annonce, espèce d'huissiers du sexe féminin, six femmes de chambre ordinaires, une lectrice, la belle Mme Gazani ; quatre valets de chambre ordinaires et deux valets de pied, hommes de confiance qui restaient toujours dans l'antichambre. Les huissiers, placés en dehors du salon où se tenait l'impératrice, n'ouvraient les deux battants que pour les princes ou princesses de la famille impériale ; ne pouvaient quitter leur poste que pour venir demander à la dame d'honneur le nom des personnes qui attendaient pour être présentées. Deux pages étaient de service auprès de l'impératrice ; le plus ancien des deux portait la queue de la robe de la souveraine, quand elle sortait de ses appartements, montait en voiture ou en descendait. L'autre la précédait.

L'appartement ordinaire de l'impératrice se divisait en un appartement d'honneur et un appartement intérieur. L'appartement d'honneur comprenait :

1° L'antichambre ;
2° Le premier salon ;
3° Le second salon ;
4° Le salon de l'impératrice ;
5° La salle à manger ;
6° La salle de concert.

L'appartement ordinaire comprenait :

1° La chambre à coucher ;
2° La bibliothèque ;
3° Le cabinet de toilette ;
4° Le boudoir ;
5° La salle de bains.

Il y avait, pour l'appartement de l'impératrice, des entrées, comme pour celui de l'empereur.

Joséphine jouait son rôle de souveraine avec

autant d'aisance que si elle fût née sur les marches d'un trône. « Une de ses beautés, a dit la duchesse d'Abrantès, était non-seulement l'élégance de sa taille, mais le port de sa tête, la façon gracieuse et noble tout à la fois dont elle la tournait et dont elle marchait. J'ai eu l'honneur d'être présentée à beaucoup de vraies princesses, comme on le disait dans le faubourg Saint-Germain, et je dois dire en toute vérité de conscience que jamais je n'en ai vu qui m'imposassent davantage que Joséphine. C'était de l'élégance et de la majesté. Jamais reine ne sut mieux trôner sans l'avoir appris. »

Joséphine avait toutes les qualités qui plaisent dans une souveraine : l'affabilité, la douceur, la bienveillance, la générosité. Elle trouvait le moyen de faire croire à chacun qu'elle s'intéressait sérieusement à lui. Douée d'une très grande mémoire, elle étonnait ses interlocuteurs par la précision de ses souvenirs, et leur rappelait, au sujet de leur passé, des circonstances et des détails qu'eux-mêmes avaient presque oubliés. Le son musical de sa voix douce, pénétrante et sympathique, ajoutait encore à la courtoisie et au charme de ses paroles. On ne l'entendait pas sans en être ravi. Elle parlait avec grâce, elle écoutait avec bonté. Elle voulait que personne ne s'éloignât d'elle mécontent. C'était toujours en bienfaitrice qu'elle paraissait. Aussi inspirait-elle à tous des sentiments d'affection et de reconnaissance. Ses courtisans et ses serviteurs étaient ses amis. Mme de Rémusat, ordinairement peu bienveillante, est obligée de reconnaître l'attrait que Joséphine exerçait sur toutes les personnes de la cour par son tact, son intelligence, sa dignité. « L'impératrice, dit-elle, était enchantée de se voir entourée d'une suite nombreuse, et qui plaisait à sa vanité. La victoire qu'elle avait remportée sur Mme de La Rochefoucauld, en l'attachant à sa personne, le plaisir de compter M. d'Aubusson de Lafeuillade parmi ses chambellans, Mmes d'Arberg, de Ségur et des maréchales parmi les dames du palais, l'enivraient un peu ; mais il faut convenir que sa joie, toute féminine, n'ôtait rien à sa bonne grâce accoutumée ; elle eut toujours une adresse infinie pour conserver la supériorité de son rang, tout en montrant une sorte de déférence envers ceux ou celles qui, par l'éclat de leurs noms, y ajoutaient un lustre nouveau. » Bonne à l'excès, sensible au delà de toute expression, elle comblait d'attentions et d'égards les personnes de son entourage. Mlle Avrillon, qui fut sa lectrice, en a dit : « Je ne crois pas qu'il ait jamais existé une femme d'un caractère meilleur, d'une humeur plus égale. » Elle n'avait pas le courage de faire une critique, un reproche. « Si quelqu'une de ses dames, a dit Constant, le valet de chambre de l'empereur, lui donnait un sujet de mécontentement, la seule punition qu'elle lui infligeait, c'était un silence absolu de sa part, qui durait un, deux, trois, huit jours plus ou moins, selon la gravité des circonstances. Eh bien ! cette peine, si douce en apparence, était cruelle pour le plus grand nombre. L'impératrice savait si bien se faire aimer ! »

Le seul défaut de cette aimable souveraine était peut-être un goût excessif pour la dépense. Elle aimait avec exagération le luxe et la toilette. L'armoire aux bijoux, qui avait appartenu à Marie-Antoinette, et qui alors n'avait jamais été pleine, était trop petite pour Joséphine. Lorsqu'un jour elle voulut faire voir toutes ses parures à plusieurs dames qui lui en témoignaient le désir, il fallut faire dresser une grande table pour y déposer les écrins ; et la table ne suffisant pas, on en couvrit plusieurs meubles. Joséphine avait le défaut de sa qualité, car il est bien rare qu'une personne généreuse ne soit point prodigue. Ses dépenses exagérées provenaient, d'ailleurs, de son bon naturel. Elle n'avait pas la force de renvoyer un marchand sans lui avoir acheté quelque chose, et jamais il ne lui venait à l'idée de débattre les prix. Bien souvent elle achetait des objets extrêmement chers, qui ne lui étaient d'aucun usage, uniquement pour le plaisir d'être agréable aux fournisseurs. Ses libéralités n'avaient point de limite. Elle aurait voulu posséder tous les trésors de la terre, afin de les donner tous. Elle recherchait les occasions de répandre des aumônes. Un grand nombre d'anciens émigrés ne vivaient que de ses bienfaits. Elle entretenait avec les sœurs de charité une très active correspondance. C'était la providence des pauvres. Elle faisait le bien avec délicatesse, avec tact, avec discernement. Le tout n'est pas de donner ; c'est de savoir donner. On eût dit qu'elle était l'obligée des personnes qu'elle comblait de ses dons. Avec un pareil caractère il était tout naturel qu'elle fît des dettes. Mais Napoléon était là pour les acquitter ; comme il avait des habitudes d'économie, il se fâchait, il grondait sévèrement sa prodigue compagne, et il finissait par payer.

Au fond, Napoléon ne savait rien refuser à Joséphine, et c'était, en réalité, la seule femme qui eût sur lui quelque influence. Résistait-il, elle avait une ressource infaillible : les larmes. Elle connaissait si bien le caractère de son mari ! Elle avait, à un si haut degré, le talent de parler à cet esprit et à ce cœur ! Elle se tourmentait tant pour chercher ce qui pouvait lui plaire, pour deviner ses intentions, pour aller au-devant de ses moindres désirs ! Avait-il l'indisposition la plus légère, le plus faible souci, elle était littéralement à ses pieds, et alors, il ne pouvait se passer d'elle. Il sentait que, du jour où il serait malheureux, il trouverait dans sa chère Joséphine sa seule consolatrice. Elle lui avait tant porté bonheur, elle était si douce, si tendre, si dévouée ; elle avait si bien mérité de recevoir de lui le diadème !

X

LES GALANTERIES DE NAPOLÉON.

Joséphine paraissait au comble de ses vœux, sa fortune était inespérée, jamais plus merveilleux roman ne s'était réalisé sur terre, et cependant l'impératrice des Français, la reine d'Italie, n'était pas heureuse. Une passion cruelle, car elle ne donne que des souffrances, et ne procure aucune joie, troublait toutes ses prospérités, et lui déchirait le cœur. Cette passion, la jalousie, qui avait torturé Napoléon, dans les commencements de son mariage, Joséphine la subissait à son tour avec de vives angoisses. Elle sentait que fixer, à l'âge de quarante et un ans, un homme qui n'en avait que trente-cinq, et que tous les prestiges, toutes les séductions entouraient, c'était, pour elle, une tâche bien difficile ; mais cette réflexion, loin de la consoler, l'agitait encore davantage, et on la voyait faire des efforts désespérés pour triompher dans une lutte à peu près impossible. Comme l'a remarqué Mlle Avrillon, sa lectrice, elle avait l'air de ne pas comprendre que si le rang suprême est une sauvegarde pour une femme, parce que bien peu d'hommes sont assez téméraires pour s'adresser à elle, le contraire existe pour un souverain, dont l'éclat éblouit l'inexpérience des jeunes personnes, et dont la moindre avance irrite la coquetterie, et flatte la vanité.

Joséphine n'avait pas un moment de repos. Dans l'espoir de se faire bien venir d'elle, plusieurs femmes de la cour, qui étaient, pour ainsi dire, à l'affût des galanteries de l'empereur, venaient la tourmenter sans cesse de leurs révélations intéressées. Sa beauté diminuait depuis plusieurs années déjà. Napoléon, au contraire, n'avait jamais été si bien. Sa santé, autrefois précaire, s'était beaucoup améliorée. Il avait pris de l'embonpoint, ce qui lui allait à merveille. Sa tête ressemblait à celle d'un César. Plein de confiance en lui-même, heureux, adulé, tout-puissant, il croyait qu'en amour, comme à la guerre, il n'avait qu'à paraître pour dire *veni, vidi, vici*, je suis venu, j'ai vu, j'ai vaincu. Un grand nombre de beautés à la mode faisaient tout ce qu'elles pouvaient pour le confirmer dans cette bonne opinion de lui-même, et, comme Mme de Rémusat lui en fit un jour l'observation, il ressemblait un peu, au milieu de sa cour, à un sultan dans son harem.

« L'empereur, lisons-nous dans les *Mémoires de Constant*, avait coutume de dire que l'on reconnaissait un honnête homme à sa conduite envers sa femme, ses enfants et ses domestiques. Il disait encore que l'immoralité était le vice le plus dangereux dans un souverain, parce qu'il faisait loi pour les sujets. Ce qu'il entendait par l'immoralité c'était sans doute une publicité scandaleuse donnée à des liaisons qui devaient toujours rester secrètes ; car, pour ces liaisons en elles-mêmes, il ne les repoussait pas plus qu'un autre, lorsqu'elles venaient se jeter à sa tête. » Le fidèle valet de chambre ajoute, pour essayer de justifier son maître : « Peut-être tout autre, dans la même position que lui, entouré de séductions, d'attaques et d'avances de toute espèce, aurait moins souvent encore résisté à la tentation. Pourtant, à Dieu ne plaise que je veuille prendre ici la défense de Sa Majesté ; sous ce rapport, je conviendrai même si l'on veut, que sa conduite n'offrait pas l'exemple de l'accord le plus parfait avec la morale de ses discours ; mais on avouera aussi que c'était beaucoup, pour un souverain, de cacher avec le plus grand soin ses distractions au public, parce qu'elles auraient été un sujet de scandale, ou, qui pis est, d'imitation, et à sa femme, qui en aurait éprouvé le plus violent chagrin. »

Napoléon aimait plus les femmes qu'on ne l'a dit. Il ne voulait pas être dominé par elles ; il les traitait en conquérant, mais leurs charmes étaient loin de le laisser insensible. Quand il éprouvait, sinon une passion, du moins un caprice, il y apportait l'ardeur physique et la fougue impétueuse de son caractère. En politique, comme en amour, toute résistance l'exaspérait, il n'avait malheusement, autour de lui, que trop de gens intéressés à lui servir d'auxiliaires dans ses entreprises amoureuses, et, s'il faut en croire les chroniques scandaleuses de son règne, plus d'un grand personnage ne craignit pas de lui servir d'intermédiaire, et plus d'une femme produisit sur lui une impression éphémère, mais très forte pendant sa durée. On a beaucoup exagéré, croyons-nous, son dédain pour ce sexe auquel, tous tant que nous sommes, nous devons tant de malheurs et tant de joies. A Sainte-Hélène, il a déclamé contre les femmes; mais ses discours étaient des paradoxes, que lui-même sans doute ne prenait guère au sérieux.

Écoutons le comte de Las Cases, qui nous raconte ainsi, dans le *Mémorial*, cette amusante conversation de l'empereur avec les dames compagnes de sa captivité : « Nous n'y entendons rien, nous autres peuples de l'Occident, » disait-il, et un clignotement de côté nous prévenait de sa malice, « nous avions tout gâté en traitant les femmes trop bien. Nous les avions portées, à grand tort, presque à l'égal de nous. Les peuples de l'Orient avaient bien plus d'esprit et de justesse : ils les avaient déclarées la véritable propriété de l'homme ; et, en effet, la nature les avait faites nos esclaves ; ce n'est que par nos travers d'esprit qu'elles osent prétendre à être nos souveraines ; elles abusaient de quelques avantages pour nous séduire et nous gouverner. Pour une qui nous inspirait quelque chose de bien, il en était cent qui nous faisaient faire des sottises. » Et, continuant d'applaudir aux maximes de l'Orient, il approuvait fort la polygamie, la prétendait dans la nature, était très adroit et très fécond à le prouver. « La femme, disait-il, est donnée à l'homme pour qu'elle fasse des enfants. Or, une femme unique ne pourrait suffire à l'homme pour cet objet ; elle ne peut être sa femme, quand elle nourrit ; elle ne peut être sa femme quand elle est malade ; elle cesse d'être sa femme quand elle ne peut plus lui donner d'enfants ; l'homme, que la nature n'arrête ni par l'âge ni par aucun de ces inconvénients, doit donc avoir plusieurs femmes. » Il faut avouer que voilà une théorie qui n'est rien moins que chevaleresque et sentimentale.

Le prisonnier de Sainte-Hélène ajoutait avec ironie : « Et de quoi vous plaindriez-vous, après tout, ne vous avons-nous pas reconnu une âme ? Vous savez qu'il y a des philosophes qui ont balancé. Vous prétendriez à l'égalité ? Mais c'est folie ; la femme est notre propriété ; nous ne sommes pas la sienne, car elle nous donne des enfants, et l'homme ne lui en donne pas. Elle est donc sa propriété, comme l'arbre à fruit est celle du jardinier. Si l'homme fait une infidélité à sa femme, qu'il lui en fasse l'aveu, s'en repente, il n'en reste pas de traces ; la femme se fâche, pardonne, se raccommode, et encore y gagne-t-elle parfois. Il ne saurait en être ainsi de l'infidélité de la femme, elle aurait beau l'avouer, s'en repentir, qui garantira qu'il n'en demeurera rien ? Le mal est irréparable ; aussi ne doit-elle, ne peut-elle jamais en convenir. Il n'y a donc, mesdames, que le manque de jugement, des idées communes et le défaut d'éducation qui puissent porter une femme à se croire en tout l'égale de son mari. Il n'y a, du reste, rien de déshonorant dans la différence : chacun a ses propriétés et ses obligations ; vos propriétés, mesdames, sont la beauté, les grâces, la séduction ; vos obligations, la dépendance, la soumission. »

Napoléon était souvent malicieux avec les femmes. Il y avait, dans son attitude à leur égard, quelque chose de taquin ; mais au fond il honorait les épouses fidèles, les bonnes mères de famille. Ses idées étaient beaucoup plus morales que celles des hommes du Directoire, et sa cour fut moins scandaleuse que celle de la plupart des rois de France. Ajoutons que Joséphine fut la seule femme qu'il aima longtemps et sérieusement. Les autres parlèrent à ses sens, et non point à son cœur.

L'impératrice, bien que jalouse à l'excès, n'écartait pas loin d'elle les jolies femmes : tout au contraire, elle aimait à s'en entourer ; c'était semer des écueils sous les pas de son mari. Souvent ces jolies femmes, éblouies, fascinées, subjuguées par Napoléon, devenaient des conquêtes faciles pour le vainqueur. Alors, Joséphine, regrettant son imprévoyance, s'irritait et se lamentait ; elle fatiguait son époux de ses plaintes, et finissait par obtenir la disgrâce de la favorite du jour. Napoléon, qui, alors même qu'il faisait des infidélités à Joséphine, ne cessait pas de l'aimer, avait un froid repentir, et, son caprice une fois passé, il revenait à sa femme; alors il lui parlait avec dédain, souvent avec mépris, de la rivale qui, délaissée, n'était plus à ses yeux qu'une sorte de hochet brisé. Mlle Avrillon a dit, à ce sujet, dans ses Mémoires : « Comme l'empereur satisfaisait des fantaisies, sans que le sentiment y entrât pour quelque chose, il sacrifiait sans difficulté à sa femme les objets de sa jalousie; il faisait plus, et en cela je ne pouvais m'empêcher de le désapprouver fort, lorsque l'impératrice m'en parlait, il lui en disait plus qu'elle ne demandait à en savoir, lui citait même des imperfections cachées, et lui nommait, à propos d'un autre aveu, telle ou telle dame de la cour, dont il n'était nullement question, et qui n'avait rien à lui refuser. »

En 1805, Napoléon eut une liaison plus importante, plus remarquée que les liaisons passagères et insignifiantes dont il avait l'habitude de se contenter; à cette époque, toute sa cour eut les yeux sur une favorite, dont nous croyons savoir le nom, mais que nous appellerons Mme de X..., pour imiter la discrétion de Mme de Rémusat.

Mme de X... était fort belle ; elle avait vingt-cinq ans, et venait d'entrer à la cour. L'impératrice, ne se doutant pas de ce qui allait arriver, en faisait les plus grands éloges, et lui témoignait une bienveillance et une sympathie particulières. On disait que cette dame était vue de très bon œil par Eugène de Beauharnais, ce qui ne déplaisait nullement à Joséphine. Mais bientôt la malheureuse impératrice s'aperçut de la vérité, et découvrit que l'amant de Mme de X..., ce n'était pas Eugène, c'était Napoléon lui-même. Il faut lire, dans les Mémoires de Mme de Rémusat, le récit de ces curieuses amours : Napoléon, tout fier de sa conquête, ne cachant plus ses assiduités, appelant chaque soir sa nouvelle favorite à la table de jeu, y tenant à peine les cartes, et entamant des dissertations sentimentales à sa manière ; Joséphine, au paroxysme de l'agitation et de la jalousie, faisant écrire, en sa présence, par sa dame du palais, des lettres anonymes pleines de reproches, que Mme de Rémusat composait devant la souveraine, pour lui plaire, mais qu'elle avait bien soin de brûler, après lui avoir donné la fausse assurance qu'elle les avait envoyées à leur destination ; les domestiques de confiance de l'impératrice employés par elle à surveiller les démarches de son époux.

Mme de Rémusat, dans ses Mémoires, nous montre aussi Eugène de Beauharnais, excitant la jalousie de l'empereur, et envoyé avec son régiment, en Italie, au mois de janvier, mais exigeant de sa mère qu'elle ne fît, au sujet de ce brusque départ, aucune réclamation ; Joséphine, réduite au désespoir, ne rêvant plus que maîtresses en titre, disgrâce, divorce, n'osant même plus faire de scènes à son mari, mais l'inquiétant par son silence, sa tristesse, son air accablé ; puis Napoléon, fatigué de Mme de X..., et presque honteux de s'être donné les apparences d'un sérieux amour, revenant, au bout de quelques semaines, à sa femme légitime, lui racontant, avec un excès de franchise, les moindres détails de ce qui s'était passé, lui avouant qu'il avait été très amoureux, mais que cela était fini, et lui demandant même de l'aider à briser définitivement sa chaîne ; enfin Joséphine, calme et rassérénée, pardonnant de bon cœur à Mme de X... et la recevant avec autant d'affabilité que si elle n'avait jamais eu à s'en plaindre.

Napoléon était alors le point de mire de toutes les grandes coquettes de Paris. Constant, son valet de chambre, a dit : « Je n'ai jamais voulu me mêler des affaires de ce genre. Je n'étais pas assez grand seigneur pour trouver un tel emploi honorable. Ce n'est pourtant pas faute d'avoir été indirectement sondé, ou même ouvertement sollicité par certaines dames qui ambitionnaient le titre de favorites, quoique ce titre ne donnât que fort peu de droits et de privilèges auprès de l'empereur... Quoique Sa Majesté prît plaisir à ressusciter les usages de l'ancienne cour, les secrètes attributions du premier valet de chambre ne furent point rétablies, et je me gardai bien de les réclamer. Assez d'autres (non des valets de chambre) étaient moins scrupuleux que moi. »

Constant raconte, à ce propos, une anecdote qui prouve que, malgré ses écarts de conduite,

Napoléon respectait la moralité, quand il rencontrait des preuves. « Le général L..., nous dit Constant, parla un jour à l'empereur d'une demoiselle fort jolie, dont la mère tenait une maison de jeu, et qui désirait lui être présentée. L'empereur la reçut une seule fois. Peu de jours après elle fut mariée. A quelque temps de là, Sa Majesté voulut la revoir, et la redemanda. Mais la jeune femme répondit qu'elle ne s'appartenait plus, et elle se refusa à toutes les instances, à toutes les offres qui lui furent faites. L'empereur n'en parut nullement mécontent ; il loua, au contraire, Mme D.... de sa fidélité à ses devoirs, et l'approuva fort de sa conduite. »

Une autre anecdote, dont nous trouvons le récit dans les Mémoires du duc de Rovigo, atteste qu'il y avait, malgré tout, dans le caractère de l'empereur, un certain fond de moralité. En 1805, pendant son séjour, à Vienne, après la bataille d'Austerlitz, il remarqua une jeune Allemande, dont la physionomie lui parut pleine de charme. De son côté la jeune fille qui avait beaucoup d'imagination, conçut pour l'empereur une passion romanesque, et vint le trouver un soir au château de Schoenbrunn. Comme elle parlait italien, la connaissance marcha rapidement. Mais dès que Napoléon eut appris que sa jeune admiratrice était pure, et qu'elle appartenait à une honorable famille de la bourgeoisie viennoise, il respecta son innocence, la fit respectueusement reconduire chez elle, prit soin de son établissement et la dota·

Quelques mois auparavant, Napoléon avait doté une autre jeune fille, avec laquelle il fut moins circonspect qu'avec la jolie Viennoise. C'était une demoiselle L..., à qui l'impératrice avait donné le titre de lectrice avant de partir pour l'Italie, en 1805, mais qui ne remplit jamais les fonctions de sa charge. A Milan, l'empereur remarqua cette jeune personne, qui avait pour tante une femme ambitieuse, et qui fit des propositions, très promptement acceptées. Joséphine s'indigna, et au bout de quelques jours obtint le renvoi de sa jeune rivale. Napoléon la dota, arrangea son mariage avec un riche financier, et la fit reconduire à Paris, par sa tante. Mais il ne voulut point que ce départ eût l'air d'une disgrâce, et il exigea de l'impératrice qu'elle reçût Mme L... à son cercle. Joséphine fut profondément froissée par l'ordre de son mari. « Elle était si habituée à l'obéissance, dit à ce propos Mlle Avrillon, que personne dans le cercle ne put s'apercevoir de son dépit secret; ce n'était que dans son intérieur qu'elle osait épancher les souffrances de son cœur; c'est là seulement qu'elle me confiait ses chagrins, bien sûre qu'elle était de trouver en moi la plus grande discrétion. Hélas! ce n'est pas en cette seule circonstance que j'ai été à même de juger qu'il entre plus d'épines que de roses dans une couronne d'impératrice. »

Heureusement pour elle, Joséphine avait le caractère plutôt léger que profond. Ses impressions étaient très vives, mais assez passagères. Les plaisirs de la souveraineté en compensaient pour elle les chagrins. Elle sentait que le diadème lui meurtrissait parfois le front, mais qu'il l'embellissait et la rajeunissait, et, malgré les tourments que la jalousie lui faisait souffrir, elle avait, à sa cour, des satisfactions de vanité qui la dédommageaient de ses peines de cœur. Ajoutons aux jouissances d'amour-propre une source d'émotions plus pures, plus durables, et qu'elle appréciait davantage : la joie de rendre service, d'obliger, de faire du bien. Elle avait, d'ailleurs, traversé dans sa vie tant d'épreuves, que rien ne pouvait plus la surprendre, et que son âme, habituée à souffrir, s'était façonnée aux crises les plus violentes et aux angoisses les plus terribles. Elle pleurait facilement, mais ses pleurs séchaient vite; l'arc-en-ciel brillait tout de suite après l'orage, et la bonne Joséphine, encore en larmes, souriait déjà.

XI

LE PAPE AUX TUILERIES

Pendant que Napoléon, fier de son nouvel empire, donnait aux Tuileries le spectacle de la toute-puissance dans l'ivresse et le prestige de sa grandeur, le même palais était habité par un saint vieillard, dont l'humilité contrastait avec l'orgueil du conquérant. Pie VII, logé au pavillon de Flore, y vivait comme un anachorète, aussi modeste et aussi pieux que lorsqu'il était moine, faisant maigre tous les jours, comme dans son couvent, édifiant les impies eux-mêmes par l'auréole qui rayonnait autour de son pâle et mystique visage. On n'abordait pas ce digne vicaire du Christ sans éprouver un sentiment filial d'attendrissement. Les crimes de la Révolution française, le supplice des prêtres massacrés ou guillotinés, la profanation des autels, les persécutions, les blasphèmes avaient jeté sur sa physionomie une teinte mélancolique. On voyait qu'il avait gémi de la rigueur du temps, et que, depuis plusieurs années, son existence était remplie d'angoisses. Il incarnait en lui les souffrances de l'Eglise. Avec son aspect ascétique, son œil profond, son teint mat et blanc comme l'ivoire, ses cheveux d'un noir d'ébène, ses vêtements blancs colorés d'un reflet rouge, le souverain pontife avait dans toute sa personne quelque chose d'imposant et de saintement étrange. Il occupait, au pavillon de Flore, l'appartement du premier étage, où, depuis le mois d'octobre 1789, jusqu'au 10 août 1792, avait logé Madame Élisabeth. L'abbé Proyart, l'auteur de la lettre à la prisonnière du Temple, vint mettre aux pieds du pape un exemplaire de cette même vie de Madame Louise de France, qu'il avait offerte autrefois à la sœur de Louis XVI.

« J'habite ici, lui dit Pie VII, l'appartement d'une autre sainte. » Quelles vicissitudes! Le même local occupé tout à tour par Madame Elisabeth, par les membres du comité de salut public, par le vicaire de Jésus-Christ!

Le pape, avant de se rendre à Paris, avait éprouvé les perplexités les plus vives. Ses appréhensions étaient si grandes qu'au moment de quitter Rome, ayant comme le pressentiment de sa captivité future, il avait laissé entre les mains du cardinal Consalvi son abdication, pour le cas où il serait violenté, pendant son voyage. Ce n'est qu'en tremblant, et en recommandant son âme à

Dieu, qu'il avait mis le pied sur cette terre volcanique de France, qui, de loin, lui paraissait si impie et si redoutable. Le respect unanime qu'il y rencontrait le réconfortait peu à peu. La population parisienne, toutes les fois qu'il allait visiter une église, le suivait avec un mélange de curiosité, de sympathie et de vénération. Sur son passage, on s'agenouillait, et l'on recevait pieusement sa bénédiction apostolique. Une foule nombreuse stationnait, pendant toute la journée, sous ses fenêtres. Il avait trouvé son appartement distribué et meublé comme celui qu'il occupait au Vatican, et il avait témoigné sa reconnaissante surprise pour ce procédé, qui était, disait-il, une attention toute filiale.

Le général de Ségur, alors capitaine et adjoint au grand-maréchal du palais, avait été chargé de la garde de la personne du pape. « On eut sans relâche pour Sa Sainteté, dit-il dans ses Mémoires, les mêmes soins, les mêmes respects que pour l'empereur lui-même. Dans son appartement, distribution, ameublement, tout avait été disposé pour lui rappeler Rome autant qu'il était possible et flatter ses habitudes. Quant à Napoléon, nous remarquâmes tous sa gaieté constamment douce et reconnaissante, et sa déférence filiale et caressante envers son hôte. Dans les bénédictions que le saint-père distribua de sa fenêtre, et surtout à ses fréquentes audiences, dans la galerie du Louvre, au public toujours nombreux que sa présence attirait, une surveillance active contint, prévint ou réprima l'indiscrétion ou la légèreté françaises. Nous vîmes l'athée Lalande lui-même tomber aux pieds du pontife, et baiser sa mule. Dans les établissements publics que le pape honora de sa présence, il fut reçu en souverain. Personne n'osa lui faire distinguer la curiosité de la piété ; et bien souvent je vis ce véritable saint, successeur des apôtres, dont la figure vénérable portait l'empreinte de la plus sereine aménité, si frugal, si simple, si austère pour lui seul, et d'une indulgence si aimable et si paternelle envers les autres, profondément attendri de la vive et pieuse impression qu'il produisit. »

La longue galerie du Louvre était chaque jour occupée par une double haie d'hommes et de femmes, qui venaient demander au saint-père sa bénédiction. Précédé du gouverneur du Louvre, suivi des cardinaux et des seigneurs italiens de sa maison, Pie VII s'avançait à pas lents, entre les deux rangs de fidèles ; il s'arrêtait souvent, pour poser la main sur la tête d'un enfant, adresser quelques mots bienveillants à la mère et donner son anneau à baiser. Un jour, comme il avait autour de lui une foule émue et prosternée, il aperçut un homme dont le visage chagrin portait encore la trace des passions antireligieuses, et qui se détournait, comme pour se soustraire à la bénédiction apostolique. Alors le saint-père, s'approchant de cet homme, lui dit avec douceur : « Ne fuyez pas, monsieur, la bénédiction d'un vieillard n'a jamais fait de mal à personne. »

Ce mot touchant, qui circula dans tout Paris, y produisit la meilleure impression. Pie VII n'était pas seulement respecté; si nous pouvons nous servir de cette expression profane, il était à la mode. Les marchands de rosaires et de chapelets réalisèrent, tout l'hiver, des gains considérables. Pendant le mois de janvier seulement, on dit que cette branche d'industrie rapporta à un marchand de la rue Saint-Denis quarante mille francs de bénéfice net. Toutes les personnes qui approchaient du pape lui faisaient bénir des chapelets pour elles-mêmes, pour leurs parents et leurs amis de Paris et de la province. « La présence prolongée du saint-père, a dit Bourrienne, ne fut pas sans influence sur le retour vers les idées religieuses, tant la physionomie douce et la bienveillance des manières du pape inspirèrent de respect. Quand le temps des persécutions fut arrivé, il aurait été à souhaiter, pour Bonaparte, que Pie VII ne fût jamais venu à Paris, car il devint impossible alors de voir autre chose qu'une victime dans un homme dont on avait apprécié la douceur vraiment évangélique. »

Napoléon, à Sainte-Hélène, dira de ce vénérable pape : « C'était vraiment un agneau, tout à fait un bon homme, un véritable homme de bien, que j'estime, que j'aime beaucoup, et qui, de son côté, me le rend un peu, j'en suis sûr. »

On a prétendu que le pape produisait à Paris tant d'effet que l'empereur ressentait pour l'auguste vieillard une sorte de jalousie secrète. Mais en admettant, ce qui n'est rien moins que certain, qu'il éprouvât un pareil sentiment, il avait au moins l'art de le cacher. Dans toutes les occasions, le pape était comblé de louanges. Le président du Corps législatif, M. de Fontanes, lui disait le 30 novembre 1804 : « Tout a changé autour de la religion ; seule, elle n'a point changé. Elle voit finir les familles des rois, comme celles des sujets; mais, sur les débris des trônes qui s'élèvent, elle admire toujours la manifestation successive des desseins éternels, et leur obéit avec confiance. Jamais l'univers n'eut un plus imposant spectacle, jamais les peuples n'ont reçu de plus grandes instructions. Ce n'est plus le temps où le sacerdoce et l'Empire étaient rivaux. Tous les deux se donnent la main pour repousser les doctrines funestes qui ont menacé l'Europe d'une subversion totale. Puissent-elles céder pour jamais à la double influence de la religion et de la politique réunies ! Ce vœu sans doute ne sera point trompé ; jamais en France la politique n'eut tant de génie, et jamais le trône pontifical n'offrit au monde chrétien un modèle plus respectable et plus touchant. » Le *Moniteur*, dans le compte rendu de la cérémonie du sacre, parlait avec le même enthousiasme officiel « des vertus apostoliques les plus vénérables, et du génie le plus étonnant, couronné par les plus hautes destinées. » Le peintre David, conventionnel et régicide, devenu impérialiste, fit le portrait de Pie VII, et le *Moniteur* célébrait ainsi, dans son numéro du 30 mars 1805, le tableau et le modèle : « On se porte en foule, à la galerie du Sénat, pour y voir le portrait de Sa Sainteté par M. David, membre de l'Institut, et premier peintre de l'empereur. Ce portrait est, sous tous les rapports, digne de la réputation de ce maître. Si le premier mérite d'un portrait est une ressemblance parfaite, celui-ci le possède au plus haut degré. Cette tête, admirablement peinte, offre bien ce caractère d'indulgence et de sagesse, de douceur et de raison, qui respire dans le modèle. Ces yeux sont fins, mais affectueux et paternels ; cette bouche surtout est d'une expression frappante ; on voit qu'il n'en peut sortir que des paroles de paix, de consolation et de vérité. »

Joséphine témoignait à Pie VII une vénération remplie de gratitude. Elle lui savait un gré immense d'avoir exigé de Napoléon le mariage religieux, auquel elle aspirait depuis si longtemps. Elle, qui avait conservé la foi, tout en vivant au milieu d'une société irréligieuse, elle se sentait heureuse d'habiter dans le même palais, sous le même toit que le vicaire de Jésus-Christ, et avait le ferme espoir que cette cohabitation avec un si saint personnage porterait bonheur à elle et à son époux. De son côté, Pie VII appréciait les belles qualités de Joséphine, sa charité surtout; il la traitait comme un bon père traite son enfant.

Le second fils de Louis Bonaparte et d'Hortense de Beauharnais fut baptisé à Saint-Cloud par le pape lui-même, le 27 mars 1805. La cérémonie se fit avec la plus grande pompe. Huit voitures impériales amenèrent Pie VII et son cortège. La galerie du château avait été convertie en chapelle.

Dans l'un des salons de l'impératrice on avait dressé, sur une plate-forme, un lit sans colonnes et surmonté d'un dais. Au pied du lit était étendu un grand manteau doublé d'hermine, destiné à envelopper l'enfant. Dans la même chambre, qu'on appelait le salon du Lit, se trouvaient deux tables sur lesquelles on avait placé les *honneurs* de l'enfant, c'est-à-dire le cierge, le crémeau et la salière, et les *honneurs* du parrain et de la marraine, c'est-à-dire le bassin, l'aiguière et la serviette. On avait placé la serviette sur un carreau d'étoffe d'or, et tous les autres honneurs sur un plat d'or, à l'exception du cierge. Précédés par le grand-maître des cérémonies, le grand-écuyer, le grand-maréchal du palais, et suivis par un colonel général de la garde, par le grand-aumônier, le grand-chambellan et le grand-veneur, le parrain, qui était l'empereur, et la marraine qui était Madame mère se rendirent dans le salon du Lit. L'enfant fut découvert par Mme de Villeneuve, dame d'honneur de la princesse Louis Bonaparte, et par Mme de Boubers, faisant les fonctions de gouvernante. La première leva l'enfant et le présenta au parrain, qui chargea Mme de Boubers de le porter aux fonts baptismaux. Le grand-maître des cérémonies remit la salière à Mme de Bouillé, le crémeau à Mme de Montalivet, le cierge à Mme la maréchale Lannes, la serviette à Mme de Sérant, l'aiguière à Mme Savary, le bassin à Mme de Talhouët. On se rendit ensuite à la galerie convertie en chapelle. Les maréchales Bernadotte, Bessières, Davout et Mortier portaient les coins du manteau de l'impératrice. Madame mère était à la gauche de l'empereur. Après le baptême, l'enfant fut reconduit dans le salon du Lit, avec le même cortège.

Le soir, on joua *Athalie* avec les chœurs sur le théâtre de la cour. Pour se rendre à la salle de spectacle, on traversa l'Orangerie, qui était éclairée par des verres de couleur.

Pendant toute la journée, le parc de Saint-Cloud avait été ouvert au public; les grandes eaux jouaient; des spectacles forains attiraient la foule; la route de Paris était couverte de voitures et de piétons. Il y eut dans la soirée feu d'artifice, illumination du palais et des jardins, orchestre en plein air, bals champêtres.

Le pape, qui était arrivé à Paris le 28 novembre 1804, en partit, le 4 avril 1805, au moment où l'empereur se rendait en Italie, pour y être couronné, à Milan. Pie VII avait reçu de l'empereur des présents magnifiques : un autel d'or, avec des chandeliers, des vases sacrés d'un riche travail, une tiare superbe, des tapisseries des Gobelins, des tapis de la Savonnerie, une statue de Napoléon en porcelaine de Sèvres. L'impératrice lui avait donné un vase sorti de la même manufacture, et peint par les meilleurs artistes. Le *Moniteur* annonça dans les termes suivants le départ du souverain pontife : « Aujourd'hui 4 avril, à midi et demi, Sa Sainteté a quitté Paris avec les prélats et les personnes de sa suite. Une foule d'habitants de tout sexe et de tout âge s'était réunie sur son passage, et a obtenu la bénédiction du souverain pontife qui, en ce moment, a reçu de nouveau les témoignages de la vénération la plus profonde et donné des signes de l'attendrissement que ces témoignages lui inspiraient. »

Cependant, Pie VII n'était que médiocrement satisfait de son voyage. On ne lui avait pas ménagé les hommages ; mais, au point de vue réel, au point de vue politique, on ne lui avait fait aucune concession sérieuse. Il n'avait rien obtenu pour la question si importante des statuts organiques, rien pour la restitution des Légations, qui lui tenait tant à cœur. En outre, il était très froissé de n'avoir pas couronné lui-même Napoléon, comme les papes, ses prédécesseurs, avaient couronné les empereurs et les rois. Celui qui devait être le prisonnier de Fontainebleau s'en allait, triste pour le présent, inquiet pour l'avenir, et se demandait si son hôte ne dirait point comme Voltaire : « Il est très bien de baiser les pieds des papes, mais pourvu qu'on leur lie les mains. »

XII

LE VOYAGE EN ITALIE

Le pape avait quitté Paris le 4 avril 1805 pour retourner à Rome. Presque en même temps, l'empereur et l'impératrice étaient partis de Fontainebleau, pour se rendre à Milan, où Napoléon devait être couronné comme roi d'Italie. Les règlements d'étiquette en usage aux Tuileries étaient suivis dans les voyages. L'endroit que l'empereur devait habiter dans chaque localité où il s'arrêtait sur sa route, était le point de réunion de toutes les personnes de sa maison qui l'accompagnaient. Une grande pancarte, sur laquelle on écrivait les noms de chaque personne et la désignation des logements qu'elle devait occuper, était affichée à la porte du vestibule. Dans les villages où Napoléon ne devait coucher qu'une seule nuit, il recevait, avant ou après son dîner, les autorités locales. Dans les villes où il passait plus d'un jour, après son déjeuner et après les réceptions, il montait à cheval, et allait visiter les fortifications ou les monuments. Les soirées se terminaient habituellement par des fêtes qui lui étaient offertes.

L'empereur et l'impératrice arrivèrent à Troyes le 2 avril. Une correspondance, datée du lendemain, fut insérée dans le *Moniteur*. Il y était dit : « Partout la présence de l'empereur a excité les plus vives acclamations ; nos habitants paraissent étonnés de le voir habillé d'un modeste uniforme, et brillant, au milieu de sa cour, par la simplicité de ses vêtements. Le peuple de ce département fait éclater d'autant plus de joie qu'il est fier d'avoir vu s'élever dans son sein celui qui devait porter la France au plus haut degré de gloire et de prospérité. En effet c'est à Brienne que l'empereur a reçu sa première éducation. Sa Majesté, désirant revoir des lieux qui rappellent toujours des souvenirs bien chers, est partie aujourd'hui, à deux heures, pour Brienne. »

Napoléon trouva, sur le perron du château de cette ville, Mmes de Brienne et de Loménie, qui avaient été les protectrices de son enfance. Il leur témoigna les plus grands égards, en se plaisant à évoquer avec elles des souvenirs qui tantôt l'égayaient, tantôt l'attendrissaient. Une foule d'anecdotes lui revenaient à la mémoire, et il les racontait dans ce langage coloré, pittoresque, qui lui était habituel. Il accepta le dîner que lui offrirent les deux dames, s'assit à leur modeste table de jeu, et, se conformant à l'heure coutumière, dont il eut soin de s'enquérir, il se retira dans la chambre d'ami qu'il avait demandé qu'on lui préparât. Le lendemain, au point du jour, il s'en allait seul, sans bruit, sans escorte, à l'improviste, pour visiter incognito les environs de Brienne, et recommença ses promenades favorites d'autrefois. Il se rappelait une chaumière où, avec ses jeunes camarades, il allait prendre des repas champêtres. Reconnaissant le bois au fond duquel se trouvait cette cabane, il poussa son cheval dans le petit sentier qui, entouré d'arbres, conduisait jusqu'à la chaumière. Elle était habitée par la femme qui, jadis, servait à l'écolier de Brienne, au futur empereur, des noix, du fromage, du pain bis. L'empereur, retrouvant avec joie cette vieille femme, lui demanda le même repas que celui qui faisait naguère les délices du jeune écolier. La pauve femme ne sut pas d'abord quel était l'étranger qui se présentait à elle. Mais peu à peu l'inconnu lui rafraîchit la mémoire, en lui rappelant une foule de particularités du temps jadis. Alors elle comprit qu'elle était en face du tout-puissant empereur, et se jeta tout émue à ses pieds. Napoléon la releva, lui laissa une bourse remplie d'or, et lui promit, en la quittant, qu'il aurait soin de sa vieillesse.

L'empereur et l'impératrice arrivèrent à Lyon, le 10 avril. A un quart de lieue de la ville, sur le chemin de la Boucle, se dressait un arc-de-triomphe, au-dessus duquel apparaissait, comme sous le règne d'Auguste, un aigle portant aux cieux le buste du vainqueur. Sur les deux portes latérales étaient sculptés deux bas-reliefs représentant, l'un l'Union de l'Empire et de la Liberté, l'autre la Sagesse, sous la figure de Minerve, distribuant les croix d'honneur aux braves, aux artistes et aux savants. Sur ces deux bas-reliefs, il y avait des statues du Rhône et de la Seine. Cette inscription brillait au sommet de l'arc-de-triomphe:

De l'antique Lyon, la grandeur, l'opulence,
Renaissent à la voix de ce puissant héros.
Il vit son infortune, il répare ses maux.
L'aspect d'un peuple heureux sera sa récompense.

Le 12 avril, il y eut cercle chez l'impératrice. Le *Bulletin de Lyon* écrivait, à ce propos : « La réunion était très brillante. Autant notre souverain a montré dans ses audiences de profondeur, d'affabilité, de connaissances justes et variées, de véritable grandeur, autant son auguste épouse a fait briller de grâce, d'aménité et de douceur. Ainsi nous voyons revivre cette ancienne urbanité française et cette politesse de manières qui, dans tous les temps, distinguèrent notre cour, et la rendirent l'exemple et l'objet de l'admiration de toutes les cours étrangères. »

La ville offrit à Napoléon et à Joséphine une fête qui eut lieu au Grand-Théâtre. La toile du fond représentait l'empereur assis, vêtu d'une longue robe triomphale. Deux génies allégoriques figurant l'un la France, l'autre l'Italie, et dont les pieds posaient sur des nuages, soutenaient d'une main une banderolle sur laquelle on lisait : *Sublimi feriam sidera vertice*, « Je frapperai les astres avec ma tête sublime » ; de l'autre main, les deux génies offraient chacun une couronne à Napoléon. Les flatteurs renouvelaient ainsi les apothéoses des Césars de la Rome païenne.

On chanta une cantate intitulée le *Songe d'Ossian*. Citons-en quelques vers bien curieux, comme genre spécial d'adulations :

Au milieu des forêts de la Calédonie,
Ossian, de sa harpe oubliant l'harmonie,
De la sombre douleur variait les concerts.
Les vents impétueux mugissaient sur sa tête ;
Et sa voix, se mêlant aux voix de la tempête,
Du nom de Malvina remplissait les déserts.

Féroces habitants de la Scandinavie,
Arrêtez ! D'Ossian, respectez le génie.
Les Bardes, ses aïeux, sur un nuage assis,
D'un songe prophétique occupent ses esprits.

O France, heureuse contrée,
Du séjour de l'empyrée,
La Paix a pris son essor.
C'est ton prince qui l'appelle.
Il te ramène avec elle
Les beaux jours de l'âge d'or.

. . . .

Consacrant la noble alliance
Des vertus avec les grandeurs,
Sa compagne, chère à la France,
Règne avec lui sur tous les cœurs.

> En elle, du pouvoir suprême
> La grâce accroît la majesté.
> Son front pare le diadème
> Des traits divins de sa bonté.

Après le chant de la cantate, les jeunes gens de la garde lyonnaise et les dames principales de la ville dansèrent une valse devant le trône. Deux jeunes filles tenaient chacune une corbeille dans laquelle les couples de danseurs et danseuses jetaient des fleurs en passant. Avec ces fleurs les deux jeunes filles tressèrent deux couronnes que, la valse une fois terminée, elles offrirent à l'empereur et à l'impératrice.

Le 29 avril, Napoléon et Joséphine, à Turin, assistaient à une représentation de gala, au Grand-Théâtre. Ils logèrent au château de Stupinigi, situé tout près de la capitale du Piémont, où ils firent leurs adieux à Pie VII, qui avait célébré à Lyon les fêtes de Pâques, et qui retournait à Rome.

L'empereur et l'impératrice arrivèrent à Alexandrie le 2 mai, à dix heures du matin, au bruit des salves d'artillerie et au son de toutes les cloches de la ville. Napoléon passa sa journée à aller visiter le champ de bataille de Marengo, et il ne rentra à Alexandrie qu'à sept heures du soir, après avoir fatigué cinq chevaux, et parcouru un espace de cinquante milles. Le 5 mai, il retourna dans la plaine de Marengo, où il donna devant l'impératrice une grande fête militaire qui fut le simulacre de la bataille gagnée par lui cinq ans auparavant. Il assista, du haut d'un trône, aux manœuvres commandées par Murat, par Lannes, par Bessières. Il avait fait apporter de Paris l'habit et le chapeau qu'il portait le jour de la bataille. L'habit était un peu endommagé par les vers, et le chapeau déformé eût semblé demodé, s'il n'avait point rappelé de mémorables souvenirs. Mais Napoléon aimait tout ce qui lui rappelait cette journée remplie d'émotions, où il avait tout gagné, après avoir failli tout perdre. Les manœuvres une fois terminées, il posa solennellement la première pierre d'un monument élevé à la mémoire de Desaix et des autres braves qui avaient péri à Marengo.

Le lendemain il eut, à Alexandrie, avec son frère Jérôme une entrevue qui fut une réconciliation. En 1803, après la rupture de la paix d'Amiens, Jérôme Bonaparte, alors âgé de moins de vingt ans, et qui servait dans la marine, avait été jeté sur les côtes des États-Unis par les hasards d'une croisière, que les Anglais avaient interrompue. Il s'était épris de la jeune et charmante fille d'un riche négociant de Baltimore, Mlle Elisabeth Paterson, et il l'avait épousée. Napoléon ne voulut pas admettre ce mariage. A peine monté sur le trône il avait déjà les sentiments et les préjugés d'un monarque dont la dynastie aurait été vieille de plusieurs siècles. Il croyait sincèrement que ses frères ne pouvaient épouser que des filles du sang royal et que tout autre mariage était pour eux une mésalliance impardonnable.

Si Napoléon avait peut-être quelque reproche à faire à la femme de Lucien, à cause de son passé, il ne pouvait critiquer en rien celui de la femme de Jérôme, personne éminemment distinguée par sa moralité, par son intelligence, par son cœur. Mais elle était la fille d'un armateur, d'un négociant, et cela ne pouvait convenir, pensait-il, au frère du tout-puissant monarque, qui, l'esprit hanté par l'ombre de Charlemagne, rêvait des royautés vassales et la reconstruction de l'édifice prodigieux élevé par le grand empereur carlovingien. Il ne voulait point se rappeler, lui, l'empereur des Français, lui, le roi d'Italie, qu'il avait épousé une simple particulière, et qu'il avait été très fier de cette union. Il ne pardonnait point à son frère Jérôme d'avoir fait un mariage d'inclination, et il ne lui permettait même pas de plaider la cause de la jeune femme enceinte, qui ne méritait que du respect et de la compassion, et qui, humiliée, abandonnée, brisée, allait être traitée comme une concubine, et chassée pour toujours. L'ambition avait altéré chez Napoléon la bonté naturelle. Et cependant, s'il avait vu la femme de Jérôme, si touchante, si intéressante, si attachée à son mari et à ses devoirs, tout porte à croire qu'il en aurait eu pitié. Peut-être le sentait-il lui-même, car il ferma à la malheureuse jeune femme, innocente victime de calculs politiques, l'entrée de tous les ports de l'empire, et la força de se réfugier, comme une coupable, en Angleterre.

Le 22 février 1805, Napoléon avait obligé sa mère, Mme Lætitia, à déposer entre les mains du notaire Raguideau une protestation contre le mariage de Jérôme, sous prétexte que celui-ci, né le 15 novembre 1784, n'avait pas encore vingt ans, au moment où il s'était marié, et que, d'après la loi du 20 septembre 1792, une union contractée par une personne âgée de moins de vingt ans sans le consentement de ses père et mère était nulle. Le *Moniteur* du 13 ventôse an XIII (4 mars 1805) avait fait paraître les lignes suivantes : « 11 ventôse. Par un acte de ce jour, défense est faite à tous les officiers de l'état-civil de l'empire de recevoir sur leurs registres la transcription de l'acte de la célébration d'un prétendu mariage que M. Jérôme Bonaparte aurait contracté en pays étranger, en âge de minorité, sans le consentement de sa mère, et sans publication préalable dans le lieu de son domicile. » Quelques jours après, le *Moniteur* insérait cet article : « M. Jérôme Bonaparte est arrivé à Lisbonne, sur un bâtiment américain, sur lequel étaient inscrits comme passagers M. et Mlle Paterson. M. Jérôme a pris aussitôt la poste pour Madrid. M. et Mlle Paterson sont rembarqués. On les croit retournés en Amérique. »

Jérôme, obéissant aux ordres de l'empereur,

se rendit de Portugal en Italie, voyageant jour et nuit, en poste, à grande vitesse, par Badajoz, Madrid, Perpignan et Grenoble. « Au milieu des montagnes de l'Estradamure, est-il dit dans ses Mémoires, son modeste équipage se croisa avec le train presque royal de l'ambassadeur de France en Portugal. C'était Junot qu'il avait laissé simple aide de camp du premier consul, et qu'il retrouvait l'un des premiers personnages de l'empire. Mme Junot, l'amie d'enfance de Jérôme, accompagnait son mari. Leur entrevue fut touchante, et par le spectacle de ces lieux déserts, et par celui des grandes choses qui s'étaient passées depuis leur séparation. »

Junot et sa femme trouvèrent Jérôme très changé à son avantage. Il avait pris de la gravité. Un sentiment mélancolique avait remplacé chez lui la bouillante vivacité de son adolescence. Il parlait avec émotion, avec respect, avec amour, de sa jeune femme, dont la situation touchante était encore aggravée par une grossesse fort avancée, troublée par le chagrin et la douleur. Il se proposait de se jeter aux pieds de son frère, et il espérait bien qu'à force de prières, de supplications, il finirait par lui arracher le consentement tant désiré. « Qui oserait douter, est-il dit encore dans ses Mémoires, que son cœur, outre les inquiétudes de sa tendresse, ne fût en proie aux plus vives agitations ; la honte d'une inaction de deux ans, pendant laquelle ses camarades, ses amis, ses parents avaient agi, combattu, grandi ; le regret d'une immense position perdue ; l'espoir de la reconquérir ; l'appréhension enfin de la colère de son frère, colère qu'il avait osé braver, et qui faisait trembler les rois sur leur trône. »

Napoléon allait être inflexible. Il n'admettait plus que ses frères pussent être autre chose que des hommes dynastiques, bientôt des souverains. C'est le moment où il disait, à ce que rapporte Miot de Mélito : « Ce que j'ai fait jusqu'ici n'est rien encore. Il n'y aura de repos en Europe que sous un seul chef, sous un empereur, qui aurait pour officiers des rois, qui distribuerait des royaumes à ses lieutenants, qui ferait l'un roi d'Italie, l'autre de Bavière, celui-ci landemann de Suisse, celui-là stathouder de Hollande, tous ayant des charges dans la maison impériale, avec les titres de grand-échanson, grand-pannetier, grand-écuyer, grand-veneur, etc. On dira que ce plan n'est qu'une imitation de celui sur lequel l'empire d'Allemagne a été établi, et que ces idées ne sont pas neuves ; mais il n'y a rien d'absolument nouveau ; les institutions politiques ne font que rouler dans un cercle, et souvent il faut revenir à ce qui a été fait. » Un homme qui aspirait à de telles choses, et qui était si près de les réaliser, ne pouvait s'habituer à l'idée d'être le beau-frère de la fille d'un simple armateur.

Jérôme arriva, le 24 avril 1805, à Turin. Napoléon était alors à Alexandrie. Onze jours s'écoulèrent avant l'entrevue des deux frères. L'empereur avait prononcé son arrêt. Il était absolument résolu à ne recevoir Jérôme qu'après une entière soumission. Le malheureux jeune homme voulait encore espérer contre toute espérance. Mais il dut à la fin reconnaître qu'il s'abusait. Alors se fit dans son esprit et dans son cœur un grand combat : d'un côté l'amour conjugal, le sentiment de la famille, la pensée de l'enfant qui allait naître, le respect du mariage et de la foi jurée ; de l'autre l'ambition, la passion du pouvoir, la vision de ces royaumes qui apparaissaient dans un horizon tentateur ; d'un côté, le sourire et les larmes d'une femme aimée ; de l'autre, les séductions et le redoutable prestige du génie qui remplissait toute la terre de sa renommée, et qui exerçait partout et toujours une véritable fascination. Jérôme, moins sentimental et moins fier que Lucien, finit par céder à son terrible frère, et se condamna, par ambition à ne plus jamais revoir une femme qu'il estimait et chérissait. Le 6 mai, il se rendit à Alexandrie, après s'être fait précéder d'une lettre de soumission à l'empereur. Avant de le recevoir Napoléon lui répondit dans les termes suivants : « Alexandrie, 6 mai 1805. Mon frère, votre lettre de ce matin m'apprend votre arrivée à Alexandrie. Il n'y a pas de faute qu'un véritable repentir n'efface à mes yeux. Votre union avec Mlle Paterson est nulle aux yeux de la religion, comme aux yeux de la loi. Ecrivez à Mlle Paterson de retourner en

Amérique. Je lui accorderai une pension de soixante mille francs sa vie durant, à la condition que, dans aucun cas, elle ne portera mon nom, droit qu'elle n'a pas, dans la non-existence de son union. Vous-même, faites-lui connaître que vous n'avez pu ni ne pouvez changer la nature des choses. Votre mariage ainsi annulé dans votre propre volonté, je vous rendrai mon amitié, et je reprendrai les sentiments que j'eus pour vous depuis votre enfance, espérant que vous vous en rendrez digne par les soins que vous porterez à acquérir ma reconnaissance et à vous distinguer dans mes armées. » Quelques jours après, Napoléon écrivait au ministre de la marine : « Monsieur Décrès, M. Jérôme est arrivé. Mlle Paterson est retournée, en Amérique. Il a reconnu son erreur et désavoue cette personne pour sa femme. Il promet de faire des miracles. En attendant, je l'ai envoyé à Gênes pour quelque temps. »

Après s'être réconcilié avec son frère Jérôme, Napoléon se rendit à Pavie, où les magistrats de Milan lui apportèrent les hommages de sa nouvelle capitale, et, accompagné de l'impératrice, il entra dans cette dernière ville, le 8 mai, au bruit du canon et des cloches.

XIII

LE COURONNEMENT A MILAN

Par son origine, par son physique, par son moral, par la nature de son esprit, de son imagination, de son génie, Napoléon se rattachait à l'Italie beaucoup plus qu'à la France. Son père et sa mère étaient Italiens, ses aïeux Italiens, et la langue italienne était sa langue maternelle. Son prénom et son nom étaient un prénom et un nom italiens. Sa mère parlait le français, mais avec l'accent italien le plus prononcé. Il avait aimé la Corse, avant d'aimer la France. Tout enfant, il s'était enthousiasmé pour le patriote corse Paoli, et avait alors regardé les Français comme des étrangers, comme des oppresseurs. Il ressemblait de figure non seulement à un Italien, mais à un Romain de l'antiquité. Par une étrange prédestination, il avait la tête d'un César. L'Italie n'était pas seulement le berceau de sa famille, elle était le berceau de sa gloire. Le « pays sans pareil », pour nous servir de l'expression d'un de nos poètes, lui avait porté bonheur. C'est de là qu'étaient datés les célèbres bulletins de ses premières victoires. C'est là qu'il avait commencé à frapper l'imagination des peuples, et c'est par l'Italie qu'il avait subjugué la France. Il se trouvait là comme chez lui. Les habitants de la Péninsule l'accueillaient comme un compatriote. Il était heureux de leur parler leur langue, dont l'énergique et harmonieuse sonorité avait pour lui un si grand charme. Son génie, tout méridional, se plaisait sous ce beau ciel, qui donne à toutes choses tant d'éclat, et qui convient si bien aux pensées d'un triomphateur. Milan lui paraissait peut-être un séjour préférable à Paris.

Son entrée solennelle dans la capitale de son royaume d'Italie avait été habilement préparée. Le cardinal Caprara, qui était archevêque de la ville, et y exerçait une très grande influence, ne cessait d'entretenir ses ouailles des services que Napoléon avait rendus à la religion catholique. Le grand-maître des cérémonies, M. de Ségur, qui précéda de quelques jours l'empereur à Milan, y séduisit toute la haute société lombarde par les grâces de son esprit, comme par l'aménité de ses manières, et décida les plus illustres familles à solliciter l'honneur de figurer parmi les dames et les officiers du palais du roi et de la reine d'Italie (c'est ainsi qu'on appelait à Milan Napoléon et Joséphine).

La première visite que le roi et la reine firent dans leur capitale fut pour la cathédrale lombarde, si célèbre sous le nom de Dôme. Ils s'agenouillèrent, et les Milanais furent touchés de ce pieux spectacle. Le *Journal italien*, dans sa relation officielle de l'entrée de Napoléon à Milan, prit le ton dithyrambique : « Il n'est pas possible, dit-il, d'imaginer un jour plus brillant que celui qui éclaira hier notre capitale, où Bonaparte, le héros du siècle, notre monarque adoré, a fait son entrée dans nos murs. Cette journée sera à jamais mémorable dans les fastes de notre histoire. Milan a vu entrer dans ses murs, décoré de l'auguste nom de roi, ce même héros qui avait déjà été proclamé le conquérant, le libérateur, le pacificateur et le législateur, et qui aujourd'hui assure sous son auguste empire cette grandeur à laquelle ses victoires et son génie nous permettent d'aspirer. L'empereur est entré par la porte désignée sous le nom de son plus glorieux triomphe, la porte Marengo. »

A son arrivée à Milan, Napoléon fit l'échange des insignes de la Légion d'honneur avec ceux des ordres de chevalerie les plus anciens de Europe. Il reçut du ministre de Prusse l'Aigle-Noire et l'Aigle-Rouge, de l'ambassadeur d'Espagne la Toison-d'Or, des ministres de Bavière et de Portugal les ordres de Saint-Hubert et du Christ, et il leur remit le grand-cordon de la Légion d'honneur. Ayant reçu, en outre, des croix étrangères pour les principaux personnages de l'empire, il accorda un nombre de décorations égal à celui qu'il recevait ainsi. Le 12 mai, portant le grand-cordon de l'Aigle Noire, il se rendit, avec l'impératrice, au théâtre de la Scala, où l'on jouait l'opéra de *Castor et Pollux*. La salle, éclairée *à giorno*, contenait toutes les belles Milanaises, parées avec une extrême élégance, en toilette de bal, avec tous leurs bijoux. Le luxe et l'éclat de ces beautés justement célèbres, la brillante variété des uniformes, le prestige de la loge impériale, et, sur la scène, la magnificence des costumes, des décors, le talent des chanteurs, tout concourait à la splendeur de la représentation. Dans la journée, après la messe, Napoléon était monté à cheval, et avait parcouru tous les rangs des troupes rassemblées pour la grande parade sur la place du Dôme.

La grâce et l'affabilité de l'impératrice excitaient une admiration générale. Lors de la réception du haut clergé italien, qui eut lieu le 25 mai, elle fut complimentée par l'archevêque de Bergame en ces termes : « Madame, si la bienfaisance descendait du ciel pour réparer les maux de l'humanité, elle ne chercherait pas d'autre asile que le cœur d'une reine adorée de ses sujets. Le sentiment d'amour, de reconnaissance et de respect qui anime tous vos sujets est aussi celui qui conduit à vos pieds tous les évêques du royaume d'Italie. Heureux de trouver dans votre auguste époux tout ce qu'ont de sublime, la gloire et le génie, et en vous, madame tout ce que la bonté peut avoir d'adorable, il ne leur reste qu'à faire des vœux pour la prospérité de votre règne, et qu'à bénir le ciel d'avoir rassemblé dans l'âme de leurs souverains tout ce qui doit faire chérir et respecter le pouvoir suprême. » Cette harangue suffirait seule pour montrer à quel diapason étaient montées les adulations officielles.

Le couronnement eut lieu, le 26 mai, dans la cathédrale de Milan, qui est la nef la plus vaste de l'Italie, après celle de Saint-Pierre de Rome. Le temps était magnifique. Dès le matin, une foule innombrable remplissait la place du Dôme, les cours du palais, les rues adjacentes. De même qu'à Paris, lors du sacre, on avait construit une galerie de bois, pour relier l'archevêché à Notre-Dame, de même à Milan, on en construisit une pour mettre le palais en communication avec la cathédrale. L'intérieur de l'église était tapissé d'étoffes de soie cramoisie. Comme à Notre-Dame de Paris, on avait dressé à l'entrée de la nef un grand trône, où l'on montait par un large escalier de vingt-cinq marches. Quatre statues dorées, représentant des Victoires, soutenaient, en manière de cariatides, le dais placé au-dessus du trône. Ces quatre statues symboliques portaient d'une main des palmes, de l'autre le manteau de velours, vert descendant de la couronne, royale qui surmontait le dais. La cathédrale, toute resplendissante de lumières, était éclairée par quarante lustres suspendus à la voûte, et par autant de candélabres attachés aux colonnes.

Joséphine, qui avait été couronnée à Paris, comme impératrice, par Napoléon, ne devait pas être couronnée à Milan, bien qu'elle portât le titre de reine d'Italie. Elle assista, dans une tribune, à la cérémonie. A onze heures et demie, précédée de sa belle-sœur, la princesse Elisa Bacciochi, elle se rendit à la cathédrale, et fut conduite sous un dais à sa tribune, au milieu des plus vifs applaudissements. A midi, l'empereur et roi sortit du palais, et, passant par la galerie qui mettait cet édifice en communication avec la cathédrale, il arriva au seuil du sanctuaire, où il fut encensé et harangué par le cardinal Caprara, archevêque de Milan, à la tête de tout son clergé. Précédé par les huissiers, les hérauts d'armes, les pages, le grand-maître et les maîtres des cérémonies, par sept dames portant des offrandes, et, par les honneurs de Charlemagne, de l'empire et d'Italie, il apparaissait dans une pompe éblouissante. Il avait sur la tête la couronne, dans les mains le sceptre et la main de justice du royaume, sur le dos, le manteau royal, dont les pans étaient portés par le grand-écuyer français et le grand-écuyer italien. Au moment où il entra dans la cathédrale, la musique entonna une marche de triomphe. Il s'assit dans le chœur sur le petit trône, ayant à sa droite les honneurs de l'empire, et, à sa gauche, ceux d'Italie. L'archevêque de Bologne, qui eut, au couronnement du roi, un rôle à peu près analogue à celui du pape au couronnement de l'empereur, porta sur l'autel la couronne de fer des anciens rois lombards, et commença la messe. Après le Graduel, il bénit les ornements royaux dans l'ordre suivant : l'épée, le manteau, l'anneau, la couronne. Napoléon reçut des mains de l'archevêque, l'épée, le manteau et l'anneau ; mais il prit lui-même sur l'autel la couronne de fer, et, se la posant fièrement sur la tête, il s'écria, avec un accent dont l'énergie fit tressaillir toute l'assistance : « *Dio me l'ha data, guai a chi la toccherà !* » Dieu me l'a donnée ; gare à qui la touchera ! Puis, après avoir remis sur l'autel la couronne de fer, il prit la couronne d'Italie, et la plaça également sur sa tête, au bruit des applaudissements unanimes. Précédé par le même cortège qui l'avait conduit jusqu'au chœur, il traversa ensuite l'église, et alla s'asseoir, au fond de la nef, sur le grand trône, qui était adossé au portail, et le chef des hérauts d'armes cria : « Napoléon, empereur des Français et roi d'Italie, est couronné et intronisé. Vive l'empereur et roi ! »

Le même jour, à quatre heures de l'après-midi, le roi et la reine se rendaient, en voiture de gala, et avec une brillante escorte, à l'église Saint-Ambroise, un des sanctuaires les plus vénérés de l'Italie, pour y entendre un *Te Deum* d'actions de grâces.

Mlle Avrillon, lectrice de Joséphine, raconte que lorsqu'on fut de retour au palais, Napoléon était d'une gaîté folle. Il se frottait les mains, et, dans sa bonne humeur, il dit à sa lectrice : « Eh bien ! mademoiselle, avez-vous vu la cérémonie ? Avez-vous bien entendu ce que j'ai dit, en posant la couronne sur ma tête ? » Alors, il répéta, presque du même ton qu'à la cathédrale : « Dieu me l'a donnée. Gare à qui la touche ! » — « Je lui répondis, ajoute Mlle Avrillon, que rien de ce qui s'était passé ne m'avait échappé. Il fut on ne peut plus aimable pour moi ; et j'ai remarqué bien souvent que, lorsque rien ne tracassait l'empereur, il nous parlait avec une sorte de bonhomie, d'abandon, comme s'il eût été notre égal ; mais, lorsqu'il nous adressait ainsi la parole, c'était toujours pour nous faire des questions ; et, pour ne point lui déplaire, il fallait lui répondre, sans paraître trop embarrassé. Il nous donnait quelquefois une tape, ou nous tirait l'oreille ; c'étaient autant de faveurs qu'il n'accordait pas à tout le monde, et nous pouvions juger du degré de sa bonne humeur par le plus ou moins de mal qu'il nous faisait... Bien souvent, il en faisait autant à l'impératrice ; il lui donnait des tapes, en jouant, de préférence sur les épaules ; elle avait beau lui dire : « Finis donc, Bonaparte ! » il continuait, tant que le jeu lui plaisait. »

L'empereur trouvait très agréable le séjour de Milan. Il respirait avec délices le parfum de l'encens qu'on brûlait avec tant d'abondance à ses pieds. Le *Journal Italien,* dans son compte-rendu de la cérémonie du couronnement, allait jusqu'au lyrisme. « Le plus beau jour, disait-il, vient d'éclairer Milan ; il n'a point d'égal dans le passé, et il offre le plus heureux augure pour l'avenir…. Les vieillards mêmes, accoutumés à louer de préférence le passé, ont fait éclater le plus vif enthousiasme. La nuit s'est efforcée en vain d'étendre ses ombres sur notre cité, elle a cédé à la clarté d'une illumination générale et magnifique, qui dessinait en traits de feu les contours et la forme admirable du Dôme. La plupart des palais et maisons offraient des devises et des inscriptions. Le premier des jours consacrés à la plus vive allégresse nationale a été terminé par un immense et brillant feu d'artifice, sur ce lieu où tant de fois fut allumé un bûcher horrible et homicide. »

Le lendemain, on célébra des jeux, à la manière antique, dans un cirque, dont les proportions gigantesques rappelaient celles des cirques romains. Ce fut l'occasion d'un récit dithyrambique, inséré dans le *Moniteur.* « Les Italiens, y était-il dit, viennent d'offrir au grand Napoléon ce même spectacle que leurs ancêtres offrirent à Marc-Aurèle et à Trajan. Mais la présence de Napoléon a excité plus de joie et d'applaudissements, parce qu'elle faisait naître une admiration plus grande et des espérances plus élevées. Ceux-ci n'étaient que les conservateurs de la grandeur italienne ; celui-ci en est le créateur et le père. Dans la pompe des jeux, et au milieu du bruit des acclamations, on voyait que l'immense foule du peuple portait sur lui seul ses regards, et semblait lui dire : « Ces fêtes ne sont que des faibles expressions de la reconnaissance que te voue l'Italie entière pour le bien que tu lui as fait; mais puisque tu daignes les agréer, puisque tu aimes à t'asseoir parmi nous, comme notre prince et notre père, ces fêtes deviennent pour nous l'augure de bienfaits plus grands encore. Peut-être il viendra un jour où l'Italie, rendue à cette vie nouvelle, pourra orner son cirque des monuments de sa propre bravoure, qui seront autant de monuments de ta gloire ; et, l'Italie ne devant jamais périr, tout ce que les Italiens feront de grand dans le cours des siècles sera dû au héros qui les a rappelés à la vie. » Après les courses, un aérostat s'éleva dans les airs. L'intrépide femme de l'aéronaute Garnerin était dans la nacelle, et jetait des fleurs à Napoléon et à Joséphine. « Ainsi, ajoute le *Moniteur*, dans un même jour et dans un même spectacle, les Italiens ont réuni ce que les anciens eurent de plus pompeux, et ce que la science des modernes a inventé de plus hardi, et la présence d'un héros qui surpasse à la fois et les anciens et les modernes. »

La journée du 29 mai fut consacrée aux fêtes populaires. Dès midi, les jardins publics furent remplis de musiciens, de chanteurs, de bateleurs, de marchands forains. Le soir, la rue *della Riconoscenza*, jusqu'à la porte Orientale, était éclairée par des ifs, et, au fond d'une longue galerie, brillait un aigle ayant sur sa poitrine la couronne de fer.

On ne négligeait rien pour faire vibrer en Italie la fibre nationale. Un article inséré dans le *Moniteur* disait, à propos d'une pièce de vers de circonstance, composée par Vincenzo Monti : « Quel intérêt le poète a excité, en rappelant les titres glorieux de l'antique Italie, les désastres et l'avilissement qui avaient succédé à cet état de gloire, en évoquant les ombres des temps anciens, et, après elles, l'ombre du Dante, qui, par la sagesse de ses maximes, est au-dessus des poètes des autres nations ; du Dante, le plus enthousiaste zélateur de la gloire antique des Italiens, le plus sévère censeur de la corruption dans laquelle l'Italie! était tombée de son temps ; du Dante, dont toute l'ambition était de préparer la renaissance de l'Italie. Et par quels moyens la prépara-t-il ? En prêchant l'union aux habitants des différentes contrées de l'Italie, et aux autorités publiques la concentration du pouvoir modéré par les lois. »

Le 3 juin, Napoléon et Joséphine allèrent visiter à Brera une Exposition d'art et d'industrie. Dans cette Exposition, on remarquait l'*Hébé*, de Canova, et une statue colossale de Clément XIII, due au ciseau du même sculpteur. « Le désir de voir et de s'approcher du souverain, lit-on dans le *Moniteur*, avait augmenté à chaque instant la foule sur ses pas. Un octogénaire, qui, pour le précéder sur un escalier, faisait des mouvements impuissants, a été froissé et renversé sur les marches par les spectateurs animés du même désir. L'impératrice, qui suivait, accourut elle-même au secours. L'empereur revint sur ses pas, questionna ce vieillard, plus ému de sa joie que de sa chute, lui demanda son nom et un mémoire, et lui promit sa bienveillance. Cette scène de mouvement et de sensibilité produisit l'attendrissement général, et Leurs Majestés furent reconduites par les acclamations et les bénédictions de tous. »

Napoléon revit à Milan la célèbre cantatrice, Mme Grassini, qu'il avait applaudie, quelques années, auparavant, lors de la première campagne d'Italie. Il a raconté à Sainte-Hélène, que cette grande artiste lui aurait dit, après le couronnement : « Lorsque j'étais dans tout l'éclat de ma beauté et de mon talent, je ne désirais qu'un seul de vos regards ; je ne pus l'obtenir, et voilà que vous le laissez tomber sur moi aujourd'hui que je n'en vaux plus la peine, que je ne suis plus digne de vous. » Au dire de Bourrienne, c'est en 1800 et non en 1805 que Napoléon fit la connaissance de la cantatrice. « Et j'en sais quelque chose, ajoute l'indiscret secrétaire, puisqu'il m'est arrivé plusieurs fois de prendre le thé, moi troisième avec elle et Bonaparte, dans la chambre du général, ce qui ne m'amusait pas plus qu'il ne faut. La nuit où j'éveillai Bonaparte, pour lui annoncer la mauvaise nouvelle de la capitulation de Gênes, Mme Grassini fut réveillée avec lui. La voix de M^{mo} Grassini le ravissait ; si le soin impérieux des affaires le lui eût permis, il l'aurait écoutée chanter pendant des heures entières avec délices. » Au fond l'observation de Bourrienne n'a pas une grande portée. Napoléon ne nie pas qu'il ait connu la belle cantatrice en 1805 ; il laisse seulement entendre que lors de la première campagne d'Italie, il était resté insensible aux avances de cette sirène. C'est qu'à cette époque il n'avait dans le cœur qu'un seul amour, celui de sa femme.

A Milan, Joséphine, devenue reine d'Italie, habitait, avec l'empereur, le magnifique palais Monza. Mais peut-être dans sa splendeur, arrivée à l'apogée de sa fortune, regrettait-elle le palais Serbelloni, celui où, neuf années auparavant, elle avait exercé une si bienfaisante influence sur les destinées de son époux, et l'avait protégé avec sa tendresse comme avec un talisman. Sans doute l'impératrice et reine aurait voulu revenir au temps où elle s'appelait simplement la citoyenne Bonaparte. Alors, à défaut de diadème impérial et royal, elle avait la jeunesse, qui vaut mieux qu'une couronne, et son époux lui donnait quelque chose de préférable au trône : l'amour ! Alors les généraux avaient de moins beaux uniformes, des traitements moins considérables, mais ils avaient plus d'enthousiasme et plus de désintéressement. Alors la gloire de Bonaparte était moins éclatante, mais elle était plus pure. En revoyant Milan, après plusieurs années d'absence, Joséphine se remémorait tout ce qui s'était passé d'heureux et de malheureux, de grandiose et de tragique dans cette période si courte, mais remplie par de si merveilleux événements. Que de choses radieuses dans ses souvenirs, mais aussi que de choses sombres ! Ce coup d'œil rétrospectif n'était pas sans mélancolie. En voyant arriver l'automne de son existence surprenante, Joséphine ne songeait point sans une tristesse secrète aux jours splendides de son été. Pendant que son époux se complaisait dans les joies orgueilleuses de l'ambition satisfaite, elle réfléchissait et rêvait doucement, grave et recueillie. Elle voulut revoir les endroits auxquels étaient restés attachés les meilleurs souvenirs de son premier voyage : le lac de Côme, avec la villa Julia et la maison de Pline, le lac Majeur et les îles Borromées, le palais de l'Isola-Madre et de l'Isola-Bella, tous ces sites enchanteurs qui évoquaient pour elle les gracieux fantômes de la jeunesse et de l'amour.

Napoléon, le 7 juin, fit reconnaître le prince Eugène de Beauharnais, comme vice-roi du royaume d'Italie, et trois jours après, accompagné de Joséphine, il quitta Milan. Des fêtes avaient eu lieu pour célébrer le couronnement, dans les principales villes de l'empire. A son château de Neuilly, Murat donna un bal, à propos duquel le *Journal des Débats* disait : « Au même moment où les arts de l'ingénieuse Italie déployaient toutes leurs merveilles sous les regards de Leurs Majestés, la gaieté et la galanterie françaises rendaient un même hommage au règne heureux qui les a rappelés après un long exil. » Aix-la-Chapelle inaugurait la statue du grand empereur carlovingien, au bruit des salves d'artillerie et des acclamations poussées par les populations germaniques, qui saluaient en même temps le nom de Charlemagne et celui de Napoléon.

XIV

LES FÊTES DE GÊNES.

Le voyage d'Italie se termina aussi brillamment qu'il avait commencé. Après avoir quitté Milan, Napoléon, se rapprochant des frontières de l'Autriche, contre laquelle il devait combattre, avant la fin de l'année, visita le célèbre quadrilatère qui se compose des quatre places fortes de Mantoue, Peschiera, Vérone et Legnago. Il assista à un simulacre de la bataille de Castiglione, représentée par une armée de vingt-cinq mille hommes, sur le terrain même de cette bataille; puis il se rendit à Bologne, où les charmes de sa conversation furent beaucoup appréciés par les savants de l'Université de cette ville. Pendant le séjour qu'il y fit, une députation de la principauté de Lucques vint lui demander de prendre ce petit pays sous sa protection. Il lui donna pour prince et princesse son beau-frère Félix Bacciochi et sa sœur Elisa Bonaparte, à laquelle il avait déjà confié le duché de Piombino. Le pays de Lucques fut ainsi érigé en principauté héréditaire, dépendant de l'Empire français, et devant faire retour à la couronne de France, en cas d'extinction de la ligne mâle des Bacciochi. C'était comme la résurrection d'un des anciens fiefs germaniques. Évidemment, le souvenir de Charlemagne occupait sans cesse la pensée de Napoléon. Elisa porta désormais le titre de princesse de Lucques et de Piombino. C'était une femme savante et une femme de tête, très intelligente et douée d'une grande force de volonté. Elle administra habilement sa principauté. M. de Talleyrand lui donna le surnom de « Sémiramis de Lucques ». Après Bologne, Napoléon visita Modène, Parme et Plaisance. Les villes qu'il traversait rivalisaient d'adulations. Elles lui votaient des médailles, des statues, et, le croirait-on, jusqu'à un temple que le demi-dieu refusa.

Le 30 juin, Napoléon et Joséphine arrivèrent à Gênes. Ils devaient y séjourner jusqu'au 7 juillet, au milieu de fêtes incomparables, destinées à célébrer l'incorporation de l'antique République dans l'Empire français. Ce ne fut point un spectacle médiocrement curieux de voir les Génois accueillir avec tant d'enthousiasme un Corse. Pendant qu'il était à Milan, l'empereur avait reçu M. Durazzo, le dernier doge de Gênes, qui était venu le supplier de vouloir bien permettre à l'illustre République, célèbre par son faste et ses gloires séculaires, d'échanger son indépendance contre l'honneur de devenir un simple département français. L'offre fut acceptée. La patrie d'André Doria, la ville aux palais de marbre, l'opulente cité qu'on appelait « la Superbe » avait demandé comme une grâce d'être effacée de la liste des États indépendants. Elle se contenta d'être le chef-lieu de la vingt-septième division militaire, et son doge, volontairement dépossédé, alla grossir le nombre des sénateurs de l'Empire. Napoléon prit solennellement possession de sa pacifique conquête, et coucha dans le même palais, dans le même lit que Charles-Quint.

La fête de nuit que la ville donna, le 2 juillet, dans la rade, fut certainement, au point de vue pittoresque, une des choses les plus originales et les plus belles qu'on ait jamais vues. Le ciel était pur, la mer calme, la foule des spectateurs immense. Napoléon et Joséphine, descendant de la terrasse Doria, qui est baignée par la mer, entrèrent dans un vaste temple en rotonde, magnifiquement orné, qui fut aussitôt mis en mouvement, comme par un ressort magique, et, conduit, à coups de rames, jusqu'au milieu du port. Quatre radeaux couverts d'arbustes, et ressemblant à des îles flottantes, vinrent alors se réunir au temple. Les souverains se trouvèrent ainsi entourés, en pleine mer, d'un immense jardin, orné d'arbres, de fleurs, de statues, de fontaines.

Autour de ce jardin d'Armide, qui s'épanouissait sur les flots, une multitude d'embarcations, dirigées, soit à la voile, soit à la rame, sillonnaient l'onde, et les feux qui les illuminaient ressemblaient en grand à ces essaims de lucioles qui parfois, en été, voltigent au-dessus des prés de la Lombardie. La température, d'une douceur exceptionnelle, favorisait cette fête radieuse. Toute la ville, tous les bâtiments, toutes les barques, resplendissaient de mille feux, et la mer, qu'aucune brise n'agitait, reflétait, comme une glace bleuâtre, les innombrables flammes. Ce fut l'obscurité de la nuit qui, les joutes une fois terminées, donna le signal de cet immense embrasement. Des feux d'artifice magnifiques furent tirés, sur le môle, sur la jetée, sur des bateaux placés de distance en distance, à l'entrée de la rade. Les sons mélodieux de la musique se joignaient aux cris de joie de la foule. Le temple dans lequel Napoléon et Joséphine avaient assisté à la fête naviguа, de nouveau, jusqu'à la terrasse du palais Doria, au bruit des acclamations, qui retentissaient sur la mer et sur le rivage.

Le lendemain, l'empereur et l'impératrice assistaient à une nouvelle fête, donnée par la ville, dans l'ancien palais ducal. « La présence de Leurs Majestés dans ce superbe lieu, dit le *Moniteur*, la bonté avec laquelle elles ont daigné parler à tout le monde, ont imprimé à cette fête un caractère très touchant. En entendant, en voyant nos souverains, tous les cœurs se félicitaient de nos nouvelles destinées. Le concert a été suivi d'un bal, et Leurs Majestés ne se sont retirées qu'après avoir vu danser plusieurs contredanses. Elles se sont retirées dans leur palais vers minuit. Le chemin qu'elles ont parcouru était tout illuminé en grandes torches de cire. Elles ont trouvé sur leur passage une foule de personnes qui étaient heureuses de pouvoir encore, à cette heure, découvrir quelques-uns des traits de notre monarque. »

Malgré toutes ces solennités splendides, Joséphine, traitée en idole, n'était pas heureuse. « En général, a dit avec beaucoup de justesse Mme Avrillon, le public ne connaît que bien imparfaitement les sentiments réels de ceux que le sort élève au-dessus des autres. Contraints à être souvent en représentation, ils sont obligés de se faire un caractère factice, comme ils revêtent des vêtements d'apparat pour les grandes cérémonies. J'ai été à même de connaître les tourments de l'impératrice, que rien ne pouvait consoler d'être séparée de ses enfants, qu'elle aimait par-dessus tout. L'ambition était loin de lui parler aussi haut que l'amour maternel, sentiment qui domina chez elle tous les autres. L'idée de laisser son fils en Italie, la crainte de ne plus le revoir, ou la certitude de ne plus le voir aussi souvent, lui faisaient verser des larmes. » Un jour qu'il la trouvait plus affectée que de coutume, Napoléon lui dit : « Tu pleures, Joséphine, cela n'a pas le sens commun ; tu pleures parce que tu vas être séparée de ton fils. Si l'absence de tes enfants te cause tant de chagrin, juge donc de ce que je dois éprouver, moi. L'attachement que tu témoignes pour eux me fait sentir bien cruellement le malheur de n'en pas avoir. » Ces paroles retentirent aux oreilles de Joséphine comme un glas funèbre. Elle vit se dresser devant elle le spectre du divorce, et pâlit.

De Gênes, l'empereur et l'impératrice se rendirent à Turin. Napoléon y apprit qu'une coalition se préparait, et partit brusquement pour la France avec Joséphine. Des sous-officiers de grenadiers et de chasseurs de la garde formaient des pelotons d'escorte ; mais la vitesse de la marche ne leur permit pas de suivre longtemps les voitures. L'empereur les remercia de leur zèle, et continua sans eux sa route. Pendant quatre-vingts heures il ne s'arrêta point. Joséphine, qui ne murmurait jamais, lorsqu'il s'agissait d'être agréable à son époux, ne se plaignit point des fatigues de ce voyage, rapide comme l'éclair. Après cent jours d'absence, les souverains arrivèrent, le 11 juillet, à Fontainebleau. On ne les y attendait pas. Rien n'était prêt pour les recevoir. Le départ de Turin s'était effectué dans le plus strict incognito, et avait ressemblé à une fuite. L'empereur ne voulait pas être reconnu en route. Il tomba, comme une bombe, à

Fontainebleau. Le concierge du palais était un ancien serviteur, un nommé Gaillot, qui avait été le cuisinier de Napoléon, en Égypte. « Allons, mon brave, lui dit l'empereur, il faut reprendre ton ancien métier. Tu vas nous faire à souper. » Heureusement, le vieux concierge avait dans son garde-manger des côtelettes de mouton et des œufs. Il se mit à l'ouvrage, et Napoléon mangea, de fort bon appétit, ce repas improvisé. Joséphine se fit prêter du linge par une de ses anciennes femmes de chambre. L'empereur demanda qu'on lui rendît compte en détail de tout ce qui s'était passé à Paris pendant son absence, et se mit à élaborer les projets qu'il devait, avant la fin de l'année, réaliser à Austerlitz. Le 18 juillet, accompagné de l'impératrice, il arrivait à Saint-Cloud, à une heure de l'après-midi, tandis que tonnait le canon des Invalides. Le soir, les souverains se rendaient dans la capitale, faisaient une visite à Madame mère, et allaient à l'Opéra, où l'on donnait les *Prétendus*, et où le public leur faisait un accueil chaleureux. Après l'éclat des fêtes du voyage d'Italie, c'était le tour des préparatifs militaires et des préoccupations belliqueuses.

XV

PENDANT LA CAMPAGNE D'AUSTERLITZ.

Austerlitz allait être pour l'Empire ce que Marengo avait été pour le Consulat : une consolidation. Malgré les pompes du double couronnement, celui de France et celui d'Italie, Napoléon ne se sentait pas encore bien assis sur son trône impérial et royal. L'opinion restait incertaine sur les chances de durée du nouveau régime. Les libéraux regrettaient la République, et les royalistes les Bourbons. Si l'armée et le peuple montraient de la confiance dans l'étoile de l'empereur, la bourgeoisie parisienne était toujours assez frondeuse, et, dans le monde des affaires, on ne voyait pas sans une vive inquiétude l'hostilité de l'Angleterre, de l'Autriche, de la Russie, peut-être de la Prusse. Paris était triste. Le numéraire manquait. L'absence de la cour portait un grave préjudice au commerce de luxe. Les théâtres faisaient de mauvaises recettes. L'hiver était infiniment moins animé que l'hiver précédent. Toutes les familles s'inquiétaient. Les femmes craignaient pour leurs maris, les mères pour leurs fils. On s'était habitué à la paix dont on jouissait depuis cinq ans, et le retour de la guerre inspirait de vives préoccupations.

Quant à Napoléon, il sentait le besoin de frapper un grand coup. Il voulait étonner et fasciner le monde. Il comprenait que, pour conserver son prestige, il était condamné à faire des miracles. Le 23 septembre 1805, il avait exposé au Sénat la conduite hostile de l'Autriche et annoncé son prochain départ pour aller au secours de l'électeur de Bavière, cet allié de la France que les Autrichiens venaient de chasser de Munich. Cinq jours après, il était parti, plein de confiance en sa fortune et en lui-même, avec la certitude qu'à son retour il trouverait son peuple à ses pieds. L'impératrice l'accompagna jusqu'à Strasbourg, et se fixa dans cette ville, pour être rapprochée du théâtre de la guerre et avoir des nouvelles plus fraîches que celles qu'elle aurait pu recevoir à Paris.

Les lettres de Napoléon à Joséphine, pendant la campagne d'Austerlitz, ont été conservées. Malheureusement, nous n'avons pas celles de Joséphine à Napoléon. L'empereur n'écrit pas comme le général Bonaparte. Ce ne sont plus des lettres fougueuses, passionnées, romanesques, rappelant les effervescences de style et de pensée de la *Nouvelle-Héloïse*. Ce sont des lettres substantielles, concises, intéressantes, qui peuvent être celles d'un assez bon mari, calmé par près de dix ans de mariage, mais qui ne sont, en aucune manière, des lettres d'amoureux. Joséphine, qui avait tant de finesse, devait parfaitement s'apercevoir de cette différence. Mais elle avait trop de tact et trop de prudence pour s'en plaindre. 1805 n'était plus 1796, Napoléon aimait encore Joséphine, par habitude, par reconnaissance, par devoir; mais il ne l'aimait plus par entraînement. Il avait pour elle des attentions, des prévenances, des égards, de la sympathie, de la déférence, de l'amitié; il n'avait plus d'amour. Hélas! l'amour est comme l'appétit: il ne se commande point. L'instinct physique y tient la plus grande part. On a faim et soif d'une femme, comme on a faim et soif d'un repas. Quand une beauté, habituée à être aimée corps et âme, n'inspire plus qu'un amour de tête, même un amour de cœur, elle comprend vite sa déchéance. L'amour peut rester stationnaire; mais du moment où il diminue, soit au moral, soit surtout au physique, il est bien près de son complet anéantissement. Sous les voûtes de Notre-Dame, Napoléon avait donné à Joséphine le diadème impérial; mais il ne lui avait pas donné la véritable couronne: l'amour.

Le 1° octobre l'empereur prenait le commandement de son armée, réunie avec une promptitude merveilleuse sur la rive droite du Rhin. Le lendemain, il entamait sa correspondance avec l'impératrice, et lui écrivait de Manheim : « Je suis encore ici en bonne santé. Je pars pour Stuttgard, où je serai ce soir. Les grandes manœuvres commencent. L'armée de Wurtemberg et de Bade se réunit à la mienne. Je suis en bonne position et je t'aime. » Le 4 octobre, il lui écrivait : « Je suis à Louisbourg. Je pars cette nuit. Il n'y a encore rien de nouveau. Ma réunion avec les Bavarois est faite. Je me porte bien. J'espère avoir, dans peu de jours, quelque chose d'intéressant à te mander. Porte-toi bien, et crois à tous mes sentiments. Il y a ici une très belle cour, une nouvelle mariée fort belle, et en tout des gens fort aimables; même notre électrice, qui paraît fort bonne, quoique fille du roi d'Angleterre. »

Le 5 octobre, Napoléon adressait à Joséphine une nouvelle lettre, encore datée de Louisbourg : « Je pars à l'instant pour continuer ma marche. Tu seras, mon amie, cinq ou six jours sans avoir de mes nouvelles; ne t'inquiète pas, cela tient aux opérations qui vont avoir lieu. Tout va bien, et comme je le pouvais espérer. J'ai assisté ici à une noce du fils de l'électeur de Wurtemberg avec une nièce du roi de Prusse. Je désire donner une corbeille de 36 à 40,000 francs à la jeune princesse. Fais-la faire et envoie-la par un de mes chambellans à la nouvelle mariée, lorsque ces chambellans viendront me rejoindre. Il faut que ce soit fait sur-le-champ. Adieu, mon amie, je t'aime et je t'embrasse. »

Les cinq ou six jours pendant lesquels l'empereur annonçait à l'impératrice qu'il ne lui donnerait pas de nouvelles furent signalés par le commencement des hostilités sur la route de Stuttgard à Ulm, par le passage du Danube, et par l'occupation d'Augsbourg. Napoléon datait de cette dernière ville la lettre qu'il écrivait à Joséphine le 10 octobre. « J'ai couché aujourd'hui chez l'ancien électeur de Trèves, qui est fort bien logé. Depuis huit jours je cours. Des succès assez notables ont commencé la campagne. Je me porte fort bien, quoiqu'il pleuve presque tous les jours. Les événements se suivent avec rapidité. J'ai envoyé en France 4,000 prisonniers, 8 drapeaux, et j'ai 14 pièces de canon à l'ennemi. Adieu, mon amie, je t'embrasse. » Deux jours après, l'armée française entrait en triomphe à Munich, les Autrichiens étaient chassés de Bavière. L'empereur écrivait à l'impératrice le 12 octobre : « Mon armée est entrée à Munich. L'ennemi est au delà de l'Inn d'un côté ; l'autre armée de 60,000 hommes, je la tiens bloquée sur l'Iller, entre Ulm et Memmingen. L'ennemi est perdu, a perdu la tête, et tout m'annonce la plus heureuse campagne, la plus courte et la plus brillante qui ait été faite. Je pars dans une heure pour Burgan-sur-l'Iller. Je me porte bien; le temps est cependant affreux. Je change d'habit deux fois par jour, tant il pleut. Je t'aime et t'embrasse. »

Les premiers succès de la campagne causèrent à Paris une sorte d'ivresse. On peut juger de cette joie par les lettres qu'adressait alors à son mari Mme de Rémusat, qui, pourtant, n'était point d'une nature passionnée pour la gloire militaire. M. de Rémusat, premier chambellan de l'empereur, avait accompagné l'impératrice à Strasbourg, et sa femme, qui était restée à Paris, lui racontait jour par jour les impressions de la capitale, dans une correspondance aussi curieuse que remarquable, qui fait revivre pour nous l'esprit de cette époque. Le 12 octobre, la dame du palais, qui, en l'absence de l'impératrice, n'avait plus de service à faire, se trouvait toute dépaysée. « Cher ami, écrivait-elle à son époux, que nous sommes tristes et désoccupés dans ce vilain Paris. Dites, je vous prie, à M. de Talleyrand, que c'est une pitié. Pas le moindre caquet. Enfin, nous sommes aussi ennuyeuses que sages. Je ne sais pas trop lequel des deux est la cause ou l'effet; mais enfin je sais que je m'ennuie beaucoup. La solitude de cette grande ville est réellement remarquable; les spectacles n'attirent point, je n'y vais guère. »

Le surlendemain, tout est changé. Paris se réveille, comme au son d'une fanfare joyeuse,

Mme de Rémusat tressaille d'allégresse : « Mon ami, quelle bonne nouvelle ! écrit-elle à son mari, le 14 octobre... Ce matin, le canon a appris cet heureux succès à la ville de Paris ; cela a produit un grand effet. On s'interrogeait tout haut dans les rues, on se félicitait ; enfin, je le mande à l'impératrice, pour cette fois, les Parisiens étaient Français. Depuis ce matin, j'ai écrit vingt billets, et reçu toutes les visites de félicitations... Mais, mon ami, quelle belle victoire ! Qu'on est fier d'être Français ! Je n'en ai pas dormi de joie. Peut-être, maintenant, en savez-vous d'autres, et, quand nous nous réjouissons de la première, elle a disparu pour vous devant une seconde. Le ciel continue à protéger une si belle armée et un si glorieux chef ! » Cette lettre enthousiaste se termine par des critiques assez amères contre les Parisiens : « On avait besoin ici de ce succès, car ces tristes Parisiens commençaient à se plaindre. La solitude de Paris, la torpeur où tout est plongé, la rareté de l'argent qui continue à se faire sentir, donnaient aux malveillants de belles occasions d'exciter la plainte, et nos badauds prenaient à tout ce qu'on voulait leur faire croire. Je me demandais, ce matin, pourquoi, dans une nation où il y a si peu d'esprit national, il existe pourtant une telle unité d'action et de pensée dans l'armée. Il me semble que l'honneur entre pour beaucoup dans les motifs de cette différence, et qu'il tient lieu d'esprit public à des individus qui, dans les temps ordinaires, sont trop heureux, trop riches et trop insouciants pour s'intéresser à autre chose qu'à leur bien particulier. »

Napoléon allait de succès en succès. Le 18 octobre, veille de la capitulation d'Ulm, il écrivait à Joséphine cette lettre, datée d'Elchingen : « J'ai été, ma bonne Joséphine, plus fatigué qu'il ne le fallait ; une semaine entière et toutes les journées l'eau sur le corps et les pieds froids, m'ont fait un peu de mal ; mais, la journée d'aujourd'hui, où je ne suis pas sorti, m'a reposé. J'ai rempli mon dessein ; j'ai détruit l'armée autrichienne par de simples marches ; j'ai fait 60,000 prisonniers, pris 120 pièces de canon, plus de 90 drapeaux et plus de 30 généraux. Je vais me porter sur les Russes ; ils sont perdus. Je suis content de mon armée. Je n'ai perdu que 1,500 hommes, dont les deux tiers faiblement blessés. Adieu, ma Joséphine ; mille choses aimables partout. Le prince Charles vient couvrir Vienne. Je pense que Masséna doit être à cette heure à Vienne. Dès l'instant que je serai tranquille pour l'Italie, je ferai battre Eugène. Mille choses aimables à Hortense. »

La capitulation d'Ulm fut réglée par Napoléon avec le prince de Lichtenstein, major-général de l'armée autrichienne. Une pluie continuelle tombait par torrents, et les prisonniers s'étonnaient de voir l'empereur, qui ne s'était pas débotté depuis huit jours, trempé, couvert de boue, plus fatigué que le dernier tambour de son armée. Comme on lui en faisait la remarque, « Votre maître, dit-il en se tournant du côté du prince de Lichtenstein, a voulu me faire ressouvenir que j'étais un soldat ; j'espère qu'il conviendra que le trône et la pourpre impériale ne m'ont pas fait oublier mon ancien métier. » Le 21 octobre, lendemain de la capitulation, Napoléon écrivait à Joséphine : « Je me porte assez bien, ma bonne amie. Je pars à l'instant pour Augsbourg. J'ai fait mettre bas les armes à 33,000 hommes. J'ai de 60 à 70,000 prisonniers, plus de 90 drapeaux et de 200 pièces de canon. Jamais catastrophe pareille dans les annales militaires ! Porte-toi bien. Je suis un peu harassé. Le temps est beau depuis trois jours. La première colonne de prisonniers file aujourd'hui sur la France. Chaque colonne est de 6,000 hommes. » Jamais la guerre ne s'était faite avec tant d'art. Une armée de quatre-vingt-cinq mille hommes avait été détruite, sans qu'elle eût pour ainsi dire combattu ; ses adversaires n'avaient perdu que trois mille hommes. Après avoir exécuté cette grande manœuvre, les soldats de Napoléon disaient : « L'empereur a battu l'ennemi avec nos jambes, et non avec nos baïonnettes. »

Les récits belliqueux ont toujours quelque chose de triste, même alors qu'ils sont consacrés à des victoires éblouissantes. En comptant les trophées, l'historien ne peut se défendre de réflexions mélancoliques. La France, qui, en 1805, se montrait si fière de la capitulation d'Ulm, à quelles capitulations n'était-elle pas réservée elle-même soixante-cinq ans plus tard ? Mais dans l'ivresse de la victoire, les peuples ne voient que le succès. S'ils étaient raisonnables, c'est après les plus grands triomphes qu'ils devraient méditer sur les calamités de la guerre. Hortense, qui, comme sa mère Joséphine, était foncièrement bonne, avait ce sentiment de compassion et de sagesse. « En lisant les relations, disait-elle, je suis tout étonnée d'avoir envie de pleurer, même quand je suis si contente de tous ces succès. » Mme de Rémusat écrivait, en même temps, à son mari : « Pauvres que nous sommes, comme nous nous agitons sur ce morceau de sable, et trop souvent pour hâter le moment où tout sera fini ! C'est une belle matière à philosopher que cette gloire dont nous avons paré l'ardeur à se détruire. » Il ne faudrait pas que les fanfares des ovations couvrissent la voix des mères et leurs sanglots. Il faudrait penser aux blessés et aux morts. Mais les peuples sont comme les individus : ils ne réfléchissent pas.

Napoléon continuait la campagne avec une véritable joie. Il aimait la guerre, comme un bon ouvrier aime son métier, comme un grand artiste aime son art. Il devait à la guerre sa puissance et sa gloire. Sans elle, il se disait qu'il n'aurait rien été. Par elle il était tout. Il avait donc pour elle non seulement de la passion, mais de la reconnaissance. Il l'aimait par instinct, autant que par calcul. Le bivouac lui paraissait préférable aux Tuileries. Comme un chasseur de bécassines se plaît plus dans un marais que dans un salon, il était plus content sous une tente que dans un palais. Aux hommes qui ont le goût des champs de bataille, la guerre apparaît comme le plus enivrant de tous les plaisirs. Ils l'aiment comme le joueur aime le jeu, avec frénésie. Ils abattent l'ennemi, non pas seulement avec insensibilité, mais avec une joie âpre, comme une proie, comme un vil gibier. Ils éprouvent les mêmes émotions que les Romains dans un cirque, ou que les Espagnols pendant une course de taureaux. Le bruit des tambours, le son des clairons, les acclamations des soldats, voilà ce qu'ils écoutent. Leurs oreilles sont fermées aux cris des blessés et des mourants. Les péripéties de la lutte, l'incertitude, la crainte, l'espérance, sont pour eux une source d'émotions qu'ils préfèrent de beaucoup à toutes les autres, même aux plus poétiques, aux plus douces. C'est avec une sorte d'ivresse qu'ils respirent l'odeur de la poudre, peut-être même l'odeur du sang. Une victoire longtemps disputée leur semble plus agréable qu'une victoire gagnée trop facilement. La Fortune est pour eux une maîtresse difficile dont les faveurs paraissent d'autant plus précieuses qu'on a eu plus de peine à les conquérir. Quelle satisfaction d'amour-propre pour un homme orgueilleux : une armée, dont on est le maître absolu, une armée, dont les soldats, avant de combattre, s'écrient comme les gladiateurs antiques : *Ave Cæsar, morituri te salutant !* « Salut, César, ceux qui vont mourir te saluent ! » une armée où les mourants eux-mêmes acclament leur souverain, leur idole, avant de rendre le dernier soupir ! Et pourtant, comme toute cette gloire est peu de chose ! Comme Bossuet a eu raison de dire : « Que trouverez-vous sur la terre qui ait assez de force et de dignité pour soutenir le nom de puissance ? Ouvrez les yeux, pénétrez l'écorce. La plus grande puissance du monde ne peut s'étendre plus loin que d'ôter la vie à un homme : est-ce donc un si grand effort que de hâter de quelques moments le cours d'une vie qui se précipite d'elle-même ? »

Joséphine ne partageait en rien les ardeurs belliqueuses de son époux. Douce, bonne, affectueuse, pleine de commisération et de pitié pour les douleurs humaines, elle aurait voulu la réconciliation de tous les partis, de tous les peuples, la paix universelle. Cette femme qui avait toutes les grâces, tous les attraits de son sexe, n'avait jamais suggéré à Napoléon une idée d'ambition ou d'orgueil. Pendant la guerre, elle était troublée, malheureuse, attendant avec une impatience fébrile les nouvelles, ne respirant pas, ne vivant pas.

Napoléon continuait sa correspondance avec elle. Il lui écrivait d'Augsbourg le 23 octobre : « Les deux dernières nuits m'ont bien reposé, et je vais partir demain pour Munich. Je mande M. de Talleyrand et M. Maret près de moi, je les verrai peu et je vais me rendre sur l'Inn, pour attaquer l'Autriche au sein de ses Etats héréditaires. J'aurais bien désiré te voir : mais ne compte pas que je t'appelle, à moins qu'il n'y ait un armistice ou des quartiers d'hiver. Adieu, mon amie ; mille baisers. Mille compliments à ces dames. » De Munich, l'empereur écrivait la lettre suivante, à la date du 27 octobre : « J'ai reçu par Lemarois ta lettre. J'ai vu avec peine que tu t'étais trop inquiétée. L'on m'a donné des détails qui m'ont prouvé toute la tendresse que tu me portes ; mais il faut plus de force et de confiance. J'avais d'ailleurs prévenu que je serais six jours sans t'écrire. J'attends demain l'électeur. A midi, je pars pour confirmer mon mouvement sur l'Inn. Ma santé est assez bonne. Il ne faut pas penser passer le Rhin avant quinze ou vingt jours. Il faut être gaie, t'amuser, et espérer qu'avant la fin du mois (brumaire) nous nous verrons. Je m'avance contre l'armée russe. Dans quelques jours j'aurai passé l'Inn. Adieu, ma bonne amie ; mille choses aimables à Hortense, à Eugène, et aux deux Napoléon. Garde la corbeille quelque temps encore. J'ai donné hier aux dames de cette cour un concert. Le maître de chapelle est un homme de mérite. J'ai chassé à une faisanderie de l'électeur ; tu vois que je ne suis pas si fatigué. M. de Talleyrand est arrivé. » Nouvelle lettre datée de Haag, le 3 novembre 1805 : « Je suis en grande marche ; le temps est très froid, la terre couverte d'un pied de neige. Cela est un peu rude. Il ne manque heureusement pas de bois ; nous sommes ici toujours dans les forêts. Je me porte assez bien. Mes affaires vont d'une manière satisfaisante ; mes ennemis doivent avoir plus de soucis que moi. Je désire avoir de tes nouvelles et apprendre que tu es sans inquiétude. Adieu, mon amie, je vais me coucher. »

Napoléon poursuivait ses opérations avec une rapidité foudroyante. Il écrivait à Joséphine le 5 novembre : « Je suis à Lintz. Le temps est beau. Nous sommes à vingt-huit lieues de Vienne. Les Russes ne tiennent pas, ils sont en grande retraite. La maison d'Autriche est fort embarrassée ; à Vienne on évacue tous les bagages de la cour. Il est probable que d'ici à cinq ou six jours, il y aura du nouveau. Je désire bien te revoir. Ma santé est bonne, je t'embrasse. » L'empereur d'Autriche, obligé d'abandonner Vienne, s'était réfugié à Brunn, où il joignit le czar et la deuxième armée russe, et Napoléon entra dans la capitale d'où l'empereur François s'enfuyait. Il écrivait à Joséphine, le 15 novembre : « Je suis à Vienne depuis deux jours, ma bonne amie, un peu fatigué. Je n'ai pas encore vu la ville de jour,

je l'ai parcourue la nuit. Demain, je reçois les notables. Presque toutes mes troupes sont au delà du Danube, à la poursuite des Russes. Adieu, ma Joséphine; du moment que cela sera possible je te ferai venir. Mille choses aimables pour toi. »
Le lendemain, l'empereur écrivait à l'impératrice cette lettre, également datée de Vienne : « J'écris à M. d'Harville pour que tu partes et que tu te rendes à Bade, de là à Stuggard, et de là à Munich. Tu donneras, à Stuggard, la corbeille à la princesse Paul. Il suffit qu'il y ait pour quinze à vingt mille francs ; le reste sera pour faire des présents, à Munich, aux filles de l'électeur de Bavière. Tout ce que tu as su par Mme de Sérent est définitivement arrangé. Porte de quoi faire des présents aux dames et aux officiers qui seront de service près de toi. Sois honnête, mais reçois tous les hommages : l'on te doit tout, et tu ne dois rien que par honnêteté. L'électrice de Wurtemberg est fille du roi d'Angleterre, c'est une bonne femme, tu dois la bien traiter, mais cependant sans affectation. Je serai bien aise de te voir, du moment que mes affaires me le permettront. Je pars pour mon avant-garde. Il fait un temps affreux, il neige beaucoup ; du reste, toutes mes affaires vont bien ; adieu, ma bonne amie. » A la réception de cette lettre, Joséphine, qui désirait ardemment se rapprocher de son époux, s'empressa de quitter Strasbourg et de se rendre à Munich, en traversant le pays de Bade et le Wur-

temberg. En même temps, Napoléon allait rejoindre en Moravie les armées russe et autrichienne, commandées par des empereurs.

Lisons dans les Mémoires du général de Ségur, un témoin oculaire, le récit de la veille d'Austerlitz. Vers le soir, Napoléon, entrant dans une chaumière, se met gaiement à table, avec Murat, Caulaincourt, Junot, Ségur, Rapp et quelques autres convives. On croit qu'il va parler de la bataille du lendemain. Point du tout. Il s'entretient de littérature avec Junot qui est au courant des tragédies nouvelles; il lui fait maintes réflexions sur les *Templiers* de Raynouard, sur Racine, sur Corneille, sur la fatalité antique. Puis, je ne sais par quelle transition, il vient à parler de la campagne d'Egypte. « Si je m'étais emparé d'Acre, dit-il, je faisais mettre de grandes culottes à mon armée, je ne l'exposais plus qu'à la dernière extrémité, j'en faisais mon bataillon sacré, mes immortels. C'est par des Arabes, des Grecs, des Arméniens que j'eusse achevé la guerre contre les Turcs. Au lieu d'une bataille en Moravie, je gagnais une bataille d'Issus, je me faisais empereur d'Occident, et je revenais à Paris par Constantinople. »

Après le dîner, Napoléon veut une dernière fois reconnaître lui-même, par les feux de bivouac, les positions de l'ennemi ; il monte à cheval, et passe entre les deux lignes. Un instant, il est sur le point de payer cher son imprudence; il s'avance trop, et, tout à coup, tombe dans un poste de cosaques; sans le dévouement de ses chasseurs d'escorte, il serait pris ou tué, et il n'a que le temps de rebrousser chemin, au grand galop. Après avoir franchi le ruisseau qui couvre le front de l'armée française, il descend de cheval, et, de feu en feu, il regagne à pied son bivouac. En route, il se heurte, dans l'obscurité, contre un tronc d'arbre à terre. Alors un grenadier prend de la paille, en fait une sorte de flambeau, l'allume ; d'autres soldats imitent cet exemple; le camp se trouve illuminé; la figure du vainqueur de tant de batailles resplendit. Le lendemain, ce sera le 2 décembre, l'anniversaire du sacre : « Empereur, s'écrie un vieux soldat, je te promets, au nom des grenadiers de l'armée, que tu n'auras à combattre que des yeux, et que nous t'amènerons demain les drapeaux et l'artillerie de l'armée russe pour célébrer l'anniversaire de ton couronnement.» Les acclamations retentissent. Napoléon essaie en vain de les arrêter. «Silence, dit-il, et à demain ! ne pensez qu'à aiguiser vos baïonnettes. » Les cris de : Vive l'empereur ! redoublent. Sur une ligne de deux lieues, des milliers de gerbes et de flammes rayonnent. Les Russes se demandent ce que signifient ces clartés insolites, et croient à une retraite des Français. Napoléon, d'abord contrarié par cette démonstration éclatante, finit par en être attendri, et, parcourant un grand nombre de bivouacs, tous illuminés, il exprime sa reconnaissance à ses soldats, en s'écriant que cette soirée est la plus belle de sa vie. Puis il rentre dans sa tente, prend quelque temps de sommeil, et, le matin, quand il se lève, il dit : « Maintenant, messieurs, nous allons commencer une grande journée. »

Un moment après, voici que les chefs des divers corps d'armée, Murat, Lannes, Bernadotte, Soult, Davout, arrivent au galop sur le sommet du tertre que les soldats appellent butte de l'Empereur, pour y recevoir les derniers ordres du souverain. Puis ils repartent, comme s'ils eussent emporté la foudre. Moment saisissant, solennel ! « Ma vie, a dit le général de Ségur, aurait la durée de celle du monde que jamais l'impression d'un tel spectacle ne s'effacerait de ma mémoire... Que les temps ont rapidement changé ! Mon Dieu ! qu'alors tout était grand, les hommes forts, les temps glorieux, et que nos destinées semblaient imposantes ! » Jamais triomphe plus éclatant. « J'ai livré trente batailles comme celle-ci, dit le vainqueur, mais je n'en ai vu aucune où la victoire ait été si décidée, et où les destins aient été si peu balancés. » Et plein d'admiration pour ses soldats : « Je suis content de vous, s'écrie-t-il, vous avez couvert vos aigles d'une gloire immortelle. »

Au point de vue militaire, Austerlitz est l'apogée de Napoléon. La guerre, dont il aimait tant les risques et les émotions, ne lui apparaissait alors que sous son côté resplendissant. Il avait toujours mis le marché à la main à la Fortune, et la Fortune lui avait toujours cédé. L'heure n'était pas encore venue où il la pousserait à bout, voulant à tout prix lui faire rendre plus qu'elle ne peut donner. Comme Sainte-Beuve en a fait justement la remarque, ce ne sera que dans la plaine glacée d'Eylau, du haut du cimetière rempli de neige et de sang, sous un climat d'airain, qu'averti pour la première fois par la Providence il aura comme une lugubre vision de l'avenir. Le futur désastre de Russie sera là, en abrégé, sous ses yeux, dans une prophétique perspective, et, devant tant de cadavres, dans ce lieu d'horreur, le géant des batailles dira, mélancolique et sombre : « Ce spectacle est fait pour inspirer aux princes l'amour de la paix et la haine de la guerre. » Mais à Austerlitz rien de pareil. Les cris d'angoisse des Russes qui s'engouffrent dans les fentes des étangs dont les boulets ont fait crever la glace, sont étouffés par les cris d'allégresse des vainqueurs. Le soleil triomphant de la journée a dissipé toute tristesse dans l'âme du conquérant.

Le 3 décembre, Napoléon rend ainsi compte à Joséphine de sa victoire : « Je t'ai expédié Lebrun du champ de bataille. J'ai battu l'armée russe et autrichienne commandées par les deux empereurs. Je me suis un peu fatigué : j'ai bivouaqué huit jours en plein air,. par des nuits assez fraîches. Je couche ce soir dans le château du prince de Kaunitz, où je vais dormir deux ou trois heures. L'armée russe est non seulement battue, mais détruite. Je t'embrasse. » Le 3 décembre, le vainqueur a, dans un bivouac, une entrevue avec l'empereur d'Autriche, et lui dit, comme pour s'excuser du pauvre lieu où il est contraint de le recevoir : « Ce sont là les palais que Votre Majesté me force d'habiter depuis trois mois. » L'empereur d'Autriche répond : « Le séjour vous réussit assez pour que vous n'ayez pas le droit de m'en vouloir. » Et les deux souverains s'embrassèrent.

Le lendemain, Napoléon écrivait à Joséphine : « J'ai conclu une trêve. Les Russes s'en vont. La bataille d'Austerlitz est la plus belle de toutes celles que j'ai données : 45 drapeaux, plus de 150 pièces de canon, les étendards de la garde de Russie, 20 généraux, plus de 20,000 tués; spectacle horrible! L'empereur Alexandre est au désespoir, et s'en va en Russie. J'ai vu hier à mon bivouac l'empereur d'Allemagne; nous causâmes deux heures; nous sommes convenus de faire vite la paix. Le temps n'est pas encore très mauvais. Voilà enfin le repos rendu au continent; il faut espérer qu'il va l'être au monde, les Anglais ne sauraient nous faire front. Je verrai avec bien du plaisir le moment qui me rapprochera de toi. Il court un petit mal d'yeux qui dure deux jours; je n'ai pas encore était atteint. Adieu, ma bonne amie, je me porte assez bien et suis fort désireux de t'embrasser. » Le 7 décembre, nouvelle lettre,

datée d'Austerlitz, comme les deux précédentes :
« J'ai conclu un armistice ; avant huit jours la paix sera faite. Je désire apprendre que tu es arrivée à Munich en bonne santé. Les Russes s'en vont, ils ont fait une perte immense. Plus de 20,000 morts, et 30,000 pris ; leur armée est réduite des trois quarts. Buxhowden, leur général en chef, est tué. J'ai 3,000 blessés et 7 à 800 morts. J'ai un peu mal aux yeux ; c'est une maladie courante et très peu de chose. Adieu, mon amie ; je désire bien te revoir. Je vais coucher ce soir, à Vienne. »

Cambacérès a dit qu'à la nouvelle de la victoire d'Austerlitz, la joie du peuple tint de l'ivresse. Ce fut une explosion d'adulations dithyrambiques. On traita l'empereur comme un dieu. Et qu'on s'étonne après cela qu'un souverain ainsi flatté ne modère pas ses passions belliqueuses ! Ce n'est qu'à son lit de mort que Louis XIV s'écria : « J'ai trop aimé la guerre ! » Il ne tenait pas ce langage, quand on élevait en son honneur la porte Saint-Denis et la porte Saint-Martin, quand on érigeait sa statue sur la place des Victoires, quand Lebrun décorait de fresques radieuses la triomphante galerie des glaces. Comme Louis XIV, Napoléon se reprochera d'avoir trop aimé la guerre, mais ce ne sera pas le lendemain d'Austerlitz, ce sera le lendemain de Waterloo. Il ne faut adorer aucun homme. Dieu seul est digne d'adoration. Malheur aux princes trop adulés !

Presque toujours l'apothéose aboutit à l'expiation, car ce n'est pas seulement dans l'autre monde, c'est déjà dans celui que l'orgueil trouve son châtiment.

L'entraînement fut universel. Victorieux, les Français ne se possèdent point de joie. Ils s'exaltent, ils tressaillent, ils perdent la tête. Ainsi, voyons Mme de Rémusat, elle qui, après les défaites, sera si sévère, si implacable, je dirai presque si cruelle pour Napoléon. Eh bien, lisons ce qu'elle écrit à son mari, le 18 décembre 1805, après la victoire d'Austerlitz : « Vous ne pouvez vous figurer à quel point les têtes sont montées. Tout retentit des louanges de l'empereur ; les personnes que nous avons vues les plus opposées sont obligées de lui rendre les armes, et disent avec l'empereur de Russie : « C'est un prédestiné ! » Avant-hier, aux spectacles, j'ai accompagné la princesse Louis pour assister aux différentes lectures des bulletins qui s'y sont faites. Les salles étaient pleines, parce que le canon avait annoncé, le matin, quelque chose de nouveau, et tout a été écouté et senti, et applaudi avec des cris dont je n'avais point d'idée. Je pleurais de toutes mes forces pendant ce temps. Je me sentais si émue que je crois que si l'empereur s'était présenté dans ce moment, je me serais jetée à son cou, quitte à lui en demander après pardon à ses pieds. Après cette course, j'ai soupé en ville ; on m'a questionnée, je savais par cœur tout mon bulletin que je redisais continuellement et j'étais fière et, en même temps, touchée de pouvoir répéter vis-à-vis de certaines personnes, tous ces mots si simples et si pénétrants, avec une espèce de sentiment de *propriété* qui se comprend mieux qu'il ne s'explique. Je vous ai bien vivement regretté, mon bon ami, au milieu de cette joie que j'éprouvais, et dont j'aurais tant aimé à vous entretenir ; mais, faute de vous, j'ai essayé de communiquer à votre fils cette admiration qui m'agitait. Au lieu de lui faire finir la vie d'Alexandre, que nous lisions depuis deux jours, j'ai imaginé de me faire lire par lui le *Moniteur*, et il en était si content, qu'il me disais qu'il trouvait tout cela plus beau qu'Alexandre. »

Hélas ! les penseurs ne devraient jamais oublier qu'il y a quelque chose de plus grand que le succès, c'est la vertu. Dans ce bas monde, personne ne regarde les choses d'assez haut. Ce n'est pas après les revers, c'est après les triomphes qu'on devrait parler de la guerre avec tristesse et gravité. Si Napoléon victorieux n'avait pas été flatté à outrance, si on lui avait rappelé, en temps opportun, les leçons de la philosophie, de la religion et de l'histoire, il ne se serait pas précipité, tête baissée, dans le gouffre où il finit par s'engloutir. Rien de moins humain, rien de moins chrétien que les louanges hyperboliques adressées aux vainqueurs de la terre. Laïques et prêtres, en pareille circonstance, sont également coupables, car les flatteurs des conquérants ont peut-être une plus grande responsabilité que les conquérants eux-mêmes. Au moins dans les triomphes antiques, il y avait la voix de l'esclave chargé de rappeler au triomphateur qu'il n'était qu'un homme ; dans les temps modernes, rien de semblable, le vainqueur peut se croire plus qu'un mortel. Pourquoi le clergé, au lieu de se borner à entonner des *Te Deum,* ne joue-t-il pas au moins le rôle de l'esclave antique ? Devrait-on oublier que les peuples qui sont modestes dans le succès sont ceux qui ont le plus de résignation et de fermeté dans l'infortune ! Ceux que la prospérité enivre ne savent pas supporter le malheur. Il n'y a rien de plus dangereux, pour les sociétés, comme pour les individus, que les effervescences de joie et les exaltations d'orgueil. Plus un souverain est puissant, plus on devrait lui dire de méditer sur l'instabilité du sort ; mais pour lui rappeler les leçons de la sagesse, on attend qu'elles soient inutiles, et on ne les fait entendre à ses oreilles que lorsqu'elles ne peuvent plus avoir d'autre résultat que d'accabler un malheureux.

XVI

LE MARIAGE DU PRINCE EUGÈNE.

Avant et après la bataille d'Austerlitz, une grande partie de l'Allemagne était aux pieds de Napoléon. Les électeurs de Bade, de Wurtemberg et de Bavière, dont les deux derniers allaient devenir rois par la volonté du nouveau Charlemagne, lui témoignaient une admiration enthousiaste, et devaient tous les trois profiter de sa victoire. Les petits princes qui allaient entrer dans la Confédération du Rhin étaient ses humbles vassaux, et courtisaient son ministre des relations extérieures, M. de Talleyrand. Quelle soumission! Que de flatteries et d'obséquiosité! Il faut consulter les archives de notre ministère des affaires étrangères pour s'en rendre exactement compte. Ajoutons qu'à cette époque les populations elles-mêmes partageaient les sentiments de leurs princes. Les Bavarois considéraient Napoléon comme un libérateur. Les mœurs et les idées françaises étaient plus que jamais à la mode sur les bords du Rhin, et le patriotisme germanique pardonnait à la France de posséder la rive gauche de ce fleuve. Si Napoléon n'avait point abusé de sa fortune, que de choses grandes et pacifiques n'aurait-il pas pu faire de concert avec l'Allemagne, et quels progrès la concorde des peuples, la civilisation, l'humanité, n'auraient-elles pas pu accomplir !

Lisons la lettre qu'avant la bataille d'Austerlitz, le 26 novembre 1805, l'électeur de Bavière écrivait à M. de Talleyrand, alors à Vienne :

« Vous êtes le plus aimable des hommes, mon cher Talleyrand, vos deux lettres que j'ai reçues hier au soir m'ont fait le plus grand plaisir. Que je vous sais gré d'avoir pensé à moi et à Munich, habitant la plus belle ville d'Allemagne, et entendant chaque jour le fameux Crescentini ! J'en fais autant à votre égard, chère Excellence, mais le mérite n'est pas si grand. Nous exprimons tous les soirs, à notre partie, mon regret de ne pas vous voir assis à côté de nous. M. de Canisy m'a annoncé l'empereur dans huit jours. Il y en a six passés, donc j'espère le voir dans trois jours au plus tard, et l'impératrice samedi prochain. Ma femme est arrivée avant-hier, très empressée, ainsi que son chaste époux, de faire notre cour à Leurs Majestés Impériales, et de leur faire les honneurs de Munich de notre mieux. Mettez-moi aux pieds du héros auquel je dois mon existence actuelle et future, et parlez-lui le plus souvent de mon respect, de mon enthousiasme pour ses vertus, et de ma reconnaissance la plus vive et la mieux sentie. J'espère que la coalition se lassera enfin de faire la guerre ; du moins, les leçons que l'empereur lui a données depuis deux mois sont-elles faites pour l'en dégoûter. » (Archives du ministère des affaires étrangères.)

Napoléon avait écrit, le 16 novembre 1805, à Joséphine de quitter Strasbourg et de se rendre à Munich, en s'arrêtant en route à Carlsruhe et à Stuttgard. Il disait dans sa lettre: « Sois honnête, mais reçois tous les hommages ; l'on te doit tout, et tu ne dois rien que par honnêteté. » Il ne se trompait point, ce voyage à travers l'Allemagne devait être, pour l'impératrice, une série de fêtes et d'ovations. Avant de partir de Strasbourg, elle y avait reçu la visite de l'électeur de Bade, dont le petit-fils, le prince héréditaire, devait, l'année suivante, malgré l'opposition de sa mère, Mme la margrave, épouser Mlle Stéphanie de Beauharnais. M. Massias, chargé d'affaires de France à Bade, écrivait à M. de Talleyrand, le 13 novembre. (Archives du ministère des affaires étrangères) : « Monseigneur, S. A. S. l'électeur est de retour avec sa famille de Strasbourg, où il a reçu un accueil plein de bienveillance de S. M. l'impératrice et reine. Il l'a invitée à vouloir bien honorer Carlsruhe de sa présence, et accepter un logement dans son château, lorsqu'elle irait joindre S. M. l'empereur et roi. S. M. l'impératrice a paru sensible à cette invitation, et a promis de l'accepter si les circonstances le permettaient. Avant son départ, l'électeur avait envoyé le prince électoral à Mme la margrave sa mère, pour l'engager à venir à Strasbourg présenter ses hommages à S. M. l'impératrice. Elle a répondu que l'impératrice d'Autriche ayant été à Francfort, et la reine de Prusse à Darmstadt, elle n'avait point quitté Calsruhe pour aller leur rendre visite, et que, si l'impératrice des Français passait dans cette résidence, elle se ferait un devoir de lui rendre tous les honneurs et tout le respect dû à son rang et à son caractère. »

L'électeur de Bade, Charles-Frédéric, avait alors soixante-dix-sept ans. Il avait perdu son fils, et son héritier était son petit-fils, Charles-Frédéric-Louis, prince électoral, alors âgé de vingt ans. La mère de ce jeune prince, Mme la margrave de Bade, avait des sentiments très peu favorables à la France, et lui-même, il était, par sa sœur, le beau-frère de l'empereur de Russie, en guerre contre Napoléon. Son autre sœur, Frédérique-Caroline, avait épousé l'électeur de Bavière, et il était fiancé à la belle-fille de cette électrice, la jeune princesse Auguste. On disait qu'elle et lui avaient l'un pour l'autre une vive inclination. Mais leurs projets de bonheur devaient être sacrifiés à l'impérieuse volonté de Napoléon, qui entendait marier à son gré les princes allemands, comme ses propres frères. Le prince électoral de Bade et le vieil électeur, son grand-père, loin de se plaindre, témoignaient à l'empereur un dévouement sans bornes.

Jugeons de leur attitude et de leurs respects par cette dépêche de M. Massias, le chargé d'affaires de France à Carlsruhe, adressée à M. de Talleyrand, le 23 novembre 1805 : « Monseigneur, M. de Canisy est arrivé chez moi du quartier général, à quatre heures du matin, et il m'a prié d'instruire S. A. S. l'électeur qu'il était envoyé par S. M. l'impératrice, qui passerait à Carlsruhe dans deux ou trois jours. Je lui ai promis de m'acquitter de cette commission le plus promptement possible, et je lui ai dit que les plus grands préparatifs étaient faits pour recevoir Sa Majesté d'une manière convenable. S. A. S. l'électeur, à qui j'ai fait passer cette nouvelle à sept heures du matin, en a témoigné la plus vive satisfaction, et il m'a fait dire que, pour voir s'effectuer d'une manière plus certaine le désir qu'il avait d'accueillir dignement Sa Majesté, il me priait d'envoyer un courrier à Strasbourg pour savoir : 1° le jour précis où elle arriverait ; 2° le nombre des personnes de sa suite et celui des chevaux nécessaires ; 3° si elle voulait être seule à table, ou avec les premières personnes de sa cour et de la cour électorale ; 4° pour demander qu'il fût envoyé incessamment un officier du palais qui disposera le logement et le cérémonial conformément aux ordres de Sa Majesté l'impératrice. Sa Majesté trouvera à Kehl un attelage de huit chevaux des écuries de l'électeur. De pareils relais seront disposés jusqu'aux frontières de Wurtemberg. Sa Majesté sera escortée par des détachements de la cavalerie électorale. Elle-même voudra bien régler l'étiquette qui sera suivie à la cour de Carlsruhe tout le temps qu'elle y restera.

« S. A. S. le prince électoral ira jusqu'à Rastadt au devant de Sa Majesté. Le margrave Louis l'attendra au delà de Carlsruhe à la tête des gardes du corps. Les cloches seront sonnées dans tous les endroits où passera Sa Majesté. La ville sera magnifiquement illuminée. » (Archives du ministère des affaires étrangères).

Le 28 novembre, à 6 heures du soir, l'impératrice entrait solennellement à Carlsruhe, au milieu d'une illumination générale. On avait élevé à la porte de Muhlbourg un arc de triomphe sous lequel elle passa. Cet arc triomphal avait en dehors pour inscription : *Pro imperatrice Josephina*. Sur l'autre face on lisait : *Votiva lumina ardent*. A l'entrée du jardin du château s'élevait un petit temple avec l'inscription : *Salve*.

Au milieu du jardin, il y avait un temple plus vaste, où l'on distinguait sur un piédestal le buste de l'empereur couronné de lauriers et entouré de palmes. L'inscription était : *Maximis triumphis sa-*

crum (temple consacré aux plus grands triomphes). Sur deux pyramides on lisait cette galante devise : « L'amour guide vers la gloire. » L'impératrice fut comblée d'égards et de respects. Le 29 novembre, il y eut en son honneur grand cercle et concert à la cour. Le 30, à neuf heures du matin, elle partit de Carlsruhe pour Stuttgard, après avoir fait des adieux touchants à la famille électorale.

Le même jour, à sept heures du soir, elle faisait une entrée non moins solennelle dans la capitale du Wurtemberg, et passait sous un arc de triomphe où figurait son nom surmonté de la couronne impériale. Les troupes wurtembergeoises faisaient la haie depuis la porte de la ville jusqu'au château électoral. La grande rue avait pour décoration des autels égyptiens. Elle était, ainsi que le château, illuminée très brillamment. L'électeur, sa femme, fille du roi d'Angleterre, et toute la cour électorale reçurent l'impératrice à la porte du château, et l'accompagnèrent dans ses appartements où elle soupa. Le lendemain, elle fit un dîner de gala dans la salle blanche, sur une estrade. Après le dîner on se rendit à la salle de l'Opéra, où l'on jouait *Achille*. De retour au château, on vit tirer un superbe feu d'artifice. Les fêtes continuèrent le 2 décembre, où l'on donna la première représentation de *Roméo et Juliette*, et le 3 décembre, à sept heures du matin, Joséphine, prenant congé de la famille électorale, poursuivit son voyage vers Munich, tandis que les troupes présentaient les armes et que les salves d'artillerie retentissaient.

De Stuttgard à Munich, l'impératrice ne devait séjourner nulle part ; mais en route elle apercevait des endroits que la guerre actuelle venait de rendre célèbres. En approchant d'Ulm, elle cherchait des yeux la plaine où, quelques jours auparavant, l'armée ennemie avait défilé devant Napoléon et mis bas les armes. Tout contribuait, depuis Augsbourg jusqu'à Munich, à l'éclat de ce voyage de Joséphine ; les arcs de triomphe, les orchestres nombreux dont les sons rapprochés se confondaient souvent, les guirlandes de feuillages, les gardes d'honneur qui venaient successivement, et presque à chaque relais augmenter l'escorte, alors composée de la garde royale d'Italie. « C'était, est-il dit dans une lettre insérée au *Moniteur*, l'empressement succédant à la crainte, le mouvement des fêtes au deuil des combats ; tout ce que l'on publie de la bienfaisance de l'impératrice semblait encore faire partie de son cortège, et l'on eût dit que l'ange de la Paix était venu à son tour visiter ces contrées. »

L'impératrice arriva à Munich le 5 décembre, huit jours après son départ de Strasbourg. Son arrivée fut saluée par cent coups de canon. Dans presque toutes les rues, on voyait le devant des maisons tapissé, les fenêtres ornées de transparents et d'allégories flatteuses ; les illuminations des simples particuliers rivalisant de dépenses et de somptuosité avec celles des édifices publics. Aux portes de la ville, des voitures de gala furent envoyées pour la souveraine et pour sa suite. Mais Joséphine n'y monta point ; elle garda ses vêtements de voyage. Son entrée n'en fut pas moins brillante. Les témoignages de la joie générale en faisaient le plus bel ornement. Le 7 décembre, elle se rendit au théâtre, où l'on représentait le *Don Juan* de Mozart, et où elle fut reçue au son des trompettes et des acclamations du public.

L'impératrice était à peine arrivée à Munich qu'on y fit circuler le bruit d'un prochain mariage entre son fils, Eugène de Beauharnais, et la princesse Auguste, fille de l'électeur. Mais ce n'était là encore qu'une rumeur vague. Le ministre de France, M. Otto, écrivait à ce sujet, le 16 décembre 1805, la dépêche suivante à M. de Talleyrand : « Monseigneur, immédiatement après l'arrivée de S. M. l'impératrice, le bruit s'est répandu ici que S. A. S. le prince Eugène était en route pour se rendre également à Munich, et pour y conclure un mariage avec la princesse Auguste de Bavière. Le bruit a pris depuis quelques jours tant de consistance qu'une dame étrangère, après avoir été très bien reçue par la famille électorale, a cru pouvoir demander à l'électeur si elle pouvait lui faire son compliment sur un mariage aussi désirable. Ce prince a répondu qu'il n'en savait pas un mot ; que sa fille était promise au prince de Bade ; que les deux fiancés avaient l'un pour l'autre le plus tendre attachement, et qu'avant-hier seulement Madame l'électrice avait reçu de Bade la lettre la plus affectueuse à ce sujet ; qu'il aimait trop sa fille pour vouloir gêner ses inclinations. C'est la première fois qu'on a parlé à la cour d'une affaire que le public croyait arrangée de tout autre manière. Madame l'électrice était présente à cette conversation, et elle a confirmé ce qui avait été dit touchant l'attachement de son frère pour la princesse. Cette anecdote, que je tiens de l'intérieur du château, prouve que le mariage de Bade n'est pas rompu, comme on l'avait dit à Carlsruhe, à moins qu'on ne pense que l'électeur ait voulu donner le change à la dame qui l'a questionné sur ce mariage. Les curieux ont vainement cherché à démêler la vérité, en observant la conduite de S. M. l'impératrice et des personnes qui l'environnent. Les rapports entre les deux cours se bornent à des politesses réciproques, à des attentions de société, dans lesquelles Sa Majesté met ces prévenances aimables qui lui sont si naturelles et qui lui gagnent tous les cœurs. Du reste il y règne la plus grande réserve. » (Archives du ministère des affaires étrangères.)

Maximilien-Joseph, électeur de Bavière, né en 1756, avait alors cinquante ans. Il avait perdu sa première femme, dont il avait une fille, la princesse Auguste-Amélie-Louise, née en 1788. Sa seconde femme, Caroline, princesse badoise, sœur du prince héréditaire de Bade, auquel la princesse Auguste était fiancée, avait alors trente ans. Sans être très belle, elle avait du charme, une taille élégante, des manières agréables et dignes. La jeune princesse Auguste était l'ornement de la cour de Munich. Elle avait toute la fraîcheur, tout l'éclat, tous les attraits d'une belle Allemande de dix-huit ans. Quant à l'électeur, c'était un homme séduisant, sympathique, unissant à une franche bonhomie du tact, de l'esprit, de la finesse. Sa taille était élevée, sa figure noble et régulière. Il aimait les Français et en était aimé. C'est en France qu'il avait passé les plus belles années de sa jeunesse. Prince cadet de la maison des Deux-Ponts, il n'était arrivé à l'électorat que par l'extinction de la branche de sa famille qui régnait en Bavière. Au commencement de sa vie, il n'avait point de fortune. Sous le règne de Louis XVI, il servit dans les armées françaises, et commanda le régiment d'Alsace. Il avait laissé à la cour de Versailles, comme à Strasbourg, sa garnison, une renommée de bon ton et de galanterie chevaleresque. Ses soldats qui le chérissaient, l'appelaient le prince Max. Il aurait pu alors épouser la fille du prince de Condé, mais son père et son oncle n'auraient point voulu de cette union, parce que, n'étant point riche, il eût été sans doute forcé de faire quelques-unes de ses filles

13.

chanoinesses, et que la mésalliance que le sang de Louis XIV avait reçue de Mme de Montespan aurait pu empêcher certains chapitres de les recevoir. Il aimait beaucoup à rappeler les souvenirs des dernières années de l'ancien régime en France, et parlait avec émotion d'un pays où il avait été heureux. Il était adoré de sa famille, de ses serviteurs, de ses sujets. Jamais prince ne fut plus bienveillant, plus aimable. Souvent, il se promenait seul, le matin, dans la ville de Munich, allant aux halles, marchandant les grains, entrant dans les boutiques, parlant à tout le monde, surtout aux enfants, qu'il engageait à se rendre aux écoles. Il était à la fois familier et plein de dignité. On le respectait autant qu'on l'aimait. Entre son caractère et celui de l'impératrice Joséphine il y avait beaucoup d'analogies. Aussi avaient-ils l'un pour l'autre une sympathie mutuelle très vive.

L'impératrice fut quelque temps souffrante, pendant son séjour à Munich, et, soit à cause de cette indisposition, soit parce que les lettres n'arrivaient pas régulièrement à Napoléon, qui changeait constamment de place, l'empereur fut quelques jours sans avoir des nouvelles de sa femme. Il lui écrivait de Brunn, le 10 décembre 1805 : « Il y a fort longtemps que je n'ai reçu de tes nouvelles. Les belles fêtes de Bade, de Stuttgard et de Munich, font-elles oublier les pauvres soldats qui vivent couverts de boue, de pluie et de sang ?

Je vais partir sous peu pour Vienne. On travaille à conclure la paix. Les Russes sont partis, et fuient loin d'ici ; ils s'en retournent en Russie bien battus et fort humiliés. Je désire bien me retrouver près de toi. Adieu, mon amie ; mon mal d'yeux est guéri. »

Napoléon écrivait encore, le 19 décembre, pour se plaindre : « Grande impératrice, pas une lettre de vous depuis votre départ de Strasbourg. Vous avez passé à Bade, à Stuttgard, à Munich, sans nous écrire un mot. Ce n'est pas bien aimable, ni bien tendre ! Je suis toujours à Brunn. Les Russes sont partis, j'ai une trêve. Dans peu de jours, je verrai ce que je deviendrai. Daignez, du haut de vos grandeurs, vous occuper un peu de vos esclaves. » De Schœnbrunn, il écrivait à Joséphine, le 20 décembre 1805 (29 frimaire an XIV) : « Je reçois ta lettre du 25 (frimaire). J'apprends avec peine que tu es souffrante ; ce n'est pas là une bonne disposition pour faire cent lieues dans cette saison. Je ne sais ce que je ferai : je dépends des événements ; je n'ai pas de volonté ; j'attends tout de leur issue. Reste à Munich, amuse-toi ; cela n'est pas difficile, lorsqu'on a tant de personnes aimables, et dans un si beau pays. Je suis, moi, assez occupé. Dans quelques jours, je serai décidé. Adieu, mon amie, mille choses aimables et tendres. »

Le 26 décembre, la paix était signée à Presbourg entre la France et l'Autriche. Le traité donnait au royaume d'Italie Venise, l'Istrie, la Dalmatie, le Frioul; à l'électeur de Wurtemberg, le titre de roi et les enclaves de la Souabe ; à l'électeur de Bade, le Brisgau, l'Orteneau et la ville de Constance ; à l'électeur de Bavière, le titre de roi, le Vorarlberg et le Tyrol. Mais Napoléon avait décidé que ces agrandissements seraient payés par trois mariages : celui de son beau-fils, le prince Eugène, avec la fille du roi de Bavière ; celui d'une parente de sa femme, Mlle Stéphanie de Beauharnais, avec le prince héréditaire de Bade ; celui de son frère Jérôme avec la fille du roi de Wurtemberg.

Napoléon, accompagné de Murat, entra, sous un arc de triomphe, à Munich, le 31 décembre 1805, à une heure trois quarts du matin. Cette entrée nocturne, éclairée par les torches, avait je ne sais quoi de saisissant. Le lendemain, 1er janvier 1806, un héraut d'armes, escorté de nombreux cavaliers, parcourait les différents quartiers de la ville, et faisait la proclamation suivante, au bruit des timbales, des tambours, au son des trompettes, tandis qu'une foule immense, qui se pressait à chaque place, à chaque carrefour, à chaque rue, applaudissait avec enthousiasme : « Par la grâce de Dieu, la dignité du souverain de la Bavière ayant retrouvé son ancienne splendeur, et cet État ayant repris le rang qu'il occupait jadis pour le bonheur de ses sujets et la gloire du pays, on fait connaître que S. A. S. le puissant prince et seigneur Maximilien-Joseph est, par les présentes, solennellement proclamé roi de Bavière et de tous les pays en dépendant. Vive longtemps heureux, Maximilien-Joseph, notre très gracieux roi ! Que Caroline, notre très gracieuse reine, vive longtemps heureuse ! » Le soir, toute la ville était dans la joie, et, le lendemain, elle célébrait une fête patriotique.

Napoléon, ayant reconquis à Vienne 29 canons et 21 drapeaux bavarois, dont les Autrichiens s'étaient emparés, par suite des chances de la guerre et de l'occupation du pays, avait aussitôt décidé de rendre à ses alliés fidèles les trophées qu'ils avaient vaillamment défendus, et dont ils regrettaient amèrement la perte. Le 2 janvier, au matin, toute la bourgeoisie militaire était sous les armes, et faisait la haie dans les rues où devaient passer le cortège et le précieux dépôt qu'il accompagnait. Les canons étaient placés sur des chars garnis de festons et de guirlandes, traînés par deux chevaux appartenant à la bourgeoisie et ornés de rubans de diverses couleurs. Ces chars étaient précédés et suivis par toute la jeunesse de la ville. Les élèves du corps royal des cadets portaient les drapeaux. Au moment où le cortège arriva sur la grande place, un chœur nombreux, accompagné d'un orchestre immense, entonna un chant d'allégresse et de victoire. Le peuple et les soldats mêlaient à ce chant leurs acclamations. Le cortège se rendit ensuite à l'église

Notre-Dame, où l'on chanta un *Te Deum* avec une grande solennité.

Le 4 janvier, Napoléon écrivait au prince Eugène : « Mon cousin, douze heures au plus tard après la réception de la présente lettre, vous partirez en toute diligence pour Munich. Tâchez d'être arrivé le plus tôt possible, afin d'être certain de m'y trouver. Vous laisserez votre commandement entre les mains du général de division que vous croirez le plus capable et le plus probe. Il est inutile que vous ameniez beaucoup de suite. Partez promptement et incognito, tant pour courir moins de dangers que pour éprouver moins de retard. Envoyez-moi un courrier qui m'annonce votre arrivée vingt-quatre heures à l'avance. » L'empereur avait décrété le mariage de son beau-fils avec la princesse Auguste de Bavière. Il dut cependant mettre certaines formes pour vaincre les répugnances de la reine de Bavière qui voulait l'union de son frère, le prince héréditaire de Bade, avec la jeune princesse. Son orgueil de race et ses sentiments de cœur se froissaient à l'idée de voir entrer dans sa famille un jeune homme qu'elle considérait comme un parvenu. Elle cherchait des prétextes, des atermoiements pour ajourner, sinon pour empêcher cette alliance. Personne n'aurait osé dire, à Munich, que le beau-fils de l'empereur n'était pas un assez grand personnage pour épouser la fille du roi. Mais on imaginait des faux-fuyants. On disait que la jeune princesse était souffrante, une autre fois qu'elle avait une entorse. Napoléon, qui faisait parfois le diplomate, feignait de croire aux prétendues souffrances de la jeune fille, et annonçait qu'il lui enverrait son propre chirurgien, pour la guérir. Il aurait voulu retourner vite à Paris, où il pensait que sa présence était nécessaire. Mais son chambellan, M. de Thiard, que ses précédentes négociations avaient mis au fait des secrets de la cour de Bavière, lui conseillait de rester à Munich, tant que l'affaire du mariage ne serait pas irrévocablement résolue. « Fort bien, répliquait l'empereur, mais pendant que je reste ici, savez-vous que votre faubourg Saint-Germain envoie tous les jours à la porte de ma Banque, où l'on ne fait que des sottises, et que chaque jour de ma présence à Munich me coûte quinze cent mille francs ? » M. de Thiard insista. Il eut le courage de montrer à Napoléon dans le cœur même de la reine de Bavière, la mémoire toujours présente du duc d'Enghien, et, dans ce souvenir, la secrète cause de l'aversion de cette princesse contre l'union projetée. Mais ces résistances ne devaient durer que quelques heures. Personne n'osait alors braver la colère impériale. La reine, effrayée à l'idée que le chirurgien de Napoléon découvrirait que les prétendues maladies de la princesse Auguste n'était qu'une feinte, céda devant la volonté du vainqueur d'Austerlitz. Le mariage fut déclaré avant même que les fiancés se fussent vus. Tout se faisait militairement. La consigne vous ordonnait d'aimer. On devait aimer.

Il faut, du reste, rendre à Napoléon cette justice que, dans toute cette négociation matrimoniale, il n'eut jamais de dures paroles ou de manières brusques. Il se montrait, non point menaçant, mais séduisant, et, à force d'être aimable pour la reine de Bavière, dont il faisait semblant d'être amoureux, il finit par exciter les inquiétudes de la jalouse Joséphine.

Le prince Eugène arriva à l'heure dite, le 10 janvier. Il eut le bonheur de plaire, mais il n'aurait pas plu que les choses se seraient passées exactement de même. Dès qu'il fut à Munich, après avoir voyagé jour et nuit, l'empereur, s'emparant de lui, ne le quitta plus. L'impératrice n'était pas encore levée, lorsqu'on lui annonça l'arrivée de son fils. Elle fut fort affectée, et se mit à pleurer, en pensant que la première visite d'Eugène n'avait pas été pour elle. Un instant après, comme elle était encore toute émue, elle vit entrer chez elle l'empereur, qui, tenant par la main le jeune prince, et le poussant légèrement en avant s'écria : « Tenez, madame, voilà votre grand benêt de fils que je vous amène. » Joséphine fondit en larmes, et pressa sur son cœur son enfant.

Eugène de Beauharnais, prince français et vice-roi d'Italie, était alors âgé de vingt-quatre ans.

Mlle Avrillon, lectrice de l'impératrice, en a fait ce portrait physique et moral : « La figure du prince Eugène était plutôt bien que mal, sans toutefois avoir rien de bien remarquable ; sa taille était ordinaire, mais bien proportionnée, et il était parfaitement fait. Il excellait dans tous les exercices du corps, et il dansait fort bien. Bon, franc, simple dans ses manières, sans morgue, sans hauteur, il se montrait constamment affable avec tout le monde ; et, bien qu'il ne fût pas dépourvu de sensibilité, il était surtout d'une gaieté inaltérable. Passionné pour la musique, il chantait assez agréablement, surtout la musique italienne, ce qui, au surplus, était une préférence de famille. Jeune comme il était, on conçoit que les femmes aient été souvent l'objet de ses hommages, et nous lui avons connu plusieurs attachements ; mais jamais il ne manqua de procédés avec celles qui furent les objets de ses hommages et de ses préférences. » Napoléon l'aimait beaucoup, et le regardait comme son élève, comme son enfant. Il avait été enchanté de la manière dont Eugène avait exercé sa vice-royauté, et, en recevant ses dépêches, il s'était écrié, en présence de plusieurs maréchaux : « Je savais bien à qui j'avais confié mon épée en Italie. » Il disait fréquemment à Joséphine, que de telles paroles rendaient la plus heureuse des mères : « Eugène pourrait être présenté comme un modèle à tous les jeunes gens de son âge. »

Le jeune prince montra beaucoup de tact et d'habileté dans ses premières relations avec sa future. Il ne négligea aucun moyen de lui plaire, et lui fit une cour assidue, comme si leur mariage n'eût pas été déjà une chose décidée. Il eut du mérite à faire revenir la princesse de ses préventions, car elle n'avait donné son consentement qu'à la dernière extrémité, comme une victime immolée à la raison d'État. Redoutant les émotions d'une explication verbale, le roi, son père, avait pris le parti de lui écrire. Dans sa lettre, il lui faisait ressortir tous les avantages de l'union désirée par l'empereur, lui vantait les bonnes qualités du jeune et brillant vice-roi d'Italie, et, pour lui prouver que le parti était bon, il lui révélait ce fait, resté ignoré jusqu'alors, qu'à Presbourg, les ministres autrichiens avaient offert à Napoléon, pour son beau-fils, la main d'une de leurs archiduchesses. « Songez, chère Auguste, disait en terminant le roi, qu'un refus rendrait l'empereur autant notre ennemi qu'il a été jusqu'ici l'ami de notre maison. » Et le père concluait en faisant un dernier appel au dévouement patriotique de sa fille. La jeune princesse avait répondu par écrit : « Je mets mon sort entre vos mains ; aussi cruel qu'il pourra être, il me sera adouci, sachant que je me suis sacrifiée pour mon père, ma famille et ma patrie. C'est à genoux que votre enfant demande votre bénédiction ; elle m'aidera à supporter avec résignation mon triste sort. »

La tristesse de la jeune fille fit rapidement place à la joie. L'impératrice lui avait parlé avec chaleur des qualités d'Eugène, de sa bravoure, de sa loyauté, de sa galanterie. La princesse trouva que Joséphine disait vrai. Elle oublia son cousin le prince de Bade, s'éprit en un instant d'Eugène, et le mariage de raison devint un mariage d'amour. Il fut célébré avec pompe dans la chapelle royale, le 14 janvier, quatre jours après l'arrivée du fiancé à Munich. Adoptant le prince Eugène, l'empereur lui donna, dans le contrat de mariage, les noms de Napoléon-Eugène de France. Cette paternité adoptive amena un changement dans la correspondance. Jusque-là l'empereur, en écrivant au vice-roi d'Italie, lui disait : « mon cousin »; à partir de ce moment, il lui écrivit toujours : « mon fils ». Mme Murat, qui était alors à Munich, trouva mauvais que la nouvelle vice-reine, en sa qualité de femme du fils adoptif de l'empereur, prît le pas sur elle dans les cérémonies, et feignit d'être malade, pour éviter ce qui lui paraissait un affront.

Le jour du mariage, la princesse séduisit tout le monde par sa grâce. Elle était grande, bien formée, avec une taille de nymphe et un visage où la douceur se mêlait à la dignité. Ajoutez à cela une excellente éducation, beaucoup de piété, une modestie rare, toutes les vertus de famille. La vice-reine d'Italie devait être le modèle des épouses et des mères. Elle écrivit à l'empereur une lettre de remerciements qui le toucha. Il lui répondit le 17 janvier : « Ma fille, la lettre que vous m'avez écrite est aussi aimable que vous. Les sentiments que je vous ai voués ne feront que s'augmenter tous les jours ; je le sens au plaisir que j'ai de me ressouvenir de toutes vos belles qualités, et au besoin que j'éprouve d'être assuré fréquemment par vous-même que vous êtes contente de tout le monde, et heureuse pour votre mari. Au milieu de toutes mes affaires, il n'y en aura jamais pour moi de plus chères que celles qui pourront assurer le bonheur de mes enfants. Croyez, Auguste, que je vous aime comme un père, et que je compte que vous aurez pour moi toute la tendresse d'une fille. Ménagez-vous dans votre voyage, ainsi que dans le climat où vous arrivez, en prenant tout le repos convenable. »

Le 21 janvier, le prince Eugène, quittant Munich, se rendit avec sa jeune femme à Milan. Le lendemain, le ministre de France, M. Otto, écrivait à M. de Talleyrand : « S. A. I. le prince Eugène est parti hier matin avec sa jeune épouse. Le roi les a conduits jusqu'à la voiture avec les témoignages de la plus grande affection. On a remarqué qu'en prenant congé il a serré le prince dans ses bras à plusieurs reprises. La séparation a coûté quelques larmes à la princesse. Cent coups de canon ont annoncé le départ. Les vœux de tous les bons Bavarois ont accompagné les deux époux. Le séjour de la cour de France à Munich y a laissé les impressions les plus profondes et les plus durables. On connaissait la grandeur et la puissance de l'empereur, mais il fallait voir de près les effets de son extrême bonté et de sa munificence pour en avoir une idée juste. Je crois pouvoir assurer que Sa Majesté trouvera toujours dans la nation bavaroise des alliés fidèles et un dévouement à toute épreuve. Tant de beaux souvenirs se rattachent, d'ailleurs, à cette époque de notre histoire que Sa Majesté peut se flatter d'avoir accompli la plus difficile de toutes les conquêtes, celle de l'affection des peuples qui ont été témoins de ses succès. » (Archives du ministère des affaires étrangères.)

Pendant que le vice-roi et la vice-reine d'Italie s'acheminaient vers Milan, l'empereur et l'impératrice retournaient en France, et s'arrêtaient, en route, à Stuggard et à Carlsruhe, où on leur faisait un magnifique accueil. Le 20 janvier 1806, sur le territoire badois, ils avaient trouvé un arc de triomphe érigé à Entzberg, d'après les modèles de l'ancienne Rome. Cet arc portait pour inscription : *Imperatori Napoleoni triumphatori augusto*. Le bas-relief représentait la prise d'Ulm et la remise des clefs de Vienne. Des colonnes et des obélisques avaient été érigés dans la ville de Carlsruhe, avec ces inscriptions : *Hostium victori.* — *Patriam servavit.* — *Pacem restituit.* Il y avait en face du château un temple de la Paix. Sur la frontière de France, on dressa un arc de triomphe avec cette inscription : *Heroi reduci Galliæ plaudunt.* « Les Gaules applaudissent au retour du héros. » Les bas-reliefs représentaient la bataille d'Austerlitz et l'entrevue des deux empereurs. Dans la nuit du 26 au 27 janvier, Napoléon et Joséphine étaient de retour aux Tuileries. Le mariage du prince Eugène avait brillamment complété la campagne qui venait de se terminer. Créer un roi et donner à son beau-fils la main de la fille de ce roi, était de la part de Napoléon, une double fantaisie qui faisait honneur à sa toute-puissance. Les récits des fêtes triomphales de Munich, de Stuggard, de Carlsruhe venaient bien après les bulletins des victoires de la Grande-Armée, et produisaient une égale impression en Allemagne et en France.

XVII

PARIS AU COMMENCEMENT DE 1806

Napoléon avait admirablement préparé la mise en scène de son retour. La prolongation de son séjour à Munich entretenait l'impatience que les Parisiens avaient de le revoir. En l'attendant, on faisait assaut d'adulations et d'enthousiasme. Le 1er janvier 1806 venait de mettre un terme au calendrier républicain, qui avait été appliqué pendant treize ans, trois mois et quelques jours. L'an XIV se trouvait interrompu brusquement, et l'on revenait au calendrier grégorien. Ainsi, le dernier vestige de la République était effacé. Le même jour, on inaugurait la nouvelle année par une cérémonie patriotique. Le tribunat portait solennellement au Sénat conservateur les cinquante-quatre drapeaux russes et autrichiens qu'il était chargé de lui remettre de la part du vainqueur d'Austerlitz. Toutes les maisons des rues que le cortège devait traverser étaient garnies de tapisseries et d'ornements. Devant beaucoup de façades, on voyait le buste du souverain couronné de lauriers. Le *Moniteur*, toujours lyrique, disait : « A l'aspect de ces nobles dépouilles, de ces éclatants témoignages de l'héroïsme de l'armée française, les cœurs semblaient se résumer dans un sentiment commun d'admiration et de reconnaissance, que ne pouvaient exprimer que bien faiblement les cris partis du sein de la foule et de toutes les fenêtres : « Vive l'empereur ! Vive la grande armée ! Victoire, victoire ! Vive l'empereur ! » Ainsi, dans cette circonstance, les habitants de Paris, de toutes les classes, de tout sexe et de tout âge, ont su faire éclater de la manière la plus vive et la plus unanime leur dévouement et leur reconnaissance pour Sa Majesté et ses armées victorieuses. »

Un tribun, M. Joubert, s'était écrié : « Napoléon n'est-il pas l'homme de l'histoire, l'homme de tous les siècles ? Et ne pouvons-nous pas dire qu'il y a en lui quelque chose de surnaturel, puisqu'il est vrai que Dieu dispose du sort des empires, et que Napoléon le Grand se plaît lui-même à soumettre tout à la Providence, et qu'il rapporte tout à la religion ? » Dans leur enthousiasme officiel, les tribuns, devenus des courtisans accomplis, émettaient motions sur motions. L'un demandait que l'empereur, à son retour, reçût, comme au temps de l'ancienne Rome, les honneurs du triomphe, et que la ville de Paris allât au devant de lui. L'autre proposait que l'épée qu'il portait le jour de la bataille d'Austerlitz fût déposée dans un monument public et solennellement consacrée. Un autre émettait le vœu que sur une des principales places de la capitale on érigeât une colonne surmontée de la statue de l'empereur. Elle porterait pour inscription : « A Napoléon le Grand la patrie reconnaissante. » Le Sénat, rivalisant de zèle avec le tribunat, s'empressait de convertir ce vœu en décret.

Les Parisiens, qui adorent tous les succès, et sont aux genoux de tous les triomphateurs, monarques, généraux ou artistes, avaient alors pour Napoléon victorieux les sentiments de fanatique admiration que devait plus tard exprimer le poète sublime, Victor Hugo :

Oh ! quand il bâtissait de sa main colossale
Pour son trône, appuyé sur l'Europe vassale,
 Ce pilier souverain,
Ce bronze, devant qui tout n'est que poudre et sable,
Sublime monument, deux fois impérissable,
 Fait de gloire et d'airain ;

Quand il le bâtissait, pour qu'un jour, dans la ville,
Ou la guerre étrangère ou la guerre civile
 Y brisassent leur char,
Et pour qu'il fît pâlir sur nos places publiques
Les frêles héritiers de ces noms magnifiques,
 Alexandre et César !

> C'était un beau spectacle ! — Il parcourait la terre
> Avec ses vétérans, nation militaire
>   Dont il savait les noms ;
> Les rois fuyaient, les rois n'étaient point de sa taille,
> Et, vainqueur, il allait par les champs de bataille.
>   Glanant tous les canons.
>
> Et puis il revenait avec la grande armée,
> Encombrant de butin sa France bien-aimée,
>   Son Louvre de granit,
> Et les Parisiens poussaient des cris de joie,
> Comme font les aiglons, alors qu'avec sa proie
>   L'aigle rentre à son nid.

Le *Moniteur* était rempli d'éloges dithyrambiques, soit en prose, soit en vers. On reculait les bornes de la flatterie. Les évêques se faisaient remarquer par leurs louanges. Citons au hasard quelques phrases de leurs mandements :

L'évêque de Versailles : « Dieu dit : personne ne résistera à celui que j'ai revêtu d'une mission spéciale pour établir mon culte, pour conduire mon peuple chéri ; personne ne lui résistera, parce que je suis avec lui et qu'il est avec moi. *Deus cum eo.* »

L'évêque de Bayonne : « Voilà donc encore nos ennemis vaincus. Que l'incrédulité se taise, que l'athée soit confondu. Nos annales seront le récit des merveilles de la Providence... Veuves, cessez de pleurer sur la perte d'un époux chéri ; vous n'êtes plus isolées, vous appartenez à la patrie. Orphelins, vous avez retrouvé un père, Napoléon vous a adoptés. »

L'évêque de Rennes : « Ignoraient-ils, ces rois, ou auraient-ils oublié, dans leur délire, que la nation française est aujourd'hui la première nation du monde ? Ignoraient-ils aussi que celui qui la gouverne est l'homme du monde le plus étonnant, et le plus grand guerrier dont l'histoire ait parlé jusqu'ici ? »

L'évêque de Coutances : « Le Tout-Puissant veut que Napoléon conquière cette nouvelle gloire, et, par là, il lui imprime, en quelque sorte, un caractère divin. Il veut qu'il la conquière le même jour, à la même heure où le souverain pontife, il y a un an, versait sur son front l'auguste huile sainte. »

L'évêque de Montpellier : « Que la terre soit ébranlée, que les montagnes se précipitent dans le sein des mers, notre Dieu bénit les vues, la sagesse, les talents et le courage de notre auguste monarque. »

L'empereur, faisant une distribution des drapeaux pris à la Russie et à l'Autriche, en avait donné cinquante-quatre au Sénat, huit au tribunal, huit à la ville de Paris, et cinquante à l'église de Notre-Dame, dont il voulait être le tapissier, comme l'avait été sous le règne de Louis XIV, le maréchal de Luxembourg. Le jour où ces cinquante drapeaux furent remis à l'église métropolitaine, le cardinal archevêque de Paris s'écria : « O postérité, en lisant notre histoire, vous croirez relire la chute des murs de Jéricho, et compter les actions miraculeuses de Josué, de David, de Judas Macchabée. *Benedictus Dominus qui facit mirabilia solus...* Dieu de Marengo, vous vous déclarez le Dieu d'Austerlitz ; et l'aigle allemand, l'aigle russe, que vous abandonnez, sont la proie de l'aigle français que vous ne cessez de protéger. » Flatterie vraiment étrange, appeler le Dieu créateur de l'univers, — de l'univers dont la terre n'est pas la millionnième partie — l'appeler le Dieu d'un village, parce que, à côté de ce village un homme a fait tuer quelques hommes !

Paris semblait avoir retrouvé l'ardeur des premiers temps de la Révolution pour saluer le triomphateur. Le jour de son arrivée, 27 janvier 1806, les chefs de la Banque, voulant que sa présence fût le signal de la prospérité publique, ordonnèrent la reprise des payements en argent. L'Opéra célébra son retour et celui de l'impératrice par une grande représentation de gala, qui eut lieu le 4 février. L'affiche annonçait les *Prétendus* et un divertissement. Mais le public savait que ce divertissement serait une sorte d'apothéose en l'honneur des gloires impériales. La salle était comble, et les couloirs même regorgeaient d'une foule enthousiaste. Pendant le deuxième acte des *Prétendus*, une très grande émotion se produit, c'est Napoléon qui arrive avec Joséphine. On interrompt la pièce. Des acclamations retentissent dans tous les rangs des loges, des galeries, des amphithéâtres, de l'orchestre, du parterre. Des dames ont distribué des branches de lauriers que chaque spectateur, chaque spectatrice, agite en criant: Vive l'empereur! On dirait une forêt de lauriers. Les musiciens jouent le chœur de la *Caravane*. Pendant ce temps, la décoration de l'opéra des *Prétendus* disparaît, et l'on applaudit avec enthousiasme le décor magnifique par lequel elle est tout à coup remplacée. C'est une enceinte demi-circulaire, dont des trophées forment la colonnade et qui laisse apercevoir le cours de la Seine depuis le Pont-Neuf jusqu'à l'extrémité de sa partie occidentale. Quel superbe tableau ! Voici

> Ce Louvre d'âge en âge oublié par nos rois,

ce Louvre que Napoléon a promis de terminer ; voilà le pont des Arts, le palais de la Monnaie, les Tuileries et, dans la vapeur d'un lointain pittoresque, les Champs-Elysées, avec les sites élevés, qui commandent cette belle perspective. L'intérieur de l'enceinte est parée de guirlandes. Un peuple nombreux s'y presse. Il attend le retour de la grande armée. La voilà qui défile aux sons d'une marche guerrière ; voilà les sapeurs avec leurs haches et leurs blancs tabliers, les grenadiers de la garde avec leurs grands bonnets à poil, les canonniers avec leurs casques noirs, les dragons avec leur double armure, les mamelucks avec leurs cimeterres. Voilà les Bavarois, dignes frères d'armes des soldats de Napoléon. Le peuple acclame ses défenseurs. Les élèves des écoles militaires se précipitent dans les rangs, et courent se jeter dans les bras de leurs pères, tandis que des vieillards embrassent leurs enfants. Un chœur général se fait entendre. Puis un guerrier s'avance sur le devant de la scène, et célèbre dans une hymne les merveilles de la campagne d'Austerlitz. Vient ensuite le ballet des nations étrangères, auquel se joint celui des jeunes filles et des paysans français dans le costume de leurs provinces, belles habitantes du pays de Caux et de l'Alsace, vives Provençales, agiles Béarnais, montagnards de l'Auvergne et des Alpes. Après les danses, les chants :

UN ITALIEN

L'Eridan ne voit plus, dans sa course rapide,
Que des Etats soumis au grand Napoléon.

UN ESPAGNOL

Et les peuples voisins des colonnes d'Alci de
Ont invoqué son nom.

UN MAMELUCK

A l'Arabe inconstant, qui désole sa rive,
Le Jourdain, mille fois, raconte ses travaux ;
Le Nil ensanglanté, sur son urne captive,
Rappelle ses drapeaux.

UN MAIRE DE PARIS

Paris lui doit surtout la grandeur immortelle
Qu'un oracle trompeur annonçait aux Romains.
Il s'accomplit pour nous, et la ville éternelle
Va sortir de ses mains.

VIEILLARDS ET ENFANTS

Ici, la vieillesse et l'enfance
Rendent grâce au même héros.
Pour l'une, il créa l'espérance
A l'autre, il rendit le repos.

VIEILLARDS

Dans nos foyers héréditaires,
Par lui, sous la loi de nos pères,
Couleront nos derniers instants.

ENFANTS

Pour lui, pour l'Etat, pour la gloire,
Enfants promis de la victoire,
Nous commençons nos premiers ans.

Les paroles sont d'Esménard, l'auteur du poème de la *Navigation*, la musique est de Stobelt. Les marches, les évolutions, les ballets ont été réglés par Gardel. Les strophes principales sont chantées par les premiers artistes, Lainez, Laïs, Mme Armand, Mme Branchu. A la fin du divertissement, l'empereur et l'impératrice se retirent au milieu des acclamations, et l'on entonne le beau vivat de l'abbé Rose, ce chœur qui a produit tant d'effet à Notre-Dame le jour du sacre, et qui n'est pas moins applaudi à l'Opéra que dans la cathédrale.

XVIII

LE MARIAGE DU PRINCE DE BADE

Si quelque chose est de nature à prouver l'admiration, la terreur, la fascination qu'en 1806 le vainqueur d'Austerlitz exerçait sur l'Europe, spécialement sur l'Allemagne, c'est assurément le mariage du prince héréditaire de Bade avec Mlle Stéphanie de Beauharnais. Spectacle vraiment curieux ! Un prince appartenant à l'une des plus vieilles et des plus illustres familles du monde ; un prince qui, par ses trois sœurs, était le beau-frère de l'empereur de Russie, du roi de Suède, du roi de Bavière ; un prince qui aurait pu s'allier aux plus antiques maisons régnantes, en était venu à regarder comme un honneur son mariage avec une simple particulière, la fille d'un sénateur français, une jeune personne que les liens du sang n'unissaient, en aucune manière, à

Napoléon, et qui ne lui était attachée que par l'adoption, c'est-à-dire par une fantaisie. On eût dit que l'empire du nouveau Charlemagne était un empire séculaire, et les princes allemands s'inclinaient devant lui, comme des vassaux dévoués devant leur suzerain. Quelle grande situation il s'était faite, et comme il l'aurait facilement gardée, si, en modérant son ambition, il avait imposé lui-même des bornes à sa puissance, et s'il n'avait point demandé à cette Allemagne si docile plus qu'elle ne pouvait lui donner!

Le mariage de Mlle Stéphanie de Beauharnais avec le prince héréditaire de Bade fut d'abord très vivement combattu par Mme la margrave, mère de ce prince. M. Massias, chargé d'affaires de France à Bade, avait écrit à ce sujet, le 6 janvier 1806, au ministre des relations extérieures, M. de Talleyrand : « Monseigneur, depuis quelques jours le bruit circulait sourdement parmi les premiers personnages de la cour de Carlsruhe que le but du dernier voyage de M. de Thiard était d'obtenir en mariage pour la fille de M. le sénateur Beauharnais le prince électoral de Bade. Hier au soir est arrivé à Mme la margrave, mère de ce prince, un courrier de Mme l'électrice de Bavière. Ce hasard m'a fourni les moyens de savoir ce que celle-ci a écrit à sa mère. Elle lui dit en substance qu'elle a eu une conversation de plus d'une heure avec l'empereur Napoléon ; que Sa Majesté lui a promis que le mariage du prince électoral de Bade avec M$_{lle}$ de Beauharnais n'aurait jamais lieu sans le consentement de Mme la margrave ; qu'en supposant le refus de ce consentement, il se réservait seulement d'être consulté sur le choix de la femme qui serait donnée à ce jeune prince... Le prince électoral entra chez sa mère, après qu'elle eut lu cette dépêche ; il resta seul avec elle pendant deux heures, et en sortit dans le plus grand abattement. Etant descendu chez son grand-père, il s'écria involontairement : « Cette femme se perd ! Elle veut se perdre. »

Le chargé d'affaires de France à Bade terminait sa dépêche, par ce portrait du caractère de la margrave : « Je connais depuis six ans Mme la margrave, et crois pouvoir répondre que si elle juge le mariage dont il s'agit contraire à l'orgueil des premières idées que lui a données son éducation, il est au-dessus de toute persuasion d'en triompher. Elle a, au plus haut degré, la confiante opiniâtreté des âmes faibles et timides. Elle n'ose renvoyer un valet qui lui manque, et lorsqu'elle a pris son parti, ce dont elle n'est capable que dans les occasions qui intéressent les opinions dans lesquelles elle a concentré son existence, ni la force, ni la séduction ne peuvent l'en arracher. Tel est le jugement que je porte de son caractère et que je crois véritable. » (Archives du ministère des affaires étrangères.)

Plus la margrave mettait d'opposition au mariage décidé par l'empereur, plus le jeune prince de Bade et son grand-père l'électeur en désiraient la prochaine conclusion. M. Massias écrivait, le 9 janvier 1806, cette nouvelle dépêche à M. de Talleyrand : « S. A. S. le prince électoral de Bade doit partir demain pour aller à Ulm ou à Augsbourg inviter, au nom de son grand-père, S. M. l'empereur et roi, à vouloir bien honorer Carlsruhe de sa présence, et accepter un logement au château, lors de son retour en France. Mais le but particulier de son voyage est, m'a-t-il dit lui-même, de convaincre Sa Majesté que le mariage dont j'ai eu l'honneur de parler à Votre Excellence dans ma lettre précédente est bien loin de contrarier ses désirs, et il espère dissiper sans peine les doutes qu'on a essayé d'élever à cet égard dans l'esprit de Sa Majesté pour laquelle il a toujours montré un profond dévouement et une sincère admiration. » (Archives du ministère des affaires étrangères.)

Quelle était l'origine de la jeune fille dont le prince héréditaire de Bade recherchait ainsi la main ? Le marquis de Beauharnais, père du vicomte de Beauharnais, premier mari de l'impératrice Joséphine, avait un frère, le comte Claude de Beauharnais, qui fut chef d'escadre et épousa Mlle Fanny Mouchard. La comtesse Fanny, amie de Dorat et de Cubières, s'occupa beaucoup de littérature et composa plusieurs romans. C'était une femme-auteur, un bas-bleu, à laquelle le poète Lebrun fit cette malicieuse épigramme :

> Eglé, belle et poète, a deux petits travers :
> Elle fait son visage, et ne fait pas ses vers.

De son mariage avec le comte Claude de Beauharnais, la comtesse Fanny (née en 1738, morte en 1813) eut un fils, qui s'appelait Claude comme son père, et qui épousa la fille du comte de Lezay-Marnesia. De cette union naquit, le 28 août 1789, Stéphanie de Beauharnais, qui fut adoptée par Napoléon, épousa le prince héréditaire de Bade, devint grande-duchesse de ce pays, et mourut en 1860, entourée de la profonde affection de sa famille et des Badois. Quant à son père, le comte Claude de Beauharnais, il fut sénateur sous l'Empire, pair de France sous la Restauration, et mourut en 1819.

Pendant l'enfance de Mlle Stéphanie de Beauharnais, nul n'aurait pu prédire les hautes destinées auxquelles elle était réservée. Son père, devenu veuf, l'avait confiée à une vieille tante religieuse qui demeurait à Montauban, et c'est là qu'elle vivait dans une profonde obscurité, quand son oncle, M. de Lezay-Marnésia, eut l'heureuse idée de la ramener à Paris et de la présenter à la femme du premier consul. Joséphine, qui était sa tante à la mode de Bretagne, la trouva jolie et bien douée, prit beaucoup d'affection pour elle, et lui fit terminer son éducation dans le pensionnat à la mode, celui de Mme Campan, à Saint-Germain. Mme Campan écrivait à Mme Louis Bonaparte, au sujet de sa jeune élève : « C'est certainement étonnant ce que j'ai obtenu de Mlle Stéphanie, depuis son retour de Saint-Leu. Il y a de quoi faire un charmant sujet dans cette jeune personne, mais non pas si on la garde à Saint-Cloud. Jamais les palais des rois n'ont été de bonnes écoles ; les plaisirs, le goût des choses bruyantes et la flatterie y corrompent non seulement celles qui y sont très jeunes, mais celles qui y arriveraient déjà formées, si elles ne sont garanties par les principes les plus solides. Tâchez donc, si vous en avez le pouvoir, de faire laisser Stéphanie avec moi jusqu'à son mariage, vous lui rendrez un grand service ; vous m'en rendrez un à moi-même, car c'est encore une éducation qu'on me fera manquer net sous les yeux de l'empereur, qui, avec son regard pénétrant, dira : C'est mal ou c'est mauvais, mais ne peut avoir le temps de chercher à en trouver la raison. Je puis vous assurer que, dans un an, elle sera charmante, si je la dirige encore. »

Dans la même lettre, Mme Campan définissait ainsi le caractère de son élève. « C'est un composé bizarre de faculté pour apprendre, d'amour-propre, d'émulation, de paresse, d'amabilité, de justesse d'esprit, de légèreté, d'orgueil, de piété. Voilà bien des choses à mettre à leur place ; bien rangées ou mal rangées, elles produisent un effet bien différent pour son bonheur ou son malheur, pour ma gloire ou pour le contraire. » Au physique, Mlle de Beauharnais était fort agréable. Elle avait une jolie taille, un visage expressif, un teint éclatant, des yeux d'un bleu très vif, des cheveux d'un beau blond et un son de voix charmant. Ajoutez à cela des manières distinguées, de l'esprit naturel, de la gaieté, de l'entrain et infiniment de séduction.

L'empereur eut pour cette belle jeune fille une sorte d'engouement, et lui témoigna des égards tout à fait exceptionnels, qui ne laissèrent pas que d'exciter une certaine surprise. Bien qu'elle eût encore son père, il s'imagina de l'adopter, et cette paternité adoptive fut véritablement étrange. La jeune Stéphanie devint ainsi altesse impériale, et prit le pas sur les sœurs de l'empereur, tandis que son père, simple sénateur, restait confondu avec la foule de ses collègues du Sénat. Il était dit dans le décret rendu le 3 mars 1806: « Notre intention étant que la princesse Stéphanie Napoléon, notre fille, jouisse de toutes les prérogatives dues à son rang : dans les cercles, fêtes et à table elle se placera à nos côtés, et dans le cas où nous ne nous y trouverions pas, elle sera placée à la droite de S. M. l'impératrice. » Joséphine pensa peut-être que sa jeune parente était un peu trop bien traitée par l'empereur, et que le sentiment qu'elle lui inspirait n'était pas assez paternel.

Les mauvaises langues prétendaient que Napoléon était amoureux de sa nouvelle fille adoptive; mais, malgré ces insinuations malicieuses, on ne put rien dire de sérieux contre l'innocence de cette jeune personne. Son fiancé, le prince de Bade, s'en était très vivement épris, et il se conduisait de façon à faire croire que c'était lui qui faisait le beau mariage. Mlle de Beauharnais, du moment où elle avait ajouté à son prénom celui de Napoléon, s'imaginait que rien n'était assez brillant pour elle. C'est comme par grâce qu'elle épousait le fils d'un électeur, elle qui ne cessait de répéter, à la grande joie de son père adoptif, que la fille de l'empereur aurait pu épouser ou des rois ou des fils de rois.

Le mariage fut célébré avec une grande pompe dans la chapelle du palais des Tuileries, le 8 avril 1806, à huit heures du soir. Les témoins du marié étaient le prince royal de Bavière, le baron de Gueusau et M. de Dalberg. Ceux de la mariée étaient MM. de Talleyrand, de Champagny et de Ségur. Le cortège se rendit des grands appartements à la chapelle dans l'ordre suivant : l'impératrice, précédée des officiers des princesses, accompagnée du prince de Bade, des princesses, du prince royal de Bavière, et suivie des dames de sa maison et de celles des princesses ; l'empereur conduisant la fiancée, et précédé des officiers des princes, de ses officiers, des grands dignitaires de l'empire, des ministres, des grands officiers de la Couronne, et suivi du colonel-général de la garde de service. Le clergé reçut sous un dais, à la porte de la chapelle, Napoléon et Joséphine, qui allèrent s'asseoir sur deux petits trônes en face de l'autel, tandis que le prince de Bade et sa fiancée se plaçaient sur deux pliants, au bas des marches. La cérémonie commença par la bénédiction de treize pièces d'or que le cardinal Caprara, légat *a latere*, remit au prince de Bade, et que le prince présenta à sa fiancée. Le cardinal leur donna ensuite la bénédiction nuptiale. Pendant ce temps Mgr Charier-Laroche, évêque de Versailles, premier aumônier de l'empereur, et Mgr de Broglie, évêque d'Acqui, son aumônier ordinaire, tenaient un poêle de brocart d'argent étendu sur la tête du prince et de la princesse, qui étaient à genoux. Ces deux prélats avaient un camail et un rochet. Le cardinal Caprara et son assistant, Mgr de Rohan, aumônier de l'impératrice, portaient la chape d'or.

Pendant la cérémonie, qui dura environ une heure, les façades et les jardins des Tuileries furent illuminés. A neuf heures, on tira sur la place de la Concorde un grand feu d'artifice que l'empereur et l'impératrice virent du haut du balcon de la salle des Maréchaux. Quand ils parurent sur ce balcon avec les nouveaux mariés, des acclamations retentirent dans le jardin, rempli d'une foule immense. L'impératrice, vêtue d'une robe brodée d'or, avait sur sa tête, outre sa couronne impériale, pour un million de perles. La princesse Stéphanie était charmante, avec sa robe de tulle blanc, étoilée d'argent, garnie de fleurs d'oranger, et son bandeau de diamants. Le feu d'artifice fut suivi d'un concert et d'un ballet exécutés dans la salle des Maréchaux. Bien qu'il se fît un grand silence, on écouta le concert d'une oreille assez distraite. Le ballet, donné par les meilleurs danseurs et danseuses de l'Opéra, fut très réussi. On se rendit ensuite dans la galerie de Diane, où des tables étaient préparées pour plus de deux cents dames, et où fut servi un souper magnifique. La jeune mariée faisait l'admiration générale par sa grâce et sa distinction. Son véritable père, le sénateur de Beauharnais, gardait le silence, et pleurait de joie.

Jamais la cour n'avait été plus éblouissante. Quel pompeux appareil, quels uniformes étincelants, quelles toilettes de gala ! L'empereur, dans son costume de grande cérémonie, l'impératrice dans tout son prestige de souveraine, les princesses impériales rivalisant de luxe, la nouvelle reine de Naples courbée sous le poids des pierres précieuses, la princesse Louis couverte de turquoises enrichies de diamants, la princesse Caroline Murat parée de mille rubis, la princesse Pauline joignant à ses diamants tous ceux de la famille Borghèse, les ambassadeurs, les grands dignitaires, les maréchaux, les généraux, avec leurs habits chamarrés d'or et couverts de décorations, les chambellans en rouge, les maîtres des cérémonies en violet, les veneurs en vert, les écuyers en bleu, toutes les dames avec leurs robes à traîne, les deux grandes élégantes, Mme Maret et Mme Savary, qui dépensent chacune pour leur toilette cinquante mille francs par an ; Mme de Canisy, avec sa haute taille, ses cheveux d'un noir de jais, ses yeux éclatants, son nez aquilin, sa démarche imposante, la maréchale Lannes, avec sa douce figure, son charme raphaëlesque ; Mme Duchâtel, la belle blonde aux yeux bleus, et cette fière duchesse du faubourg Saint-Germain, cette dame du palais malgré elle, la duchesse de Chevreuse, qui, sans être la plus belle de toutes, est peut-être celle qui a le plus grand air. Que d'animation dans cette fête, que de fleurs, que de lumières, que d'éclat ! Qu'elle est radieuse alors, la salle des Maréchaux, avec ses portraits militaires, ses lustres étincelants, son aspect triomphal !.... Eh bien ! regardez-la maintenant, avant que ses ruines aient disparu. Voyez, il y a encore sur les corniches quelques parcelles d'or, et aux deux coins de la fenêtre qui donne sur le balcon de fer, — ce balcon où Napoléon apparaissait si majestueux, — on peut encore lire en lettres dédorées l'inscription : « Honneur et patrie. » Contemplez ce triste spectacle, ces débris souillés par l'huile de pétrole, par les flammes, par la pluie, par les intempéries des saisons. Est-ce bien là le palais de César, l'olympe de Jupiter, le sanctuaire de la gloire, de la majesté, de la puissance ? Regardez et réfléchissez ! Voilà ce qui reste des pompes et des grandeurs humaines ! Voilà ce que deviennent les édifices les plus superbes ! Voilà la fin de tant de splendeurs !

XIX

LA NOUVELLE REINE DE HOLLANDE

Napoléon, au commencement de l'année 1804, se considérait comme le maître absolu de la fortune. Son double titre d'empereur des Français et de roi d'Italie ne lui suffisait plus, il aspirait à celui d'empereur d'Occident. Il faisait des rois, des grands-ducs, des princes souverains. Il nommait son frère Joseph roi des Deux-Siciles, son beau-frère Murat grand-duc de Berg et de Clèves, sa sœur Pauline princesse de Guastalla; il conférait la principauté de Massa à sa sœur Elisa, déjà pourvue du duché de Lucques; son ministre des relations extérieures, Talleyrand, devenait prince de Bénévent; son major-général, Berthier, prince de Neufchâtel; et le beau-frère de son frère Joseph, Bernadotte, prince de Ponte-Corvo. Il élevait aux plus hautes destinées non seulement sa famille, mais celle de sa femme. Le fils de Joséphine était vice-roi et gendre de roi. La fille de Joséphine allait devenir reine.

La France qui, quatorze ans auparavant, avait voulu convertir toutes les monarchies en républiques, prétendait maintenant convertir les républiques les plus anciennes en monarchies. Les illustres républiques de Gênes et de Venise faisaient partie intégrante l'une de l'Empire français, l'autre du royaume d'Italie. La république Batave allait se transformer en royaume de Hollande. Quand on sut à Paris que ce nouveau royaume était sur le point d'être créé par la volonté impériale, on se demanda quel serait le titulaire; les uns pariaient pour Louis Bonaparte, les autres pour son frère Jérôme, d'autres enfin pour Murat. Mais l'empereur avait déjà tranché la question, et, sans même l'avoir consulté, il avait décidé que Louis serait roi de Hollande.

Né le 2 septembre 1778, le nouveau souverain était alors âgé de vingt-sept ans. Marié depuis quatre années à la fille de l'impératrice Joséphine, Hortense de Beauharnais, il n'avait pas trouvé le bonheur dans cette union. Ainsi qu'il l'a écrit lui-même, son mariage fut célébré dans la tristesse. L'auteur d'une remarquable étude, intitulée *la Hollande et le roi Louis*, M. Albert Réville, en a fait justement la remarque : « Comme Hortense, Louis avait des goûts littéraires ; mais là s'arrêtaient les analogies. Ce n'est pas que, de son côté, Hortense n'eût rien de romanesque dans le caractère : elle fut des premières à aimer le moyen âge, le gothique, les imitations des trouvères ; mais son romantisme différait complètement de celui de son futur mari. Son idéal, c'était bien, si l'on veut, un jeune et beau soldat, rêveur quand il était loin de la dame de ses pensées, mais non quand il était près d'elle. » M. Réville ajoute : « Un tel caractère ne devait rien comprendre aux susceptibilités, aux effarouchements, aux mélancolies souffreteuses du fiancé qu'on lui imposait. Sa gaieté, son amour passionné du plaisir, l'étourderie fréquente de ses paroles, ne pouvaient que froisser tous les jours un peu plus un homme qui aimait la tristesse, qui tenait grand compte des exigences de sa santé, qui poussait la circonspection jusqu'à la minutie, la défiance jusqu'à l'injustice. »

Hortense était expansive, enjouée, pleine d'ardeur, d'enthousiasme, jeune d'esprit et de cœur, nature tout en dehors. Son mari, au contraire, avait un caractère défiant, sombre, mélancolique, concentré. Hortense, malgré son intelligence supérieure, conservait quelque chose d'enfantin ; Louis, quoique tout jeune, avait déjà, au physique et au moral, des allures de vieillard. Autant Hortense aimait la liberté, autant son soupçonneux époux voulait tenir serrés les liens de son autorité conjugale. Atteint d'infirmités précoces, presque toujours malade d'esprit, nerveux, impressionnable, porté à voir toute chose en noir, Louis Bonaparte ne ressemblait en rien au type qu'Hortense avait rêvé. Ajoutez que le malheureux époux subissait les angoisses d'un sentiment secret, qu'il était obligé de cacher à tous les yeux, et qui lui torturait le cœur : il croyait avoir pour rival, auprès de sa femme, son propre frère : Napoléon. M. Thiers a dit, en abordant ce sujet délicat : « Louis, malade, rempli d'orgueil, affectant la vertu, et ayant de l'honnêteté, se prétendait sacrifié à un office infâme, celui de couvrir, en l'épousant, les faiblesses d'Hortense de Beauharnais pour Napoléon, calomnie odieuse, inventée par les émigrés, colportée en mille pamphlets, et dont Louis avait le tort de se montrer préoccupé, au point de faire supposer que lui-même y ajoutait foi. »

En somme, il y avait entre les deux époux une réelle incompatibilité d'humeur, et la contrainte que l'on faisait peser sur eux augmentait encore la répulsion mutuelle qu'ils se témoignaient dans leur intérieur, et qu'ils n'osaient avouer, de peur d'encourir les reproches de Napoléon. Mariés le 4 janvier 1802, ils avaient eu, au mois d'octobre suivant, un fils que leurs ennemis prétendaient être le fils de l'empereur, et plus Napoléon témoignait d'intérêt et d'affection à cet enfant, plus les calomnies se déchaînaient. Louis Bonaparte se croyait atteint dans son honneur, et souffrait cruellement.

Quant à Hortense, elle était triste, mais avait des consolations. La tendresse de sa mère, la société de ses anciennes compagnes de pension, la culture des arts, les succès mondains, les distractions de la vie de Paris lui faisaient oublier un peu ses chagrins de ménage. L'idée de quitter ce milieu sympathique, pour aller vivre en tête-à-tête avec son mari, dans la froide et marécageuse Hollande, la remplit de trouble et de douleur. Elle ne se souciait nullement d'un trône, car elle avait le pressentiment que ses palais de souveraine seraient pour elle des prisons.

Louis ne paraissait pas ambitionner davantage la couronne qu'on faisait briller à ses yeux. Froissé de se voir éloigné des négociations dont le résultat devait être de l'appeler au trône, il gardait une attitude passive. Mais, habitué à condescendre en tout aux volontés d'un frère qui avait longtemps pris soin de son éducation, et, par cela même, avait acquis sur lui un ascendant spécial, il obéissait à ses ordres comme à une consigne. La députation batave, dont le membre le plus important était l'amiral Verhuel, venait d'arriver à Paris, et l'empereur arrangeait directement avec elle les destinées de la Hollande. Le baron Ducasse a raconté dans une intéressante étude (*Revue historique*, février 1880), tout ce que fit l'infortuné Louis Bonaparte pour échapper à la royauté. Il donnait pour prétexte à sa résistance les droits de l'ancien stathouder. La députation batave revint à la charge, en lui annonçant la mort de ce personnage. « Le prince héréditaire, lui dit-elle, a reçu Fulde en indemnité ; vous n'avez donc plus d'objection raisonnable ; nous venons, appuyés du suffrage des neuf dixièmes de la nation, vous prier de lier votre sort au nôtre, et de nous empêcher de tomber en d'autres mains. » Napoléon tint un langage plus catégorique encore. Il déclara sans ambages à son frère qu'il avait accepté pour lui, et que, s'il ne l'avait pas consulté, c'est qu'un sujet ne pouvait refuser d'obéir.

Peu de jours après, le ministre des relations extérieures, Talleyrand, se rendit à Saint-Cloud, et lut à Louis et à Hortense le traité avec la Hollande et la constitution de ce pays. Le roi malgré lui eut beau dire qu'il ne pouvait juger sur une simple lecture des documents de cette importance, on ne lui laissa pas un moment de réflexion. En vain il essaya de mettre en avant sa santé, à laquelle le climat humide de la Hollande devait être funeste. Napoléon, inflexible, répondit : « Mieux vaut mourir sur un trône que vivre prince français. » Il n'y eut plus qu'à s'incliner.

La proclamation du nouveau roi se fit au palais des Tuileries, dans la salle du Trône, le 5 juin 1806. Auparavant, dans la même journée, l'empereur avait reçu en audience solennelle Mahib-Effendi, ambassadeur du sultan Sélim, et avait été salué par le diplomate ottoman comme

« le premier, le plus grand parmi les souverains de la croyance du Christ, l'astre éclatant de la gloire des nations occidentales, celui qui tient d'une main ferme l'épée de la valeur et le sceptre de la justice, » Napoléon avait répondu : « Tout ce qui arrivera d'heureux ou malheureux aux Ottomans, sera heureux ou malheureux pour la France. Monsieur l'ambassadeur, transmettez ces paroles au sultan Sélim; qu'il s'en souvienne toutes les fois que mes ennemis, qui sont aussi les siens, voudront arriver jusqu'à lui. Il ne peut jamais rien avoir à craindre de moi ; uni avec moi, il n'aura jamais à redouter la puissance d'aucun de ses ennemis. » L'audience terminée, l'ambassadeur se retira, en faisant trois profondes révérences, et s'arrêta dans le salon voisin, où les présents du grand seigneur étaient étalés sur une table ; ils consistaient en une aigrette de diamants et une boîte très riche, garnie de pierres précieuses, et ornée du chiffre du sultan. Mahıb-Effendi, après avoir offert ces présents à l'empereur, lui montra ceux que Sa Hautesse envoyait à l'impératrice. C'étaient un collier de perles, des parfums, des étoffes orientales. Napoléon, après les avoir examinés, se mit à la fenêtre, et regarda les chevaux arabes superbement caparaçonnés qui lui étaient offerts au nom du grand seigneur.

La proclamation du roi de Hollande eut lieu quelques instants après. L'amiral Verhuel porta la parole, et insista sur la félicité qui allait être assurée à sa patrie, lorsqu'elle aurait resserré les liens qui la rattachaient à « l'immense et immortel empire. » L'empereur dit aux représentants du peuple hollandais : « La France a été assez généreuse pour renoncer à tous les droits que les événements de la guerre lui avaient donnés sur vous; mais je ne pouvais confier les places fortes qui couvraient ma frontière du Nord à la garde d'une main infidèle ou même douteuse. Messieurs les représentants du peuple batave, j'adhère au vœu que vous m'exprimez, et je proclame roi de Hollande le prince Louis. » Puis, se tournant du côté de son frère, il s'écria : « Vous, prince, régnez sur ces peuples; leurs pères n'acquirent leur indépendance que par les secours constants de la France. Depuis, la Hollande fut l'alliée de l'Angleterre ; elle fut conquise; elle nous dut encore son existence. Qu'elle nous doive donc des rois qui protègent ses libertés, ses lois, sa religion ! Mais ne cessez jamais d'être Français. La dignité de connétable de l'empire sera possédée par vous et par vos descendants ; elle vous retracera les devoirs que vous aurez à remplir avec moi, et l'importance que j'attache à la garde des places fortes qui garantissent le nord de mes États, et que je vous confie. Prince, entretenez parmi vos troupes cet esprit que je leur ai vu sur les champs de bataille. Entretenez dans vos nouveaux sujets les sentiments d'union et d'amour qu'ils doivent toujours avoir pour la France.

Soyez l'effroi des méchants et le père des bons : c'est le caractère d'un grand roi. »

La vassalité du nouveau monarque était ainsi bien établie ; il restait connétable de l'empire ; il avait ordre d'être Français, et non point Hollandais. Ses premiers devoirs étaient envers l'empereur, son frère, son suzerain. Il s'approcha respectueusement du trône, et dit d'une voix émue : « Sire, j'avais placé toute mon ambition à sacrifier ma vie au service de Votre Majesté. Je faisais consister mon bonheur à admirer de près toutes les qualités qui la rendent si chère à ceux qui, comme moi, ont été si souvent témoins de la puissance et des effets de son génie ; elle permettra donc que j'éprouve des regrets en m'éloignant d'elle, mais ma vie et mes volontés lui appartiennent. J'irai régner en Hollande, puisque ces peuples le désirent, et que Votre Majesté me l'ordonne. Je serai fier de régner sur eux ; mais, quelque glorieuse que soit la carrière qui m'est ouverte, l'assurance de la constante protection de Votre Majesté, l'amour et le patriotisme de mes nouveaux sujets peuvent seuls me faire concevoir l'espérance de guérir des plaies occasionnées par tant de guerres et d'événements accumulés en si peu d'années. » Après le discours royal, l'huissier ouvrit les battants des portes, et, comme au temps de Louis XIV, lors de l'acceptation de la succession d'Espagne, on annonça à la cour assemblée le nouveau roi.

Ainsi que M. Albert Réville en a fait la remarque, personne ne regrettait, en France, la République batave qu'une volonté despotique rayait du livre de l'histoire; ou plutôt les Parisiens, par l'effet de cette infatuation qui est parfois chez eux excessive, s'imaginèrent naïvement que les Hollandais allaient être trop heureux de posséder une cour française.

Le lendemain, après le déjeuner, l'empereur jouait avec le fils aîné du nouveau roi, le petit Napoléon, qui n'avait que trois ans et demi, mais qui, très intelligent pour son âge, savait déjà par cœur des fables de La Fontaine. L'empereur fit réciter à ce gentil enfant la fable des *Grenouilles qui demandent un roi*.

> Les grenouilles, se lassant
> De l'état démocratique,
> Par leurs clameurs firent tant
> Que Jupin les soumit au pouvoir monarchique.
> Il leur tomba du ciel un roi tout pacifique.
> Ce roi fit toutefois un tel bruit en tombant,
> Que la gent marécageuse,
> Gent fort sotte et fort peureuse,
> S'alla cacher sous les eaux,
> Dans les joncs, dans les roseaux,
> Dans les trous du marécage,
> Sans oser de longtemps regarder au visage
> Celui qu'elles croyaient être un géant nouveau.
> Or, c'était un soliveau.... etc.

Pendant que le petit Napoléon récitait sa fable, son oncle riait aux éclats, et, tirant la mère par l'oreille, s'écriait : « Qu'est-ce que vous dites de cela, Hortense ? » Les allusions au pauvre roi et à son pauvre peuple étaient vraiment trop transparentes. Le mélancolique souverain, ou, pour mieux dire, le préfet couronné, n'allait-il pas être, d'après les volontés impériales, un simple soliveau, mis dans les mains de son tout-puissant frère ? On le condamnait au rôle de percepteur de finances et de capitaine de recrutement au service de l'empereur. Il avait le pressentiment de cette situation amoindrie, et partait non sans inquiétudes.

Pour Hortense, le départ était plus triste encore. Jamais une exilée portant ses pas vers la terre étrangère ne ressentit plus vif chagrin. Son diadème lui semblait une couronne d'épines. La douleur de sa mère ajoutait à la sienne. Privée de ses enfants, Joséphine, qui n'était pas une nature ambitieuse, ne trouvait nulle consolation dans la pensée que son fils était vice-roi, et que sa fille était reine. Avant de quitter Paris, la malheureuse Hortense, frémissant à l'idée que l'empereur ne serait plus près d'elle pour la défendre, lui racontait tout ce qu'elle avait à souffrir dans son ménage, et lui déclarait que, si son mari la traitait trop mal, elle se réfugierait du trône dans un couvent.

Cependant il fallait obéir. Le 15 juin 1806, Louis partit de Saint-Leu, pour se rendre dans son royaume. Il était accompagné de sa femme et de ses deux fils, l'aîné Charles-Napoléon, qui devait mourir en Hollande le 5 mai de l'année suivante, et le cadet Louis-Napoléon, destiné à mourir à Forli, en 1831, lors de l'insurrection des Romagnes contre le pape. Son troisième fils, le futur Napoléon III, ne devait naître qu'en 1808. Le nouveau souverain faisait son entrée solennelle à La Haye le 23 juin 1806. Il contremanda la présence d'un corps de troupes françaises, qui, dans la pensée de l'empereur, devait lui servir d'escorte, lors de son entrée dans sa capitale ; il ne voulut point se montrer à ses sujets dans l'appareil d'un souverain imposé par la force étrangère. « Soyez persuadés, leur dit-il que du moment où j'ai mis le pied sur le sol du royaume, je suis devenu Hollandais. » Le même jour, le général Dupont-Chaumont, ministre de France à La Haye, écrivait au prince de Talleyrand : « Aujourd'hui 23 juin, Sa Majesté a fait son entrée solennelle dans sa capitale. Elle s'est rendue à l'Assemblée de leurs hautes puissances, où elle a reçu le serment des représentants du peuple, et prononcé un discours qui a été couvert d'applaudissements. Le camp français a obtenu la permission du gouverneur du palais de donner à Leurs Majestés la surprise d'un feu d'artifice, accompagné d'une musique militaire. Ces jours de fête suspendent naturellement toute espèce d'affaires, excepté pour Sa Majesté, qui trouve le moment de traiter et décider celles qui lui paraissent les plus urgentes, et d'étonner par cette facilité de travail une nation peu accoutumée à une semblable activité. Déjà le nom du roi et de la reine ne se prononce qu'avec enthousiasme par les personnes qui ont eu l'honneur d'être présentées à leurs Majestés. La satisfaction sera générale, quand un grand nombre aura vu le trône de plus près. »

Malgré l'optimisme de cette dépêche, le nouveau souverain devait avoir un règne malheureux. Ses intentions loyales et droites allaient se heurter contre les volontés inflexibles de son redoutable frère. Louis fut juste et dévoué sincèrement à son peuple. On l'appelait, on l'appelle encore « le bon roi Louis. » Mais l'empereur, lui reprochant avec ironie de rechercher les applaudissements des boutiquiers, devait lui écrire en 1807 : « Un prince dont on dit : C'est un bon roi, est un roi perdu. » Quant à la reine Hortense, tourmentée de plus en plus par les soupçons et les colères de son mari, atteinte dans sa santé par un climat brumeux et humide, plongée dans une mélancolie qui allait jusqu'au désespoir, elle devait se considérer dans son royaume comme une proscrite, une condamnée. Nulle femme ne fit mentir davantage le proverbe : Heureuse comme une reine.

XX

L'IMPÉRATRICE A MAYENCE

Malgré tous les honneurs dont elle se voyait entourée, l'impératrice était de plus en plus portée à la tristesse. Le départ de sa fille Hortense avait laissé dans son existence un vide que rien ne pouvait remplir. Elle écrivait de Saint-Cloud à la nouvelle reine, le 15 juillet 1806 : « Depuis ton départ, j'ai toujours été souffrante, triste et malheureuse; j'ai même été obligée de garder le lit, ayant eu quelques accès de fièvre. La maladie a tout à fait disparu, mais le chagrin me reste. Comment ne pas en avoir d'être séparée d'une fille comme toi, tendre, douce et aimable, qui faisait le charme de ma vie ?... Comment va ton mari ? Mes petits-enfants sont-ils bien portants ? Mon Dieu ! que je suis triste de ne plus les voir quelquefois ! Et ta santé, ma chère Hortense, est-elle bonne ?

Si jamais tu étais malade, fais-le-moi dire, je me rendrais tout de suite près de ma bien-aimée fille... Adieu, ma chère Hortense, ma tendre fille, pense souvent à ta mère, et persuade-toi bien qu'il n'y a pas de fille plus chérie que toi. Mille choses aimables à ton mari, j'embrasse mes petits-enfants. Tu serais bien aimable de m'envoyer quelquefois de tes romances. »

Joséphine allait avoir une autre cause de chagrins. Une nouvelle guerre était imminente. Mais, pour ne pas attrister Hortense, l'impératrice lui dissimulait ses inquiétudes. « Toutes tes lettres, lui écrivait-elle, sont charmantes, et tu es bien aimable de m'en envoyer souvent. J'ai aussi des nouvelles d'Eugène et de sa femme; je vois qu'ils sont heureux, et je le suis beaucoup moi-même, surtout en ce moment, car j'irai avec l'empereur, et je fais mes apprêts de voyage. Je t'assure que cette guerre, si elle doit avoir lieu, ne me donne aucune crainte; mais, plus je serai près de l'empereur, moins j'en aurai, et je sens que je ne vivrais pas si je restais ici. Un autre sujet de joie pour moi est de te revoir à Mayence. L'empereur me charge de te dire qu'il vient de donner une armée de quatre-vingt mille hommes au roi de Hollande, et que son commandement s'étendra tout près de Mayence. Il pense que tu viendras y rester avec moi. Juge, ma chère Hortense, si c'est là une nouvelle agréable pour une mère qui t'aime aussi tendrement. Chaque jour, nous recevrons des nouvelles de l'empereur et de ton mari ; nous nous en réjouirons ensemble. Le grand-duc de Berg m'a parlé de toi et de tes enfants ; embrasse-les pour moi, jusqu'à ce que je puisse les embrasser moi-même, ainsi que ma chère fille, et j'espère que ce sera bientôt. Mes amitiés bien tendres au roi. »

Napoléon allait commencer une lutte gigantesque contre la Prusse et la Russie. Malgré sa confiance dans son étoile, il n'était pas sans appréhensions, et il partait avec une sorte de répugnance. Il y avait à Saint-Cloud quelque chose de sombre, d'oppressé : « Pourquoi donc avez-vous l'air si triste ? » dit l'empereur à Mme de Rémusat, dont le mari, premier chambellan, venait d'être envoyé à Mayence, pour y préparer les logements de son maître. « Je suis triste, répondit la dame du palais, parce que mon mari m'a quittée. » Et, comme Napoléon se moquait de cette douleur conjugale : « Sire, reprit-elle, j'ignore tout à fait les jouissances héroïques, et j'avais mis, pour mon compte, ma part de gloire en bonheur. » Alors, l'empereur se mit à rire, et s'écria : « Du bonheur ? Ah ! oui, il est bien question de bonheur dans ce siècle-ci. »

L'impératrice avait l'espoir d'accompagner son mari jusqu'à Mayence, et d'y rester pendant la guerre, avec sa fille. Au dernier moment, elle faillit ne pas obtenir cette faveur. Napoléon voulait partir sans elle. Mais elle pleura tant, elle fit tant de prières, tant de supplications que son mari eut pitié d'elle, et lui permit de monter avec lui en voiture ; elle n'avait pour l'accompagner qu'une seule femme de chambre. Les personnes de sa maison ne la rejoignirent que quelques jours plus tard.

Napoléon et Joséphine partirent ainsi de Saint-Cloud, dans la nuit du 24 au 25 septembre 1806. Après s'être arrêtés quelques heures à Metz, ils arrivèrent à Mayence le 28. L'empereur en repartit le 2 octobre, à neuf heures du soir, pour se mettre à la tête de l'armée. Il eut, à ce moment, un accès de sensibilité, et sentit renaître son ancienne tendresse pour la femme qui autrefois lui avait inspiré tant d'amour. La voyant pleurer à chaudes larmes, il pleura lui-même, et eut même des convulsions. On le fit s'asseoir, et prendre quelques gouttes d'eau de fleur d'oranger. Au bout de quelques minutes, il maîtrisa son émotion, embrassa une dernière fois Joséphine, puis il dit : « Les voitures sont là, n'est-ce pas ? Avertissez ces messieurs, et marchons. »

L'impératrice restait à Mayence. Napoléon lui écrivait le 5 octobre 1806 : « Il n'y a pas d'inconvénient que la princesse de Bade se rende à Mayence. Je ne sais pas pourquoi tu pleures ; tu as tort de te faire du mal. Hortense est un peu pédante ; elle aime à donner des conseils. Elle m'a écrit, je lui réponds. Il faut qu'elle soit heureuse et gaie. Le courage et la gaieté, voilà la recette. » On le voit, la tristesse de l'empereur n'avait pas duré. Se retrouvant à la guerre, c'est-à-dire dans son élément, il avait vite repris sa fougue, son entrain habituels. De Bamberg, il écrivait à sa femme le 7 octobre : « Je pars ce soir, mon amie, pour Cronach. Toute mon armée est en mouvement. Tout marche bien, ma santé est parfaite. Je n'ai encore reçu qu'une lettre de toi. J'en ai reçu d'Eugène et d'Hortense. Stéphanie doit être chez toi. Son mari (le prince de Bade) veut faire la guerre ; il est avec moi. Adieu, mille baisers et bonne santé. » Nouvelle lettre datée du 13 octobre, à deux heures du matin : « Je suis aujourd'hui à Géra, ma bonne amie ; mes affaires vont fort bien, et tout comme je pouvais l'espérer. Avec l'aide de Dieu, en peu de jours cela aura un caractère bien terrible, je crois, pour le pauvre roi de Prusse, que je plains personnellement, parce qu'il est bon. La reine est à Erfurt avec le roi. Si elle veut voir une bataille, elle aura ce cruel plaisir. Je me porte à merveille ; j'ai déjà engraissé depuis mon départ; cependant, je fais de ma personne, vingt et vingt-cinq lieues par jour, à cheval, en voiture, de toutes les manières. Je me couche à huit heures, et suis levé à minuit; je songe quelquefois que tu n'es pas encore couchée. Tout à toi. »

Napoléon n'était pas encore, en campagne, entouré des aises qui, plus tard, contribuèrent à lui rendre la guerre moins fatigante, peut-être trop facile. Il supportait tous les labeurs, toutes les privations d'un soldat. On préparait en cinq minutes sa table, son café, son lit. Combien de fois ne fut-on pas obligé d'enlever en moins de temps encore des cadavres d'hommes et de chevaux pour dresser sa tente ! Le long repas ne durait que huit ou dix minutes. « A cheval ! » disait ensuite l'empereur ; et il partait, accompagné de Berthier, d'un ou deux aides de camp, et de Roustan, son fidèle mameluck. La nuit, couché sur son petit lit de fer, il ne se reposait presque pas. A peine endormi, il appelait son valet de chambre, qui couchait près de lui dans sa tente : « — Constant ? — Sire. — Voyez quel est l'aide de camp de service ? — Sire, c'est monsieur un tel. — Dites-lui de venir me parler. » — L'aide de camp mandé arrivait : « Vous allez vous rendre auprès de tel corps, commandé par tel maréchal ; vous lui enjoindrez d'envoyer tel régiment dans telle position; vous vous assurerez de celle de l'ennemi, puis vous viendrez m'en rendre compte. » L'empereur faisait mine de se rendormir, mais au bout de quelques minutes il criait : « Constant ? — Sire. — Faites appeler le prince de Neufchâtel. » Le major général se présentait en toute hâte, et Napoléon lui dictait quelques ordres. C'est ainsi que les nuits se passaient.

Par exception, la veille de la bataille d'Iéna, l'empereur dormit profondément. « Cependant, a dit le général de Ségur, notre position était tellement périlleuse que, parmi nous, on disait que l'ennemi aurait pu, d'un boulet jeté à la main, traverser toutes nos lignes. Cela était si vrai que, le lendemain, son premier coup de canon, passant sur nos têtes, alla, fort en arrière de nous, tuer un cuisinier sur sa cantine ! » Vers cinq heures du matin, Napoléon disait au maréchal Soult : « — Les battrons-nous ? — Oui, s'ils sont là, répondait le maréchal ; mais je crains qu'ils n'y soient plus. » Au même instant, les premiers coups de fusil se faisaient entendre. « Les voici, dit gaiement l'empereur, les voici ; c'est l'affaire qui commence. » Puis il alla haranguer l'infanterie, en la piquant d'honneur contre la cavalerie prussienne, si célèbre. « Cette cavalerie, s'écria-t-il, il faut la faire expirer ici, devant nos carrés, comme nous avons écrasé l'infanterie russe à Austerlitz. » La victoire fut complète. Napoléon en rendit ainsi compte à l'impératrice, par cette lettre datée d'Iéna, le 15 octobre, à trois heures du matin : « Mon amie, j'ai fait de belles manœuvres contre les Prussiens. J'ai remporté hier une grande victoire. Ils étaient 150,000 hommes ; j'ai fait 20,000 prisonniers, pris 100 pièces de canon et des drapeaux. J'étais en présence et près du roi de Prusse ; j'ai manqué de le prendre, ainsi que la reine. Je bivouaque depuis deux jours. Je me porte à merveille. Adieu, mon amie, porte-toi bien, et aime-moi. Si Hortense est à Mayence, donne-lui un baiser, ainsi qu'à Napoléon et au petit. » Nouvelle lettre, datée de Weimar, 16 octobre : « M. Talleyrand t'aura montré le bulletin, ma bonne amie ; tu y auras vu mes succès. Tout a été comme je l'avais calculé, et jamais une armée n'a été plus battue, et plus entièrement perdue. Il me reste à te dire que je me porte bien, et que la fatigue, le bivouac, les veilles m'ont engraissé. Adieu, ma bonne amie, mille choses aimables à Hortense et au grand M. Napoléon. »

Hortense avec ses deux fils avait rejoint à Mayence sa mère, qui avait aussi auprès d'elle sa parente la princesse Stéphanie de Bade, la princesse de Nassau et ses filles, et plusieurs femmes de généraux, qui avaient voulu, pour avoir des nouvelles plus fraîches, se rapprocher du théâtre des opérations militaires. Avec quelle impatience ces nouvelles étaient attendues ! Avec quelle curiosité, quel respect on lisait et on commentait quelques mots tracés de la main de l'empereur ou de celle de ses lieutenants ! Une vigie avait été placée à une lieue sur la route, et, dès qu'un courrier approchait, elle l'annonçait en sonnant du cor. En même temps, on voyait passer des files de prisonniers qui se rendaient en France. Joséphine, toujours bonne et compatissante, cherchait à adoucir leur sort, et prodiguait aux officiers et aux soldats captifs des consolations et des secours.

Cependant, Napoléon poursuivait sa marche triomphante. De Wittemberg, il écrivait le 23 octobre à sa femme : « J'ai reçu plusieurs lettres de toi. Je ne t'écris qu'un mot : mes affaires vont bien. Je serai demain à Potsdam, et le 25 à Berlin. Je me porte à merveille ; la fatigue me réussit. Je suis bien aise de te savoir avec Hortense et Stéphanie en grande compagnie. Le temps a été beau jusqu'à présent. Mille amitiés à Stéphanie et à tout le monde, sans oublier M. Napoléon. Adieu, mon amie, tout à toi. »

A Potsdam, l'empereur visitait le célèbre château de *Sans-Souci*, et trouvait la chambre du grand Frédéric dans le même état qu'elle était de son vivant, et gardée par un de ses anciens serviteurs. Il se rendait ensuite au temple protestant, où était la tombe du héros : « La porte du monument était ouverte, a dit le général de Ségur. Napoléon s'arrêta à l'entrée, dans une attitude grave et recueillie. Son regard plongeait dans l'ombre qui enveloppait cette cendre auguste. Il demeura ainsi près de dix minutes, immobile, silencieux, et comme absorbé dans une méditation profonde. Nous étions quatre ou cinq autour de lui : Duroc, Berthier, Caulaincourt, l'aide de camp de service et moi. Nous contemplions tout ce que ce rapprochement avait de solennel et d'extraordinaire, nous figurant ces deux grandes âmes en présence, nous identifiant aux pensées que nous supposions à notre empereur, devant cet autre génie dont la gloire survivait à son œuvre renversée, qu'on avait vu aussi grand dans l'extrême adversité qu'au faîte de la fortune, et qui avait su s'arrêter. » Le dix-huitième bulletin parlait ainsi de ce tombeau : « Les restes du grand homme sont renfermés dans un cercueil de bois recouvert en cuivre, placé dans un caveau, sans ornements, sans trophées, sans aucune distinction qui rappelle les grandes actions qu'il a faites. L'empereur a fait présent, à l'hôtel des Invalides de Paris, de l'épée de Frédéric, de son cordon de l'Aigle-Noir, de sa ceinture de général, ainsi que des drapeaux que portait sa garde dans la guerre de Sept-Ans. Les vieux invalides de l'armée du Hanovre accueilleront avec un respect religieux tout ce qui a appartenu à un des premiers capitaines dont l'histoire conserve le souvenir. » En voyant que la cour de Prusse n'avait pas songé à mettre ces glorieuses reliques à l'abri de l'invasion, le vainqueur d'Iéna qui, dans cette circonstance, abusait de la victoire, s'écria, en montrant du doigt l'épée si justement célèbre : « J'aime mieux cela que vingt millions. » Dans sa correspondance avec Joséphine, Napoléon ne parlait pas même des impressions qu'il ressentait dans le séjour du grand Frédéric. Il se bornait à lui écrire, le 24 octobre : « Je suis à Potsdam, ma bonne amie, depuis hier ; j'y resterai aujourd'hui. Je continue à être satisfait des affaires. Ma santé est bonne ; le temps très beau. Je trouve *Sans-Souci* très agréable. Adieu, mon amie. Bien des choses à Hortense et à M. Napoléon. »

Le 27 octobre 1806, l'empereur faisait son entrée solennelle à Berlin, entouré de sa garde, et suivi par les cuirassiers des divisions d'Hautpoul et Nansouty. Il s'avançait comme un triomphateur, depuis la porte Charlottenbourg jusqu'au palais du roi, dont il allait prendre possession. La population était dans les rues, et ne poussait ni cris de haine ni cris de flatterie pour le vainqueur. « Heureuse la Prusse, a dit M. Thiers, de n'être pas divisée, et de garder sa dignité dans son désastre ! L'entrée de l'ennemi n'était pas chez elle la ruine d'un parti, le triomphe d'un autre ; et il n'y avait pas dans son sein une indigne faction, saisie d'une joie odieuse, applaudissant à la présence des soldats étrangers ! Nous, Français, plus malheureux dans nos revers, nous avons vu cette joie exécrable, car nous avons tout vu dans ce siècle, les extrêmes de la victoire et de la défaite, de la grandeur et de l'abaissement, du dévouement le plus pur et de la trahison la plus noire ! » Hélas ! quel Français aurait pu prédire en 1806 les désastres de 1814 et 1815 ? L'armée, se croyant à jamais invincible, était ivre de joie et d'orgueil. Davout, dont l'empereur venait de féliciter les troupes, s'écriait, transporté d'enthousiasme : « Sire, nous sommes votre dixième légion. Le troisième corps sera partout et toujours pour vous ce que cette légion fut à César. » Jamais soldats n'avaient eu plus d'enthousiasme militaire et plus de confiance dans leur chef.

On eût dit que, malgré tant de triomphes, Joséphine avait le pressentiment de l'avenir. Les victoires ne dissipaient point sa tristesse. Son mari lui écrivait le 1ᵉʳ novembre : « Talleyrand arrive, et me dit, mon amie, que tu ne fais que pleurer. Que veux-tu donc? Tu as ta fille, tes petits-enfants et de bonnes nouvelles ; voilà bien des moyens d'être contente et heureuse. Le temps est ici superbe; il n'a pas encore tombé de toute la campagne une seule goutte d'eau. Je me porte fort bien, et tout va au mieux. Adieu, mon amie, j'ai reçu une lettre de M. Napoléon ; je ne crois pas qu'elle soit de lui, mais d'Hortense. Mille choses à tout le monde. »

Napoléon ne triomphait pas modestement. Il poursuivait de ses sarcasmes la noblesse de Prusse, et la reine Louise, qui avait été si ardente à conseiller la guerre. Fille d'un duc de Mecklembourg-Strélitz et d'une princesse de Hesse-Darmstadt, cette belle souveraine, dont l'empereur Guillaume est le fils, avait alors trente ans. Allemande jusque dans le fond de l'âme, elle détestait la France, et surtout la Révolution française. Intrépide amazone, on l'avait vue courir les plus grands dangers à la bataille d'Iéna. Quand elle passait à cheval devant les troupes, avec son casque d'acier poli, ombragé d'un panache, sa cuirasse d'or resplendissante, sa tunique d'étoffe argentée, ses brodequins rouges aux éperons d'or, elle ressemblait aux héroïnes du Tasse. Les soldats poussaient des cris d'enthousiasme, en acclamant la belle guerrière. Devant elle s'inclinaient les jeunes drapeaux que sa main royale avait brodés, et les vieux étendards du Grand Frédéric, criblés de balles et noircis par la poudre. A l'issue de la bataille, elle dut prendre la fuite, au grand galop, pour ne pas être faite prisonnière par des hussards français.

L'empereur eut, dans ses bulletins, le grand tort de parler de la reine Louise en termes contraires aux égards qui sont dus à une femme, surtout à une femme malheureuse. Joséphine, qui avait beaucoup de tact, fut très froissée de ce manque de générosité, et le reprocha à son mari. Napoléon essaya de s'excuser, en écrivant, le 6 novembre : « J'ai reçu la lettre où tu me parais fâchée du mal que je dis des femmes ; il est vrai que je hais les femmes intrigantes, au delà de tout. Je suis accoutumé à des femmes bonnes, douces et conciliantes ; ce sont celles que j'aime. Si elles m'ont gâté, ce n'est pas ma faute, mais la tienne. Au reste, tu verras que j'ai été fort bon pour une qui s'est montrée sensible et bonne, Mme d'Hatzfeld. Lorsque je lui montrai la lettre de son mari, elle me dit en sanglotant, avec une profonde sensibilité et naïvement : « Ah ! c'est bien là son écriture ! » Lorsqu'elle lisait, son accent allait à l'âme ; elle me fit peine. Je lui dis : « Eh bien ! madame, jetez cette lettre au feu, je ne serai pas assez puissant pour faire punir votre mari. » Elle brûla la lettre, et me parut bien heureuse. Son mari est depuis fort tranquille ; deux heures plus tard, il était perdu. Tu vois donc que j'aime les femmes bonnes, naïves et douces ; mais c'est que celles-là seules te ressemblent. Adieu, mon amie, je me porte bien. »

Le royaume de Prusse était conquis ; mais la guerre n'était pas terminée. Après avoir combattu les Prussiens, il fallait combattre les Russes. La guerre de Pologne commençait, la guerre, ce jeu terrible. Napoléon écrivait au roi de Prusse : « Votre Majesté m'a fait déclarer qu'elle s'était jetée dans les bras des Russes. L'avenir fera connaître si elle a choisi le meilleur parti et le plus efficace. Elle a pris le cornet, et joué aux dés ; les dés en décideront. » A Paris, malgré tout le prestige de la gloire impériale, il y avait une vague inquiétude. On avait espéré la paix après Iéna, et l'on ne voyait pas sans appréhensions s'ouvrir une nouvelle lutte dans les steppes du Nord. Mme de Rémusat écrivait le 9 novembre à son mari, qui était à Mayence, auprès de l'impératrice : « Il y a quelque chose, dans la destinée de l'empereur, qui confond la pensée ordinaire, et qui est, pour ainsi dire, trop fort pour elle. Cela entraîne et saisit, je dirais presque épouvante, et cependant, il me semble qu'il est si fort au-dessus des données ordinaires, qu'on n'a plus le droit d'être effrayé des dangers auxquels il s'expose, et encore moins celui d'essayer de prévenir le terme où il doit s'arrêter. Cependant, le cœur se serre quand on mesure la terrible distance où il est de nous en ce moment. Dieu l'accompagne! voilà ma prière ordinaire, et nous le conserve! Au reste, pendant que cette belle partie de la nation française, qui est sous ses ordres, marche ainsi à de si grandes choses, nous végétons ici de la manière la plus monotone. Il y a très peu de société, et aucune maison n'est ouverte. »

Joséphine désirait ardemment rejoindre son mari, qui lui fit espérer ce bonheur, mais ne le réalisa point. Il lui avait écrit, le 16 novembre : « Je vois avec satisfaction que mes sentiments te font plaisir. Tu as tort de penser qu'ils puissent être flattés ; je t'ai parlé de toi comme je te vois. Je suis affligé de penser que tu t'ennuies à Mayence. Si le voyage n'était pas si long, tu pourrais venir jusqu'ici, car il n'y a plus d'ennemi, ou il est au delà de la Vistule, c'est-à-dire à plus de cent vingt lieues d'ici. J'attendrai ce que tu en penses. Je serai bien aise aussi de voir M. Napoléon. Adieu, ma bonne amie. Tout à toi. » Et le 22 novembre : « Sois contente, heureuse de mon amitié, de tout ce que tu m'inspires. Je me déciderai dans quelques jours à t'appeler ici, ou à t'envoyer à Paris. Adieu, mon amie ; tu peux actuellement aller, si tu veux, à Darmstadt, à Francfort; cela te dissipera. Mille choses à Hortense. » Après avoir signé le décret ordonnant le blocus continental, Napoléon avait quitté Berlin, le 25 novembre. Le lendemain, il faisait encore briller aux yeux de Joséphine la perspective d'une prochaine réunion. « Je suis à Custrin, lui disait-il dans sa lettre, pour faire quelques reconnaissances, je verrai dans deux jours si tu dois venir. Tu peux te tenir prête. Je serai fort aise que la reine de Hollande soit du voyage. Il faut que la grande-duchesse de Bade en écrive à son mari. Il est deux heures du matin ; je viens de me lever ; c'est l'usage de la guerre. Mille choses aimables à toi et à tout le monde. » Une lettre datée de Meseritz, le 27 novembre, était plus explicite encore : « Je vais faire un tour en Pologne ; c'est ici la première ville. Je serai ce soir à Posen, après quoi je t'appellerai à Berlin, afin que tu y arrives le même jour que moi. Ma santé est bonne, le temps un peu mauvais ; il pleut depuis trois jours. Mes affaires vont bien. Les Russes fuient. » Joséphine, qui avait tressailli de joie, à la pensée de voir son époux, retomba dans une profonde tristesse, quand elle s'aperçut qu'elle avait été abusée par un vain espoir. Les tortures d'une jalousie, hélas ! trop légitime, allaient s'ajouter à ses peines.

Napoléon, arrivé à Posen le 28 novembre, écrivait à sa femme, le lendemain : « Je suis à Posen, capitale de la grande Pologne. Le froid commence ; je me porte bien. Je vais faire une tournée en Pologne. Mes troupes sont aux portes de Varsovie. Adieu, mon amie, mille choses aimables. Je t'embrasse de cœur. C'est aujourd'hui l'anniversaire d'Austerlitz. J'ai été à un bal de la ville. Il pleut. Je me porte bien. Je t'aime et te désire. Mes troupes sont à Varsovie. Il n'a pas encore fait froid. Toutes ces Polonaises sont Françaises, mais il n'y a qu'une femme pour moi. La connaîtrais-tu ? Je te ferais bien son portrait ; mais il faudrait trop le flatter pour que tu te reconnusses ; cependant, à dire vrai, mon cœur n'aurait que de bonnes choses à en dire. Ces nuits-ci sont longues, tout seul. Tout à toi. » Napoléon n'était peut-être si aimable pour Joséphine que parce qu'il s'apprêtait à lui faire en Pologne de très graves infidélités, et que, dans un sentiment de compassion pour elle, il la consolait à l'avance. De Posen, le 3 décembre, il lui adressait, dans la même journée, deux lettres, l'une à midi, l'autre à six heures du soir. Voici la première de ces deux épîtres : « Je reçois ta lettre du 26 novembre ; j'y vois deux choses : tu me dis que je ne lis pas tes lettres ; cela est mal pensé. Je te sais mauvais gré d'une si mauvaise opinion. Tu me dis que ce pourrait être par quelque rêve de la nuit, et tu ajoutes que tu n'es pas jalouse. Je me suis aperçu depuis longtemps que les gens colères soutiennent toujours qu'ils ne sont pas colères ; que ceux qui ont peur disent souvent qu'ils n'ont pas peur ; tu es donc convaincue de jalousie ; j'en suis enchanté ! Du reste, tu as tort ; je ne pense à rien moins, et dans les déserts de la belle Pologne l'on songe peu aux belles. J'ai eu hier un bal de la noblesse de la province; d'assez belles femmes, assez riches, assez mal mises, quoique à la mode de Paris. » Napoléon disait peut-être cela pour rassurer l'impératrice ; j'ai dans l'idée que les Polonaises, qui sont si élégantes, si gracieuses, n'étaient pas aussi mal mises qu'il le prétendait.

Voici la seconde épître, datée du 3 décembre, celle-ci de six heures du soir : « Je reçois ta lettre du 27 novembre, où je vois que ta petite tête s'est montée. Je me suis souvenu de ce vers :

> Désir de femme est un feu qui dévore.

Il faut cependant te calmer. Je t'ai écrit que j'étais en Pologne, que, lorsque les quartiers d'hiver seraient assis, tu pourrais venir ; il faut donc rester quelques jours. Plus on est grand, et moins on doit avoir de volonté ; l'on dépend des événements et des circonstances. Tu peux aller à Francfort et à Darmstadt. J'espère, sous peu de jours, t'appeler ; mais il faut que les événements le veuillent. La chaleur de ta lettre me fait voir que vous autres jolies femmes, vous ne connaissez pas de barrières; ce que vous voulez doit être ; mais moi je me déclare le plus esclave des hommes : mon maître n'a pas d'entrailles, et ce maître, c'est la nature des choses. » Napoléon aurait dû dire : la Providence. L'homme s'agite, mais Dieu le mène.

Napoléon parlait bien encore un peu de faire venir près de lui Joséphine. Il lui écrivait le 10 décembre : « Un officier m'apporte un tapis de ta part; il est un peu court et étroit; je ne t'en remercie pas moins. Je me porte assez bien. Le temps est fort variable. Mes affaires vont assez bien. Je t'aime et te désire beaucoup. Adieu, mon amie; je t'écrirai de venir avec au moins autant de plaisir que tu viendras. »

Le 12 décembre, il reparlait encore de ce projet de voyage, qui reculait sans cesse, comme un mirage dans le désert : « Ma santé est bonne, le temps très doux; la mauvaise saison n'est pas commencée, mais les chemins sont mauvais dans un pays où il n'y a pas de chaussées. Hortense viendra donc avec Napoléon; j'en suis enchanté. Il me tarde bien de voir les choses pouvoir me mettre à même de te faire venir. J'ai fait ma paix avec la Saxe. L'électeur est roi, et de la Confédération. Adieu, ma bien-aimée Joséphine. Tout à toi. Un baiser à Hortense, à Napoléon et à Stéphanie. Paër, le fameux musicien, sa femme, virtuose que tu as vue à Milan, il y a douze ans, et Brizzi sont ici; ils me donnent un peu de musique tous les soirs. » Napoléon quitta Posen le 16 décembre. La veille il avait écrit à sa femme une lettre qui lui laissait bien peu d'espoir sur ce voyage tant souhaité par elle : « Mon amie, je pars pour Varsovie. Dans une quinzaine de jours je serai de retour. J'espère alors que je pourrai t'appeler. Toutefois, si cela était long, je verrais avec plaisir que tu retournasses à Paris, où tu es désirée. Tu sais bien que je dépends des événements. » La malheureuse Joséphine avait déjà le pressentiment de l'infidélité que son mari allait lui faire avec une grande dame polonaise.

Napoléon arriva, le 18 décembre 1806, à Varsovie. Il devait y rester jusqu'au 23, y revenir le 2 janvier 1807, et n'en repartir que le 31 du même mois. Il y fut reçu avec enthousiasme. Il avait dit à ses soldats, dans sa proclamation, en entrant en Pologne : « L'aigle française plane sur la Vistule. Le brave et infortuné Polonais, en vous voyant, croit revoir les légions de Sobieski, de retour de leur mémorable expédition. » Personne ne savait mieux que l'empereur parler à l'imagination des peuples. A son aspect, les habitants de Varsovie tressaillirent d'une joie patriotique. Il leur semblait que leur grande nation sortait de la tombe. Les Polonaises, qui ont une nature si vive, si poétique et si ardente, regardaient Napoléon comme une sorte de Messie. Dans l'ivresse de leur admiration extatique, les plus belles d'entre elles — et la Pologne est le pays de la beauté — lui prodiguaient, comme des sirènes, leurs sourires les plus séduisants. Elles croyaient, en étant coquettes, faire acte de patriotisme. Joséphine avait raison d'être jalouse.

Napoléon fit campagne pendant les derniers jours du mois de décembre. La guerre était alors particulièrement fatigante. Une humidité, pire que le froid, attristait les yeux, et amollissait les corps. La température variait sans cesse de la gelée au dégel. On combattait dans les plus mauvaises conditions. Mais l'empereur, dur pour les autres et pour lui-même, ne se plaignit pas. Il écrivait de Golimin à l'impératrice, le 29 décembre, à cinq heures du matin : « Je ne t'écris qu'un mot, mon amie, je suis dans une mauvaise grange. J'ai battu les Russes, je leur ai pris trente pièces de canon, leurs bagages, et fait six mille prisonniers ; mais le temps est affreux ; il pleut, nous avons de la boue jusqu'aux genoux. » Et, de Pultusk, le 31 décembre : « J'ai bien ri en recevant tes dernières lettres. Tu te fais des belles de la grande Pologne une idée qu'elles ne méritent pas. J'ai eu deux ou trois jours le plaisir d'entendre Paër et deux chanteuses qui m'ont fait de la très bonne musique. J'ai reçu ta lettre dans une mauvaise grange, ayant de la boue, du vent et de la paille pour tout lit. » Malgré ce que lui mandait son époux, Joséphine ne se trompait pas sur la puissance de séduction des belles Polonaises, et Napoléon, de retour à Varsovie, le 2 janvier 1807, allait s'éprendre sérieusement de l'une d'entre elles.

Bientôt il ne fut plus question du tout de faire venir l'impératrice, dont la présence aurait été gênante. Napoléon lui écrivait, le 3 janvier : « J'ai reçu ta lettre, mon amie. Ta douleur me touche ; mais il faut bien se soumettre aux événements. Il y a trop de pays à traverser depuis Mayence jusqu'à Varsovie; il faut donc que les événements me permettent de me rendre à Berlin, pour que je t'écrive d'y venir. Cependant, l'ennemi battu, s'éloigne; mais j'ai bien des choses à régler ici. Je serais assez d'opinion que tu retournasses à Paris où tu es nécessaire. Renvoie ces dames qui ont leurs affaires; tu gagneras d'être débarrassée de gens qui ont dû bien te fatiguer. Je me porte bien ; il fait mauvais. Je t'aime de cœur. » L'empereur, tout occupé de son amour pour la belle Polonaise, voulait absolument que Joséphine, au lieu de se rapprocher de lui, retournât promptement en France. « Mon amie, lui écrivait-il, le 7 janvier, je suis touché de tout ce que tu me dis; mais la saison froide, les chemins très mauvais, peu sûrs, je ne puis donc consentir à t'exposer à tant de fatigues. Rentre à Paris pour y passer l'hiver. Va aux Tuileries ; reçois, et fais la même vie que tu as l'habitude de mener quand j'y suis; c'est là ma volonté. Peut-être ne tarderai-je pas à t'y rejoindre ; mais il est indispensable que tu renonces à faire trois cents lieues dans cette saison, à travers des pays ennemis, et sur les derrières de l'armée. Crois qu'il m'en coûte plus qu'à toi de retarder de quelques semaines le bonheur de te voir ; mais ainsi l'ordonnent les événements et le bien des affaires. Adieu, mon amie, sois gaie, et montre du caractère. » Le lendemain, autre épître sur le même sujet : « Ma bonne amie, je reçois ta lettre du 27 avec celles de M. Napoléon et d'Hortense, qui y étaient jointes. Je t'avais priée de rentrer à Paris : la saison est trop mauvaise, les chemins peu sûrs et détestables, les espaces trop considérables pour que je permette que tu viennes jusqu'ici, où mes affaires me retiennent. Il te faudrait au moins un mois pour arriver. Tu arriverais malade; il faudrait peut-être repartir alors; ce serait donc folie. Ton séjour à Mayence est trop triste, Paris te réclame; vas-y, c'est mon désir. Je suis plus contrarié que toi ; j'eusse aimé à partager les longues nuits de cette saison avec toi ; mais il faut obéir aux circonstances. » Dans une lettre du 11 janvier il revenait ainsi sur cette pensée nocturne : « Je me porte fort bien, un peu ennuyé quelquefois de la longueur des nuits. Je vois ici, jusqu'à cette heure, assez peu de monde. » Mais il voyait la belle Polonaise, cela lui suffisait.

Joséphine, qui se doutait qu'elle avait une rivale, était au désespoir. Son mari lui écrivait le 16 janvier, pour la consoler : « Ma bonne amie, j'ai reçu ta lettre du 5 janvier ; tout ce que tu me dis de ta douleur me peine. Pourquoi des larmes, du chagrin ? N'as-tu donc plus de courage ? Je te verrai bientôt : ne doute jamais de mes sentiments; et, si tu veux m'être plus chère encore, montre du caractère et de la force d'âme. Je suis humilié de penser que ma femme puisse se méfier de mes destinées. Adieu, mon amie ; je t'aime, je désire te voir, et veux te savoir contente et heureuse. » Par une autre lettre du 18 janvier, Napoléon essayait encore de relever le moral de Joséphine, de plus en plus inquiète et tourmentée. « Je crains que tu n'aies bien du chagrin de notre séparation, qui doit encore se prolonger de quelques semaines, et de ton retour à Paris. J'exige que tu aies plus de force. L'on me dit que tu pleures toujours : fi ! que cela est laid ! Ta lettre du 7 janvier me fait de la peine. Sois digne de moi, et prends plus de caractère. Fais à Paris la représentation convenable, et surtout sois contente. Je me porte très bien, et je t'aime beaucoup ; mais si tu pleures toujours je te croirai sans courage et sans caractère. Je n'aime pas les lâches ; une impératrice doit avoir du cœur. »

La volonté de Napoléon était irrévocable. Joséphine dut se séparer de sa fille et retourner à Paris. Son mari lui écrivait de Varsovie : « Je reçois ta lettre du 15 janvier. Il est impossible que je permette à des femmes un voyage comme celui-ci : mauvais chemins, chemins peu sûrs et fangeux. Retourne à Paris, sois-y gaie, contente; peut-être y serai-je aussi bientôt. J'ai ri de ce que tu me dis, que tu as pris un mari pour être avec lui. Je pensais, dans mon ignorance, que la femme était faite pour le mari, le mari pour la patrie, la famille et la gloire. Pardon de mon ignorance. On apprend toujours avec nos belles dames. Adieu, mon amie ; crois qu'il m'en coûte de ne pas te faire venir. Dis-toi : c'est une preuve combien je lui suis précieuse. » Toutes ces belles paroles ne consolaient point Joséphine, qui savait par expérience que Napoléon tenait un langage gracieux, comme beaucoup de maris infidèles, quand il avait quelque chose à se faire pardonner. En vain elle avait attendu pendant quatre mois, à Mayence, la permission d'aller rejoindre son époux. Elle se voyait enfin forcée de quitter cette ville, où elle n'avait eu d'autre bonheur que la présence de sa fille et de ses petits-enfants dont elle se séparait avec douleur. Le 27 janvier, elle était à Strasbourg, et le 31, à Paris.

XXI

LE RETOUR DE L'IMPÉRATRICE A PARIS

L'impératrice Joséphine était aimée en France, et surtout à Paris, où sa douceur, son amabilité, son extrême bienveillance, lui avaient concilié toutes les sympathies, même celles des personnes hostiles à l'empereur. On apprit avec grand plaisir son retour dans la capitale, qui avait alors un aspect morne et que sa présence devait un peu ranimer. Le *Moniteur* racontait ainsi son passage dans le chef-lieu du département du Bas-Rhin : « Strasbourg, 28 janvier 1807. Sa Majesté l'impératrice et reine est arrivée dans nos murs hier 27, venant de Mayence et se rendant à Paris. Sa Majesté ayant bien voulu donner à M. le conseiller d'État, préfet Shée l'assurance qu'elle accepterait une petite fête, cette nouvelle a répandu la joie la plus vive dans cette ville. Cette marque de bonté de l'impératrice, accompagnée du gracieux souvenir qu'elle a bien voulu témoigner pour les habitants de Strasbourg, a rendu toutes les dispositions de cet impromptu faciles, et, malgré le peu de moments qui restaient entre cette heureuse annonce et l'arrivée de Sa Majesté, un cercle nombreux et brillant a été bientôt formé et réuni à l'hôtel de la préfecture. La salle était élégamment décorée ; des emblèmes et des devises rappelaient partout l'objet de la fête. Après une contredanse et une valse, Sa Majesté a parcouru tout le cercle en adressant avec sa bonté et son affabilité ordinaires un mot à chacune des dames qui le composaient. » Le lendemain 28 janvier, à sept heures du matin, l'impératrice se remit en route, aux cris mille fois répétés de : Vive Joséphine, la bien-aimée ! Elle arriva au palais des Tuileries le 31 janvier, à huit heures du soir. Le lendemain, à midi, des salves d'artillerie, tirées aux Invalides, annonçaient son retour. Les grands corps de l'État sollicitèrent l'honneur de lui présenter leurs hommages. Un peu fatiguée par le voyage, elle ne put les recevoir que le 5 février.

Lors de cette réception, elle fut flattée presque autant que l'empereur avait l'habitude de l'être. Citons quelques phrases des discours prononcés:

M. Monge, président du Sénat : « Madame, le Sénat apporte aux pieds de Votre Majesté impériale et royale le tribut de son profond respect et l'hommage de l'admiration dont il est pénétré pour toutes ses vertus... Il se félicite de revoir, au sein de la capitale, l'épouse auguste qu'un chef adoré a investie de toute sa confiance, et qui en est digne à tant de titres. »

M. de Fontanes, président du Corps législatif : « La moitié de nos vœux est remplie. La présence de Votre Majesté va nous faire attendre moins impatiemment un autre retour que tous les Français désirent avec vous... Paris se console de ne point revoir encore celui qui donne au trône tant de gloire, puisqu'il retrouve en vous celle qui prêta toujours au Pouvoir tant de charmes, de douceur et de bonté. »

M. Fabre (de l'Aude), président du Tribunal : « Madame, le retour de Votre Majesté a excité la joie la plus vive. Le souvenir de cette bonté délicate, qui sut adoucir tant de peines, de cette bienfaisance active qui répara tant d'infortunes, est gravé dans tous les cœurs. Chacun se dit : « La Providence, en nous donnat le héros dont les vastes desseins sont couronnés par les succès les plus constants et les plus rapides, a voulu que son bienfait fût entier ; elle a placé près de lui celle qui est toujours la première pensée des âmes souffrantes, le plus doux souvenir des cœurs reconnaissants, et que la France entière a nommée l'amie du malheur. »

M. Lejeas, premier vicaire général du chapitre de Notre-Dame (parlant au nom du cardinal-archevêque de Paris, indisposé) : « Madame, Son Éminence l'archevêque, notre respectable prélat, m'a chargé d'exprimer à Votre Majesté Impériale et Royale ses regrets de ne pouvoir vous présenter lui-même le chapitre et le clergé de Paris : « Allez, m'a dit ce vénérable vieillard, assurer de ma part notre bienfaisante impératrice que je partage sincèrement la joie que cause à tout le monde son retour au milieu de nous. Dites-lui que je n'ai jamais été un instant sans adresser au ciel les plus ferventes prières pour le bonheur de la France, celui de notre invincible empereur et la prospérité de ses armes. Le Seigneur a daigné exaucer mes vœux : il a fait en peu de temps, par Napoléon, des choses étonnantes, et je lui en rends grâces. » Le chapitre et le clergé de Paris prient Votre Majesté d'être persuadée que leurs sentiments pour votre personne sacrée et celle de votre auguste époux égalent, en tout, ceux de Son Éminence. »

Le Préfet de la Seine : « Vous êtes loin de l'empereur, Madame, mais Paris aussi en est loin. Eh bien ! afin de tromper cette séparation, également pénible et pour Paris et pour Votre Majesté, Paris et Votre Majesté parleront beaucoup de l'empereur. Vous vous plairez à entendre dire que ses sujets de sa bonne ville de Paris lui sont à jamais fidèles, qu'ils sont prêts à tous les actes de dévouement que pourraient commander sa gloire, l'honneur de l'empire et la résolution qu'il a prise de ne poser les armes qu'après avoir assuré le repos des nations. Vous vous plairez à nous voir suivre par la pensée et jusque dans les climats les plus éloignés ses aigles toujours victorieuses. Enfin, Madame, à chaque exploit nouveau de la grande armée, vous vous plairez à recueillir ces vives acclamations que tant de fois nous aurions souhaité de faire parvenir jusque dans les camps du fondateur de l'Empire, et, touchée alors de la sincérité de nos vœux, vous daignerez en être la dépositaire, et quelquefois même l'interprète. »

O courtisans !

Malgré tant d'hommages officiels, tant d'adulations plus ou moins intéressées, l'impératrice ne se trouvait pas heureuse. Peut-être se disait-elle déjà que, de son vivant, dans un bref délai, les mêmes adulations, les mêmes hommages seraient adressés, par les mêmes personnes et dans le même palais, à une autre femme. Outre ce pressentiment, Joséphine avait de nombreuses causes de tristesse. Elle souffrait de l'absence de ses enfants, des chagrins domestiques de sa fille, de l'éloignement de l'empereur, des infidélités qu'il lui faisait en Pologne, des dangers qu'il courait dans une guerre aussi meurtrière que lointaine. Elle avait écrit à sa fille, le 3 février : « Je suis arrivée ici, ma chère Hortense, le 31 au soir, ainsi que j'y avais compté. Mon voyage a été heureux, si je peux l'appeler ainsi lorsqu'il m'éloigne de l'empereur. J'ai reçu cinq lettres de lui depuis mon départ. J'ai besoin que tu m'écrives surtout à présent que tu n'es plus auprès de moi pour me consoler. Donne-moi de tes nouvelles, parle-moi de ton mari et de tes enfants. Bien que je reçoive ici plus de monde qu'à Mayence, mon cœur n'en est pas moins seul ; et, en m'écrivant, tu me tiendras encore compagnie. Adieu, ma chère fille, je t'aime et je t'embrasse tendrement. » Joséphine désirait d'autant plus être heureuse comme mère, que, comme épouse, elle souffrait cruellement, et qu'au chagrin causé par l'absence de l'empereur venaient se joindre encore les tourments de la jalousie.

A une des dernières lettres que sa femme lui avait écrites de Mayence, Napoléon répondit par cette épître non datée, qu'elle reçut à Paris : « Mon amie, ta lettre du 20 janvier m'a fait de la peine; elle est trop triste. Voilà le mal de n'être pas un peu dévote ! Tu me dis que ton bonheur fait ta gloire. Cela n'est pas généreux ; il faut dire : le bonheur des autres fait ma gloire. Cela n'est pas conjugal ; il faut dire : le bonheur de mon mari fait ma gloire. Cela n'est pas maternel; il faudrait dire : le bonheur de mes enfants fait ma gloire. Or, comme les peuples, ton mari, tes enfants ne peuvent être heureux qu'avec un peu de gloire, il ne faut pas tant en faire fi. Joséphine, votre cœur est excellent, et votre raison faible ; vous sentez à merveille, mais vous raisonnez moins bien. Voilà assez de querelle ; je veux que tu sois gaie, contente de ton sort et que tu obéisses, non en grondant et en pleurant, mais de gaieté de cœur et avec un peu de bonheur. Adieu, mon amie, je pars cette nuit pour parcourir mes avant-postes. » Il faut avouer que pour être gaie, comme le lui prescrivait l'empereur, il aurait fallu que Joséphine eût un caractère tout à fait à part. Son mari était au bout de l'Europe, courant les plus terribles dangers, et ne se reposant des émotions et des risques d'une lutte de géants que par des distractions très courtes, mais qui ne pouvaient pas être agréables à une femme aussi soupçonneuse et aussi jalouse que la sienne.

Constant, le valet de chambre de l'empereur, a raconté dans ses Mémoires la passion qu'une belle Polonaise avait inspirée à son maître, au commencement de 1807. Napoléon, pendant tout le mois de janvier, était resté à Varsovie, où il habitait le grand palais. La noblesse polonaise lui donna des bals magnifiques. Dans une de ces fêtes, il remarqua une jeune femme de vingt-deux ans, Mme V..., récemment mariée à un vieux noble, homme très honorable, de mœurs rigides et d'humeur sévère. Avec ce vieux mari, la jeune femme, dont un air de vague tristesse et de mélancolie douce augmentait encore la beauté, ressemblait un peu à une victime attendant un consolateur. Ses cheveux blonds, ses yeux bleus, sa peau d'une blancheur éblouissante, sa physionomie, sa taille fine, sa tournure élégante, tout en elle était séduisant. L'empereur s'approcha d'elle, lui parla et fut charmé de sa conversation. Il crut voir une femme sacrifiée, malheureuse en mariage, et cette idée lui inspira pour la belle Polonaise un amour instantané, plus vif et plus sérieux que celui qu'il avait ressenti pour toutes ses autres favorites. Le lendemain du bal, il était d'une agitation inaccoutumée. Il se levait, marchait, s'asseyait et se relevait de nouveau. « Je croyais, ajoute Constant, ne pouvoir jamais venir à bout de sa toilette ce jour-là. Aussitôt après son déjeuner, il donna mission à un grand personnage, que je ne nommerai pas, d'aller de sa part, faire une visite à Mme V... et lui présenter ses hommages et ses vœux. Elle refusa fièrement des propositions trop brusques peut-être ou que peut-être aussi la coquetterie naturelle à toutes les femmes lui recommandait de repousser. Le héros lui avait plu ; l'idée d'un amant tout resplendissant de puissance et de gloire fermentait sans doute avec violence dans sa tête, mais jamais elle n'avait eu la pensée de se livrer ainsi sans combat. Le grand personnage revint tout confus et bien étonné de ne pas avoir réussi dans sa négociation. »

Constant raconte que le lendemain matin il trouva son maître très occupé. L'empereur avait écrit la veille plusieurs lettres à la belle Polonaise qui ne lui avait pas répondu. Son amour-propre était vivement piqué d'une résistance à laquelle, depuis ses grandeurs, il n'était guère accoutumé. Enfin, il écrivit tant d'épîtres, et si tendres, si touchantes, que la belle dame consentit à rejoindre un soir, entre dix et onze heures, l'impérial soupirant. Le grand personnage chargé de cette négociation érotique reçut l'ordre d'aller prendre la belle en voiture, dans un endroit écarté. Napoléon en l'attendant, se promenait à grands pas, témoignant autant d'émotion que d'impatience. « Mme V... arriva enfin, dit Constant, à qui son maître demandait à chaque instant l'heure. Elle arriva, mais dans quel état! Pâle, muette, et les yeux baignés de larmes. Aussitôt qu'elle parut, je l'introduisis dans la chambre de l'empereur; elle pouvait à peine se soutenir, et s'appuyait en tremblant sur mon bras. Quand je l'eus fait entrer, je me retirai avec le personnage qui l'avait amenée. Pendant son tête-à-tête avec l'empereur, M^{mo} V... pleurait et sanglotait tellement que, malgré la distance, je l'entendais gémir de manière à me fendre le cœur. Il est probable que, dans ce premier entretien, l'empereur ne put rien obtenir d'elle. Vers deux heures du matin, Sa Majesté m'appela. J'accourus et je vis sortir Mme V... le mouchoir sur les yeux, et pleurant à chaudes larmes. Elle fut reconduite chez elle par le même personnage. Je crus bien qu'elle ne reviendrait pas. » Constant ajoute que, contrairement à ses prévisions, Mme V... revint deux ou trois jours après, vers la même heure que la première fois;

elle paraissait plus tranquille; ses yeux étaient moins rouges, ses joues moins pâles. Elle ne se retira que le matin, et, jusqu'au départ de l'empereur, elle continua très régulièrement ses vivites. On voit que Joséphine n'avait pas tort d'être jalouse.

Napoléon avait interrompu ses amours avec la grande dame polonaise, pour aller livrer la bataille d'Eylau, une des journées les plus sanglantes, une des luttes les plus opiniâtres dont l'histoire ait gardé le souvenir. Il en rendait compte ainsi à l'impératrice, par deux lettres écrites dans la même journée. Voici la première : « Eylau, trois heures du matin, 9 février 1807. Mon amie, il y a eu hier une grande bataille ; la victoire m'est restée, mais j'ai perdu bien du monde ; la perte de l'ennemi, qui est plus considérable encore, ne me console pas. Enfin, je t'écris ces deux lignes moi-même, quoique je sois bien fatigué, pour te dire que je suis bien portant et que je t'aime. Tout à toi. » Voici la seconde lettre : « Eylau, le 9 février, à six heures du soir. Je t'écris un mot, mon amie, afin que tu ne sois pas inquiète. L'ennemi a perdu la bataille, 40 pièces de canon, 10 drapeaux, 12,000 prisonniers ; il a horriblement souffert. J'ai perdu du monde, 1,600 tués, 3 à 4,000 blessés. Ton cousin Tascher se porte bien ; je l'ai appelé près de moi avec le titre d'officier d'ordonnance. Corbineau a été tué d'un obus ; je m'étais singulièrement attaché à cet officier, qui avait beaucoup de mérite ; cela me fait de la peine. Ma garde à cheval s'est couverte de gloire. D'Allemagne est blessé dangereusement. Adieu, mon amie. »

L'empereur ne disait pas tout à Joséphine. Il ne disait pas toutes les vicissitudes de cette terrible bataille d'Eylau, de cette victoire qui ressemblait à une défaite ; il ne lui disait pas les souffrances atroces de son armée qui, sans avoir mangé, avait combattu, aveuglée par des ouragans de neige, sous un ciel d'airain ; il ne lui disait pas les régiments anéantis, un entre autres, où depuis le colonel jusqu'aux tambours, tous, tués ou blessés, jonchaient la terre ; il ne lui disait pas les dangers qu'il avait courus, dans le cimetière, sur le monticule où, entouré de sa garde à pied, sa dernière ressource, il se tenait anxieux depuis le commencement de la lutte, fouettant la neige avec sa cravache, et s'écriant à l'approche des grenadiers russes qui marchaient vers lui : Quelle audace ! Il ne disait pas qu'après un abominable et inutile carnage, représenté par l'une et l'autre armée comme une victoire, il allait être obligé de rétrograder, et que Benigsen viendrait reprendre possession de ce champ de bataille disputé avec un tel acharnement. Il ne disait pas ce qu'il allait dire dans ses bulletins : « Qu'on se figure, sur un espace d'une lieue carrée, neuf ou dix mille cadavres, quatre ou cinq mille chevaux tués, des lignes de sacs russes, des débris de fusils et de sabres, la terre couverte de boulets, d'obus, de munitions, vingt-quatre pièces de canon auprès desquelles on voyait les cadavres des conducteurs tués au moment où ils faisaient des efforts pour les enlever; tout cela avait plus de relief sur un fond de neige. » Il ne disait pas les paroles qu'il avait prononcées, sous le givre glacial, en face de tant de milliers de morts et de mourants, à l'heure où un jour sombre se terminait par une nuit affreuse : « Ce spectacle est fait pour inspirer aux princes l'amour de la paix et l'horreur de la guerre. » Non, l'empereur n'avait pas tout dit.

Par une nouvelle lettre datée d'Eylau, le 11 février, à trois heures du matin, il essayait de rassurer l'impératrice : « Je t'écris un mot, mon amie ; tu dois avoir été bien inquiète. J'ai battu l'ennemi dans une mémorable journée, mais qui m'a coûté bien des braves. Le mauvais temps qu'il fait me porte à prendre mes cantonnements. Ne te désole pas, je te prie ; tout cela finira bientôt, et le bonheur de te voir me fera promptement oublier mes fatigues. Du reste, je n'ai jamais été si bien portant. Le petit Tascher, du 4e de ligne, s'est bien comporté ; il a eu une rude épreuve. Je l'ai appelé près de moi ; je l'ai fait officier d'ordonnance ; ainsi, voilà ses peines finies. Ce jeune homme m'intéresse. Adieu, ma bonne amie, mille baisers. »

A partir de ce moment, les lettres de l'empereur à sa femme devenaient froides, courtes, banales, absolument insignifiantes. C'étaient quelques indications sur la pluie ou sur le beau temps, et toujours le même refrain, l'invitation à être gaie. Une personne clairvoyante devait facilement s'apercevoir que Napoléon, occupé ailleurs, n'écrivait plus à sa femme légitime, à l'impératrice, que par devoir, par acquit de conscience. Voici quatre lettres datées, la première de Landsberg, les trois autres de Liebstadt, 18 février : « Je t'écris deux mots. Je me porte bien. Je suis en mouvement pour mettre mon armée en quartier d'hiver. Il pleut et dégèle comme au mois d'avril. Nous n'avons pas encore eu une journée froide. Adieu, mon amie, tout à toi. » — 20 février : « Je t'écris deux mots, mon amie, pour que tu ne sois pas inquiète. Ma santé est fort bonne et mes affaires vont bien. J'ai remis mon armée en cantonnements. La saison est bizarre : il gèle et dégèle ; elle est humide et inconstante. Adieu, mon amie. » — 21 février : « Je reçois ta lettre du 4 février ; j'y vois avec plaisir que ta santé est bonne. Paris achèvera de te rendre la gaieté et le repos, le retour à tes habitudes, la santé. Je me porte à merveille. Le temps et le pays sont mauvais. Mes affaires vont assez bien ; il dégèle et gèle dans vingt-quatre heures ; l'on ne peut voir un hiver aussi bizarre. Adieu, mon amie ; je t'aime, je pense à toi et désire te savoir contente, gaie et heureuse. Tout à toi. » — 22 février : « Je reçois ta lettre du 8, mon amie ; je vois avec plaisir que tu as été à l'Opéra et que tu as le projet de recevoir toutes les semaines. Va quelquefois au spectacle, et toujours en grande loge. Je vois aussi avec plaisir les fêtes qu'on te donne. Je me porte très bien. Le temps est toujours incertain ; il gèle et dégèle. J'ai remis mon armée en cantonnements pour la reposer. Ne sois jamais triste, aime-moi, et crois à tous mes sentiments. »

Napoléon, vers la fin de février, avait établi son quartier général à Osterode, petit bourg où il vivait dans une espèce de grange, d'où il gouvernait son empire et contenait l'Europe. Il écrivait à son frère Joseph, le 1er mars, à propos des souffrances de cette dure campagne de Pologne : « Les officiers d'état-major ne se sont pas déshabillés depuis deux mois, et quelques-uns depuis quatre ; j'ai été moi-même quinze jours sans ôter mes bottes... Nous sommes au milieu de la neige et de la boue, sans vin, sans eau-de-vie, sans pain, mangeant des pommes de terre et de la viande, faisant de longues marches et contre-marches, sans aucune espèce de douceurs, et nous battant ordinairement à la baïonnette et sous la mitraille, les blessés obligés de se retirer en traîneau, en plein air, pendant cinquante lieues... Nous faisons la guerre dans toute son énergie et son horreur. » On comprend facilement que Joséphine, qui savait tout cela, avait des raisons d'être inquiète. Paris était triste, désert. Le mécontentement se devinait à l'expression morose des physionomies. En France, on se lasse de tout, même de la gloire. Les auditeurs au Conseil d'État envoyés à Osterode pour y porter à l'empereur le travail des divers ministères, revenaient à Paris, tout émus des spectacles sinistres dont ils avaient été témoins, et semaient les alarmes dans les sphères officielles. Napoléon décidait alors que désormais le travail des ministères lui serait apporté par des officiers d'état-major, plus habitués que les auditeurs à regarder de près les choses lugubres.

De son quartier général d'Osterode, l'empereur adressait, depuis le 23 février, jusqu'au 1er avril 1807, onze lettres à l'impératrice. Cette correspondance était assez insignifiante. Napoléon y disait à sa femme : « Cherche à passer ton temps agréablement ; n'aie point de soucis. — Je suis dans un mauvais village, où je passerai encore bien du temps ; cela ne vaut pas la grande ville. Je te le répète, je ne me suis jamais si bien porté ; tu me trouveras fort engraissé... J'ai ordonné ce que tu désires pour la Malmaison ; sois gaie et heureuse, c'est ma volonté. — J'attends la belle saison, qui ne doit pas tarder à venir. Je t'aime, et te veux savoir contente et gaie. L'on dira beaucoup de bêtises sur la bataille d'Eylau ; le bulletin dit tout ; les pertes y sont plutôt exagérées qu'amoindries. » — Napoléon faisait en même temps quelques reproches à sa femme : « J'apprends, mon amie, que les mauvais propos que l'on tenait dans ton salon à Mayence se renouvellent ; fais-les donc taire. Je te saurais fort mauvais gré si tu n'y portais pas remède. Tu te laisses affliger par les propos de gens qui devraient te consoler. Je te recommande un peu de caractère, et de savoir mettre tout le monde à sa place. — Mon amie, il ne faut pas aller en petite loge aux petits spectacles ; cela ne convient pas à votre rang ; vous ne devez aller qu'aux quatre grands théâtres et toujours en grande loge. — Pour m'être agréable, il faut, absolument en tout, vivre comme tu vivais lorsque j'étais à Paris. Alors tu ne sortais pas pour aller à de petits spectacles, ou autres lieux. Tu dois toujours aller en grande loge. Pour la vie de chez toi, recevoir là, et avoir tes cercles réglés ; voilà, mon amie, le seul moyen de mériter mon approbation. Les grandeurs ont leurs inconvénients ; une impératrice ne peut pas aller où va une simple particulière. »

Les grandeurs dont l'empereur parlait ne consolaient nullement Joséphine. Elle se trouvait alors plus malheureuse sous les lambris d'or des Tuileries qu'une paysanne sous un toit de chaume. Elle conjurait son époux de lui permettre d'aller le rejoindre en Pologne, et lui écrivait des lettres désespérées.

Napoléon répondait, d'Osterode, le 27 mars :

« Mon amie, ta lettre me fait de la peine. Tu ne dois pas mourir ; tu te portes bien, et tu ne peux avoir aucun sujet raisonnable de chagrin. Je pense que tu dois aller au mois de mai à Saint-Cloud ; mais il faut rester tout le mois d'avril à Paris... Tu ne dois pas penser à voyager cet été ; tout cela n'est pas possible ; tu ne dois pas courir les auberges et les camps. Je désire, autant que toi, te voir et vivre tranquille. Je sais faire autre chose que la guerre ; mais le devoir passe avant tout. Toute ma vie, j'ai tout sacrifié, tranquillité, intérêt, bonheur à ma destinée. » Ces phrases-là ne consolaient point du tout Joséphine qui savait que, malgré sa prétendue austérité spartiate, son époux se donnait, de temps à autre, des distractions.

L'impératrice eut à se réjouir, au mois de mars, d'un événement qui adoucit un peu ses chagrins. Sa bru, la vice-reine d'Italie mit au monde le 17, à Milan, une fille qu'on appela Joséphine-Maximilienne-Auguste. (C'est la princesse qui devait épouser, en 1827, Oscar, prince royal et plus tard roi de Suède.) « Tu auras appris avec bien du plaisir, écrivait l'impératrice à la reine Hortense, l'heureux accouchement de la princesse Auguste. Eugène est enchanté de sa fille ; il se plaint seulement de ce qu'elle dort trop, ce qui l'empêche de la voir à son aise. » Joséphine aurait bien voulu pouvoir se rendre à Milan, pour y féliciter son fils et y embrasser sa petite-fille au berceau. Mais sa grandeur la retenait à Paris, où la prolongation de l'absence de son époux et les angoisses d'une jalousie malheureusement très justifiée lui faisaient éprouver la plus profonde tristesse.

Napoléon s'était lassé du séjour par trop monotone et par trop désagréable d'Osterode, où il n'aurait pu recevoir la belle Polonaise, dont il était de plus en plus épris. Au commencement d'avril, il s'installa à Finkenstein, dans un joli château appartenant à l'un des employés de la couronne de Prusse, et il s'y logea très convenablement avec son état-major et sa maison militaire. C'est de là qu'il adressait, le 2 avril, cette courte épître à Joséphine : « Mon amie, je t'écris un mot. Je viens de porter mon quartier-général dans un très beau château, dans le genre de celui de Bessières, où j'ai beaucoup de cheminées ; ce qui m'est fort agréable, me levant souvent la nuit ; j'aime à voir le feu. Ma santé est parfaite. Le temps est beau, mais encore froid. Le thermomètre est de quatre à cinq degrés. Adieu, mon amie. Tout à toi. » Dès son arrivée au château de Finkenstein, Napoléon n'eût rien de plus pressé que d'y faire venir sa belle Polonaise, Mme V..., à qui il avait fait préparer un appartement communiquant avec le sien. Elle s'y établit, laissant à Varsovie son vieil époux, qui ne voulut jamais la revoir, et resta trois semaines en compagnie de l'empereur. « Ils prenaient tous leurs repas ensemble, a dit le valet de chambre Constant ; je les servais seul ; ainsi j'étais à même de jouir de leur conversation, toujours aimable, vive, empressée de la part de l'empereur, toujours tendre, passionnée, mélancolique de la part de Mme V... Lorsque Sa Majesté n'était point auprès d'elle, Mme V... passait tout son temps à lire, ou bien à regarder, à travers les jalousies de la chambre de l'empereur, les parades et les évolutions qu'il faisait exécuter dans la cour d'honneur du château, et que souvent il commandait en personne. » Constant, se croyant obligé d'admirer la personne qui était l'objet du choix de son maître, ajoute avec un peu d'attendrissement : « L'empereur paraissait parfaitement comprendre tout ce qu'avait d'intéressant cette femme angélique, dont le caractère, plein de douceur et d'abnégation, m'a laissé un souvenir qui ne s'effacera jamais... Voilà quelle était sa vie, comme son humeur, toujours égale, toujours uniforme. Son caractère charmait l'empereur, et la lui faisait chérir tous les jours davantage. » Cette idylle amoureuse, sorte d'entr'acte au milieu de la tragédie des batailles, pouvait être du goût de Constant. Mais on doit convenir qu'elle n'était pas de nature à plaire à Joséphine, qui, comme toutes les personnes jalouses, savait presque toujours ce qu'elle voulait savoir, et qui, du fond du palais des Tuileries, trouvait le moyen de surveiller ce qui se passait dans le château de Finkenstein

Les lettres de Napoléon à Joséphine, pendant ce règne de Mme V..., étaient plus laconiques et plus banales que de coutume. Il n'y avait que quelques lignes sur l'état de la température, sur la santé de l'empereur, sur son désir de savoir sa femme « gaie et contente ». Hélas ! la gaieté, le contentement n'étaient plus faits pour elle ! Trop fine, trop perspicace pour pouvoir s'illusionner, elle comprenait que son mari avait encore de l'amitié pour elle, mais qu'elle avait à tout jamais cessé de lui inspirer de l'amour. A une femme jalouse, l'amitié paraît bien insignifiante et bien fade. Que lui font les égards, les témoignages d'estime, les attentions, les prévenances d'un ami, quand cet ami a été un amant ? Aux bons procédés de l'amitié, ne préfèrerait-elle point mille fois les colères, les violences et les emportements de l'amour ?

XXII

LA MORT DU PETIT NAPOLÉON

La reine Hortense n'était pas plus heureuse dans les palais de la Hollande que l'impératrice Joséphine au château des Tuileries. Elle endurait les chagrins, les déceptions et les misères qu'entraînent les mariages mal assortis. L'incompatibilité d'humeur qui existait entre elle et son époux, depuis le premier moment de leur union, s'accentuait chaque jour davantage. Le roi Louis reprochait à sa femme non seulement les défauts, mais encore les qualités qu'elle possédait. Il lui arrivait parfois de s'irriter qu'elle fût gracieuse, aimable, charmante, et les sympathies générales qu'elle inspirait en Hollande, comme en France, excitaient les appréhensions de ce mari ombrageux et morose. Hortense se regardait comme une victime couronnée. Femme d'imagination, elle s'exagérait à elle-même ses souffrances, et se montait la tête afin de souffrir davantage. Il y avait dans sa douleur une véritable exaltation. Un jour, elle dit à Mᵐᵉ de Rémusat, sa confidente et son admiratrice, que la vie qu'elle menait alors lui était si pénible, lui apparaissait si dénuée d'espérance, que souvent, lorsqu'elle habitait l'une de ses maisons de campagne qui n'était point éloignée de la mer, et qu'elle considérait devant elle cet Océan sur lequel les bâtiments anglais régnaient en maîtres, et venaient bloquer les ports, elle souhaitait ardemment que quelque hasard en amenât un sur la rive, et qu'on tentât une descente partielle dans laquelle elle aurait été enlevée prisonnière.

Les démêlés conjugaux du roi Louis et de sa femme préoccupèrent l'empereur, qui exerçait sur sa famille, comme sur son empire, une incessante surveillance, et qui jugeait en maître autant les choses privées que les choses politiques. Il voulait que son frère lui obéît, comme roi et comme époux, et, mécontent que ses ordres ne fussent pas exécutés en tout point, il lui adressait, du fond de la Pologne, le 4 avril 1807, cette lettre de reproches, qui est une véritable mercuriale : « Vos querelles avec la reine percent dans le public. Ayez donc, dans votre intérieur, ce caractère paternel et efféminé que vous montrez dans le gouvernement, et ayez dans les affaires ce rigorisme que vous montrez dans votre ménage.

Vous traitez une jeune femme comme on mènerait un régiment... Vous avez la meilleure femme, et la plus vertueuse, et vous la rendez malheureuse. Laissez-la danser tant qu'elle veut, c'est de son âge. J'ai une femme qui a quarante ans; du champ de bataille je lui écris d'aller au bal. Et vous voulez qu'une femme de vingt ans qui voit passer sa vie, qui en a toutes les illusions, vive dans un cloître, soit comme une nourrice toujours à laver son enfant. Vous êtes trop *vous* dans votre intérieur, et pas assez dans votre administration. Je ne vous dirais pas tout cela sans l'intérêt que je vous porte. Rendez heureuse la mère de vos enfants; vous n'avez qu'un moyen, c'est de lui témoigner beaucoup d'estime et de confiance. Malheureusement, vous avez une femme trop vertueuse ; si vous aviez une femme coquette, elle vous mènerait par le bout du nez. Mais vous avez une femme fière, que la seule idée que vous puissiez avoir mauvaise opinion d'elle révolte et afflige. Il vous aurait fallu une femme comme j'en connais à Paris. Elle vous aurait joué sous jambe, et vous aurait tenu à ses genoux. Ce n'est pas ma faute, je l'ai souvent dit à votre femme. » Ainsi l'empereur, prenant parti pour sa belle-fille et contre son frère, s'érigeait en arbitre de leurs querelles de ménage. Une telle intervention froissait d'autant plus Louis — qui aurait voulu être le maître dans son royaume et dans son intérieur — que la calomnie, il le savait, s'obstinait à représenter l'empereur comme son rival dans le cœur d'Hortense, et comme le père du prince royal.

Cet enfant s'appelait Napoléon-Charles. Il était né à Paris le 10 octobre 1802. Sa grand'mère, Joséphine, se flattait de l'idée qu'il serait un jour l'héritier de l'empire. Elle avait considéré sa naissance comme le gage de la réconciliation définitive entre les Bonapartes et les Beauharnais. Elle croyait que ce berceau la protégeait contre le divorce. L'empereur qui aimait beaucoup les enfants, aimait tout particulièrement son neveu. Il le vit grandir avec un très vif intérêt. Il admirait sa gentillesse, sa précocité, ses bonnes dispositions. C'était un enfant remarquable par son intelligence et sa beauté. Les impressions de sa jeune âme se peignaient dans ses grands yeux bleus. Bon, aimant, plein de franchise et de gaieté, il eût, en paraissant, déridé les fronts les plus tristes. Sa mère l'avait élevé dans la vénération de l'empereur. Le roi, son père, lui donnait tous les jours des joujoux nouveaux, choisis parmi ceux qui paraissaient devoir être le plus de son goût. L'enfant préférait ceux qu'il tenait de son oncle; et, quand son père lui disait : « Mais regarde donc, Napoléon, ils sont laids, ceux-là ; les miens sont plus jolis. — Non, disait le jeune prince ; ils sont très bien, c'est mon oncle qui me les a donnés. » Un matin, venant voir l'empereur, il traversait un salon où se trouvait, entre autres per sonnages, le prince Murat, alors grand-duc de Berg. Le petit Napoléon allait tout droit, ne saluant personne, quand Murat, l'arrêtant, lui dit : « Tu ne veux donc pas me dire bonjour ? » — « Non, répondit l'enfant, non, pas avant mon oncle l'empereur. » Qui sait ? si ce petit prince avait vécu, l'empereur, n'aurait peut-être pas souhaité d'autre héritier, et peut-être le divorce n'aurait-il pas eu lieu.

Cet enfant était l'espérance et l'orgueil de sa mère, sa joie et sa consolation. Son père l'aimait aussi beaucoup. C'était le rayon de lumière dans la nuit, l'arc-en-ciel après l'orage. Il lui arrivait parfois, après une querelle des deux époux, de les rapprocher l'un de l'autre. Il prenait par la main son père, qui se laissait guider par ce petit ange vers la reine, et il disait, d'un ton caressant : « Embrasse-la, papa, je t'en supplie » ; puis sa joie éclatait, quand son père et sa mère s'étaient donné le baiser de paix.

La destinée du petit Napoléon me fait songer au *Revenant,* de toutes les pièces de vers de Victor Hugo, peut-être la plus attendrissante :

Et la mère disait : « Mon fils, » et reprenait :
« Voyez comme il est grand ! il apprend ; il connaît
Ses lettres ; c'est un diable : il veut que je l'habille
En homme ; il ne veut plus de ses robes de fille ;
C'est déjà très méchant, ces petits hommes-là !
C'est égal, il lit bien, il ira loin ; il a

> De l'esprit ; je lui fais épeler l'Évangile. »
> Et ses yeux adoraient cette tête fragile,
> Et, femme heureuse, et mère au regard triomphant
> Elle sentait son cœur battre dans son enfant.
>
> Un jour — nous avons tous de ces dates funèbres —
> Le croup, monstre hideux, épervier des ténèbres,
> Sur la blanche maison brusquement s'abattit,
> Horrible, et, se ruant sur le pauvre petit,
> Le saisit à la gorge. O noire maladie !
> De l'air par qui l'on vit sinistre perfidie !
> Qui n'a vu se débattre, hélas ! ces doux enfants,
> Qu'étreint le croup féroce en ses doigts étouffants !
> Ils luttent, l'ombre emplit lentement leurs yeux d'ange,
> Et de leur bouche froide il sert un râle étrange...

Le petit prince fut atteint brusquement par le croup dans la nuit du 4 au 5 mai 1807. On le crut mort ; mais le matin, il fut un peu moins mal, les médecins ne désespéraient plus de le sauver. Le mieux dura quelques instants à peine. Dans la journée, on lui fit prendre des poudres anglaises qui lui donnèrent la fièvre, le ranimant d'une agitation toute fébrile, au point qu'à six heures du soir il demanda des cartes et des estampes pour jouer. Mais la fièvre ne tomba que pour faire place à l'agonie. Vers dix heures du soir, l'enfant rendait le dernier soupir.

> L'enfant mourut ; la mort entra comme un voleur
> Et le prit. Une mère, un père, la douleur,
> Le noir cercueil, le front qui heurte les murailles,
> Les lugubres sanglots qui sortent des entrailles,
> Oh ! la parole expire où commence le cri.
> Silence aux mots humains !...

Les mots humains ne pourraient décrire le désespoir de la malheureuse reine. Elle était comme pétrifiée par la douleur. On se demandait si elle n'était pas devenue folle.

Le chagrin de Joséphine fut immense. N'osant pas sortir du territoire de l'empire sans l'autorisation de l'empereur, elle n'alla point jusqu'à la Haye, mais elle se rendit en toute hâte au château de Laeken, près de Bruxelles, d'où elle écrivit à Hortense, le 14 mai, à dix heures du soir : « J'arrive à l'instant au château de Laeken, ma chère fille ; c'est de là que je t'écris, c'est là que je t'attends. Viens me rendre la vie ; ta présence m'est nécessaire, et tu dois avoir aussi besoin de me voir, et de pleurer avec ta mère. J'aurais bien voulu aller plus loin ; mais les forces me manquent, et, d'ailleurs, je n'ai pas eu le temps de prévenir l'empereur. J'ai retrouvé du courage pour venir jusqu'ici ; j'espère que tu en trouveras aussi pour venir vers ta mère. Adieu, ma chère fille, je suis accablée de fatigue, mais surtout de douleur. » Le 15 mai, au soir, Hortense accompagnée de son mari et du seul fils qui lui restait, arriva au château de Laeken. Elle était immobile, inerte, comme la statue du désespoir. M. de Rémusat, qui avait suivi l'impératrice, écrivait le lendemain à sa femme : « La reine n'a qu'une idée, celle de la perte qu'elle a faite ; elle ne parle que d'une chose, c'est de *lui*. Pas une larme, mais un calme froid, un silence presque absolu sur tout, et ne parlant que pour déchirer ceux qui l'entendent. Voit-elle quelqu'un qu'elle a vu autrefois avec son fils, elle le regarde avec un air de bonté et d'intérêt, et, d'une voix très basse : Vous le savez, dit-elle, il est mort. — En arrivant auprès de sa mère, elle lui dit : Il n'y a pas longtemps qu'il était ici avec moi : je le tenais là sur mes genoux. — M'apercevant quelques moments après, elle me fait signe d'avancer : Vous vous rappelez Mayence ? Il jouait la comédie avec nous. — Elle entend dix heures sonner; elle se retourne vers une de ses dames : Tu sais, dit-elle, c'est à dix heures qu'il est mort. — Voilà comment elle rompt le silence presque continuel qu'elle garde. Avec cela, elle est bonne, sensée, pleine de raison; elle connaît parfaitement son état, elle en parle même. Elle est heureuse, dit-elle, d'être tombée dans l'insensibilité; elle aurait trop souffert autrement. On lui demande si elle a été émue en revoyant sa mère. — Non, dit-elle, mais je suis bien aise de l'avoir vue. — On lui dit combien elle est affectée de son peu d'émotion en la revoyant : — Oh! mon Dieu! dit-elle, qu'elle ne s'en fâche pas; je suis comme cela. — Sur tout ce qu'on lui demande autre que l'objet de sa peine : — Ça m'est égal, dit-elle; comme vous voudrez. »

.... La mère au cœur meurtri,
Tandis qu'à ses côtés pleurait le père sombre,
Resta trois mois sinistre, immobile dans l'ombre,

L'œil fixe, murmurant on ne sait quoi d'obscur,
Et regardant toujours le même angle du mur.

Elle ne mangeait pas, sa vie était sa fièvre,
Elle ne répondait à personne ; sa lèvre
Tremblait ; on l'entendait, avec un morne effroi,
Qui disait à voix basse à quelqu'un : rends-le moi !

Un courrier avait été envoyé à l'empereur pour lui annoncer la fatale nouvelle. Le souverain en fut affecté. Il écrivait à Joséphine, le 14 mai : « Je conçois tout le chagrin que doit te causer la mort de ce pauvre Napoléon. Tu peux comprendre la peine que j'éprouve. Je voudrais être près de toi, pour que tu fusses modérée et sage dans ta douleur. Tu as eu le bonheur de ne jamais perdre d'enfants ; mais c'est une des conditions et des peines attachées à notre misère humaine. Que j'apprenne que tu as été raisonnable, et que tu te portes bien ! Voudrais-tu accroître ma peine ? Adieu, mon amie. »

Le 17 mai, une imposante cérémonie avait lieu à Paris : la translation aux Invalides de l'épée du Grand-Frédéric. Un char triomphal, magnifiquement décoré, portait deux cent quatre-vingts drapeaux conquis dans la dernière campagne. Le maréchal Moncey, à cheval, tenait l'épée du grand homme. Le char s'avança jusqu'à la grille des Invalides, que son élévation ne lui permit pas de franchir. Alors des vétérans vinrent prendre les drapeaux, et les portèrent dans l'enceinte de l'église. La cérémonie commença par un chant de triomphe.

> Un homme, ô Frédéric, a paru dans notre âge
> Plus grand dans les conseils, plus grand dans les
> [combats !
> Lui seul, il méritait ton glaive et tes États.
> Le ciel lui réservait ton brillant héritage....
>
> Ce dépôt sacré vous est dû,
> Guerriers cicatrisés, vétérans de la gloire.
> Dans ce temple qu'il reste à jamais suspendu,
> Le plus glorieux don que nous fit la Victoire !

Le maréchal Sérurier, gouverneur des Invalides, prit la parole : « Nous sommes ici, dit-il, plus de neuf cents hommes qui avons combattu le grand roi dont nos enfants viennent de conquérir les dépouilles guerrières. La fortune alors ne seconda pas toujours notre courage. Les pères n'étaient pas moins braves que les enfants. Mais ils n'ont pas eu le même chef. Cependant, nous ne nous rappelons pas sans orgueil les paroles de ce grand homme : « Si j'étais à la tête du peuple français, il ne se tirerait pas un coup de canon en Europe sans ma permission, » témoignage honorable de son estime pour les soldats qui le combattaient. Mais c'était sous le règne d'un souverain bien plus grand encore par son génie, par les hauts faits, par sa modération, que le peuple français devait parvenir à ce haut degré de puissance et de gloire. Nous jurons de garder fidèlement le trésor que Sa Majesté Impériale et Royale nous confie. » Alors retentirent dans l'église les mots répétés avec énergie par tous les Invalides : Nous le jurons !

Dans cette cérémonie, l'éloquent président du Corps législatif, M. de Fontanes, prononça une belle harangue, enthousiaste pour Napoléon, mais respectueuse pour la mémoire du grand Frédéric et pour l'infortune de son successeur. Ce discours se terminait par quelques mots sur le chagrin que la mort du prince royal de Hollande devait causer à l'empereur. « Peut-être en ce moment, disait M. de Fontanes, le héros qui nous sauva pleure dans sa tente à la tête de trois cent mille Français victorieux et de tant de princes et de rois confédérés qui marchent sous ses enseignes. Il pleure, et ni les trophées accumulés autour de lui, ni l'éclat de vingt sceptres qu'il tient d'une main si ferme, et que n'a point réunis Charlemagne lui-même, ne peuvent détourner ses pensées du cercueil de cet enfant, dont ses mains triomphantes ont aidé les premiers pas, et devaient cultiver un jour l'intelligence prématurée. Oh ! qu'il n'ignore pas au moins que ses malheurs domestiques ont été sentis comme un malheur public, et qu'un si doux témoignage de l'intérêt national lui porte quelques consolations. Toutes nos alarmes pour l'avenir sont des hommages de plus que nous lui rendons. Puisse surtout la fortune se contenter de cette jeune victime qu'elle a frappée, et qu'en secondant toujours les projets du plus grand des souverains, elle ne lui fasse plus payer sa gloire par de semblables malheurs ! »

La mort de cet enfant a, sans doute changé bien des choses ici-bas. S'il avait vécu, ce n'était pas son frère, c'était lui qui s'appelait Napoléon III, ou peut-être même Napoléon II, et le monde, selon toute apparence, aurait eu des destinées très différentes. Royaumes et empires, à quoi tient votre sort? Le 5 mai, devait être une date fatale. Le petit prince était mort le 5 mai 1807, et quatorze ans plus tard, jour pour jour, le 5 mai 1821, son oncle devait expirer sur le rocher de Sainte-Hélène. Je me rappelle encore ces vers du poète qui peuvent s'appliquer aussi bien au prince royal de Hollande qu'au roi de Rome :

> Tout dérive et s'en va sous l'onde,
> Rois au berceau, maîtres du monde,
> Le front chauve, et la tête blonde,
> Grand et petit Napoléon !
> Tout s'efface, tout se délie.
> Le flot sur le flot se replie,
> Et la vague qui passe oublie
> Léviathan comme Alcyon !

XXIII

LA FIN DE LA GUERRE

L'impératrice ramena du château de Laeken à Paris sa fille Hortense et son petit-fils Napoléon-Louis, qui avait deux ans et quelques mois. Mais elle n'eut pas longtemps la consolation de les garder auprès d'elle. Avant la fin du mois de mai, Hortense fut obligée de se rendre aux eaux de Cauterets, pour soigner sa santé très gravement compromise. Sa mère lui écrivait de Saint-Cloud, le 27 mai : « J'ai beaucoup pleuré depuis ton départ, ma chère Hortense ; cette séparation m'a été bien pénible ; et, pour me donner le courage de la supporter, il ne fallait pas moins que la certitude du bien que te feront les voyages. J'ai reçu de tes nouvelles par Mme de Broc. Je te prie de la remercier de cette attention, et de lui dire de m'écrire lorsque tu ne le pourras toi-même. J'ai eu aussi hier des nouvelles de ton fils ; il est au château de Laeken, très bien portant, et attendant l'arrivée du roi. L'empereur m'a encore écrit ; il partage bien vivement notre malheur. J'avais besoin de cette consolation, car je n'en ai plus depuis ton départ. Toujours seule avec moi-même, chaque instant me rappelle le sujet de notre douleur, et mes pleurs ne cessent de couler. Adieu, ma chère fille, conserve-toi pour une mère qui t'aime tendrement. »

Napoléon, qui défendait à sa femme et à sa belle-fille d'être tristes, ordre plus facile à donner qu'à exécuter, trouvait leur douleur excessive. Ses compliments de condoléance étaient assez étranges. Il écrivait, du château de Finkenstein, à la reine Hortense, le 20 mai 1807 : « Ma fille, tout ce qui me revient de La Haye m'apprend que vous n'êtes pas raisonnable. Quelque légitime que soit votre douleur, elle doit avoir des bornes. N'altérez point votre santé ; prenez des distractions, et sachez que la vie est semée de tant d'écueils, et peut-être la source de tant de maux, que la mort n'est pas le plus grand de tous. Votre affectionné père. » Dans sa lettre du 24 mai, adressée à l'impératrice, l'empereur parlait de la malheureuse reine en termes sévères jusqu'à la dureté : « Hortense n'est pas raisonnable, et ne mérite pas qu'on l'aime, puisqu'elle n'aimait que ses enfants. Tâche de la calmer, et ne me fais point de peine. A tout mal sans remède, il faut trouver des consolations. » Il écrivait à sa femme le 26 mai : « Je reçois ta lettre du 16. J'ai vu avec plaisir qu'Hortense était arrivée à Laeken. Je suis fâché de ce que tu me mandes de l'espèce de stupeur où elle est encore. Il faut qu'elle ait plus de courage, et qu'elle prenne sur elle. Je ne conçois pas pourquoi on veut qu'elle aille aux eaux; elle serait bien plus dissipée à Paris. Prends sur toi, sois gaie, et porte-toi bien. Ma santé est fort bonne. Adieu, mon amie ; je souffre bien de toutes tes peines ; je suis contrarié de ne pas être auprès de toi. »

Hortense, dans son profond chagrin, n'avait pas le courage d'écrire à l'empereur. Napoléon était froissé de ce silence. « Mon amie, écrivait-il à Joséphine, le 2 juin, j'apprends ton arrivée à la Malmaison. Je n'ai point de lettres de toi. Je suis fâché contre Hortense ; elle ne m'écrit pas un mot. Tout ce que tu me dis d'elle me peine. Comment n'as-tu pas pu un peu la distraire ? tu pleures! J'espère que tu prendras sur toi, afin que je ne te trouve pas triste. Je suis à Dantzick depuis deux jours : le temps est fort beau ; je me porte bien. Je pense plus à toi que tu ne penses à un absent. Adieu, mon amie, mille choses aimables. Fais passer cette lettre à Hortense. » Voici cette épître sévère que Joséphine était chargée de transmettre à la reine : « 2 juin. — Ma fille, vous ne m'avez pas écrit un mot dans votre juste et grande douleur. Vous avez tout oublié, comme si vous n'aviez pas encore de pertes à faire. L'on dit que vous n'aimez plus rien, que vous êtes indifférente à tout ; je m'en aperçois à votre silence. Cela n'est pas bien, Hortense. Ce n'est pas ce que vous nous promettiez. Votre fils était tout pour vous. Votre mère et moi, nous ne sommes donc rien ? Si j'avais été à la Malmaison, j'aurais partagé votre peine; mais j'aurais aussi voulu que vous vous rendissiez à vos meilleurs amis. Adieu, ma fille ; soyez gaie ; il faut se résigner. Portez-vous bien pour remplir tous vos devoirs. Ma femme est toute triste de votre état ; ne lui faites plus de chagrin. Votre affectionné père. » On comprend que de pareilles lettres n'étaient guère faites pour calmer les angoisses d'une mère inconsolable qui pleurait son enfant.

Les lettres de Joséphine à sa fille étaient bien autrement tendres. La bonne impératrice faisait ce qu'elle pouvait pour lui persuader que l'empereur prenait effectivement une grande part à ses peines. Elle lui écrivait de Saint-Cloud, le 4 juin : « Ta lettre m'a bien soulagée, ma chère Hortense, et les nouvelles de ta santé, que je reçois par tes dames, contribuent beaucoup à me rendre plus tranquille. L'empereur a été vivement affecté : dans toutes ses lettres, il cherche à me donner du courage ; mais je sais que ce malheureux événement lui a été bien sensible. Le roi est arrivé hier soir à Saint-Leu ; il m'a mandé qu'il viendrait me voir aujourd'hui ; il doit me laisser le petit, pendant son absence. Tu sais combien j'aime cet enfant, et les soins que j'aurai pour lui. Je désire que le roi prenne la même route que toi ; ce sera, ma chère Hortense, une consolation pour tous deux de vous revoir. Toutes les lettres que j'ai reçues de lui depuis ton départ sont remplies de son attachement pour toi. Ton cœur est trop sensible pour n'en être pas touché. Adieu, ma chère fille, prends soin de ta santé ; la mienne ne se rétablira que lorsque je n'aurai plus à souffrir pour les personnes que j'aime. Je t'embrasse tendrement. » On trouve dans cette lettre toute la bonté, toute la douceur du caractère de Joséphine. Conciliante et bienveillante, elle faisait tout ce qu'elle pouvait pour excuser les reproches de Napoléon et pour rapprocher Hortense de son époux. Elle écrivait encore de Saint-Cloud, le 11 juin, à cette fille bien-aimée : « Ton fils se porte à merveille, il m'amuse beaucoup ; il est si doux ; je trouve qu'il a toutes les manières de ce pauvre enfant que nous pleurons. » Joséphine savait mieux consoler que l'empereur.

Quoi de plus émouvant, de plus maternel que cette autre épître de la bonne impératrice ? « Ta lettre m'a vivement touchée, ma chère fille ; je vois combien ta douleur est toujours profonde, et je le sens encore mieux par celle que j'éprouve moi-même. Nous avons perdu tout ce qu'il y avait de plus digne d'être aimé ; mes larmes coulent comme le premier jour. Ces regrets sont trop justes pour que la raison puisse y mettre un terme; mais, ma chère Hortense, elle doit les modérer. Tu n'es pas seule au monde. Il te reste un mari, un enfant intéressant, et une mère dont tu connais la tendresse. Tu te dois à tout ce qui t'aime encore, et tu es trop sensible pour que tout cela ne te soit plus qu'étranger et indifférent. Pense à nous, ma chère fille ; que ce souvenir en calme un autre légitime et douloureux. Je compte sur ton attachement pour moi, et sur ta raison. J'espère aussi que les voyages et les eaux te feront du bien. Ton fils se porte à merveille, il est charmant. Ma santé est un peu meilleure ; mais tu sais qu'elle dépend de la tienne. Adieu, je t'embrasse. »

Le caractère de cette mère, de cette grand'mère si tendre se retrouvait dans chacune de ses lettres. Son style lui ressemblait; il était simple et affectueux comme elle. On aurait pu dire, à propos de sa correspondance, remplie des sentiments les plus doux, les meilleurs, les plus attachants : le style, c'est la femme.

Pendant que Joséphine et Hortense pleuraient, Napoléon achevait brillamment la terrible campagne. Il annonçait ainsi à sa femme, le 15 juin, la grande victoire de Friedland : « Mon amie, je ne t'écris qu'un mot, car je suis bien fatigué ; voilà bien des jours que je bivouaque. Mes enfants ont dignement célébré l'anniversaire de la bataille de Marengo. La bataille de Friedland sera aussi célèbre et est aussi glorieuse pour mon peuple. Toute l'armée russe mise en déroute, 80 pièces de canon, 30,000 hommes pris ou tués, 25 généraux russes tués, blessés ou pris, la garde russe écrasée ; c'est une digne sœur de Marengo, Austerlitz, Iéna. Le bulletin te dira le reste. Ma perte n'est pas considérable ; j'ai manœuvré l'ennemi avec succès. Sois sans inquiétude et contente. Adieu, mon amie, je monte à cheval. » Le lendemain, autre lettre à Joséphine : « Mon amie, je t'ai expédié hier Moustache avec la nouvelle de la bataille de Friedland. Depuis, j'ai continué à poursuivre l'ennemi. Kœnigsberg, qui est une ville de 80,000 âmes, est en mon pouvoir. J'y ai bien trouvé des canons, beaucoup de magasins et enfin plus de 60,000 fusils venant d'Angleterre. Adieu, mon amie, ma santé est parfaite, quoique je sois enrhumé par la pluie et le froid du bivouac. Sois contente et gaie. Tout à toi. » De Tilsitt, Napoléon écrivait à sa femme, le 19 juin : « J'ai expédié Tascher près de toi pour calmer toutes tes inquiétudes. Tout va ici au mieux. La bataille de Friedland a décidé de tout. L'ennemi est confondu, abattu, extrêmement affaibli. Ma santé est bonne, et mon armée est superbe. Adieu, mon amie, sois gaie et contente. » Sois gaie et contente, c'est perpétuellement le même refrain.

Le 25 juin, à une heure de l'après-midi, un grand spectacle se produisait au milieu des eaux du Niémen. On y avait placé un radeau, à égale distance et en vue des deux rives du fleuve. Avec ce qu'on avait pu trouver de belles étoffes dans la petite ville de Tilsitt on avait construit un pavillon sur une partie de ce radeau, pour y recevoir l'empereur des Français et l'empereur de Russie. Sur une rive, Napoléon s'embarqua avec Murat, Berthier, Bessières, Duroc et Caulaincourt, et sur l'autre rive Alexandre, avec le grand-duc Constantin, les généraux Beningsen et Ouvaroff, le prince de Labanoff et le comte de Lieven. Les deux armées étaient rangées sur les deux bords, et le peuple des campagnes voisines était là aussi, pour assister à l'une des entrevues les plus mémorables de l'histoire. Arrivés au radeau, les deux souverains qui venaient de se faire une guerre si terrible, et qui avaient causé la mort de tant de milliers d'hommes, se jetèrent avec effusion dans les bras l'un de l'autre. Le même jour, Napoléon écrivait à Joséphine : « Mon amie, je viens de voir l'empereur Alexandre ; j'ai été fort content de lui ; c'est un fort beau, bon et jeune empereur ; il a de l'esprit plus qu'on ne le pense communément. Il vient loger en ville à Tilsitt demain. Adieu, mon amie, je désire fort que tu te portes bien, et sois contente. Ma santé est fort bonne. » L'intimité devint parfaite entre les deux souverains. « Mon amie, écrivait Napoléon à sa femme, le 3 juillet, M. de Turenne te donnera tous les détails de ce qui se passe ici ; tout va fort bien.

Je crois t'avoir dit que l'empereur de Russie porte ta santé avec beaucoup d'amabilité. Il dîne ainsi que le roi de Prusse, tous les jours chez moi. Je désire que tu sois contente. Adieu, mon amie, mille choses aimables. » Et le 6 juillet : « J'ai reçu ta lettre du 25 juin. J'ai vu avec peine que tu étais égoïste, et que les succès de mes armes seraient pour toi sans attraits. La belle reine de Prusse doit venir dîner avec moi aujourd'hui. Je me porte bien, et désire beaucoup te revoir, quand le destin l'aura marqué. Cependant, il est possible que cela ne tarde pas. »

La reine de Prusse était l'une des femmes les plus belles et les plus spirituelles de son temps. Une heure après qu'elle fut arrivée à Tilsitt, Napoléon alla lui rendre visite, et le soir, lorsqu'elle vint dîner chez lui, il alla respectueusement la recevoir à la porte de la maison où il demeurait. Mais, malgré les efforts qu'elle fit pour adoucir les conditions de la paix imposée à la Prusse, son insistance gracieuse et opiniâtre n'obtint rien. Napoléon rendait ainsi compte à Joséphine, le 7 juillet, de ce dîner, qu'il avait fait la veille avec la séduisante souveraine : « Mon amie, la reine de Prusse a dîné hier avec moi. J'ai eu à me défendre de ce qu'elle voulait m'obliger à faire encore quelques concessions à son mari ; mais j'ai été galant, et je me suis tenu à ma politique. Elle est fort aimable. J'irai te donner des détails qu'il me serait impossible de te donner sans être bien long. Quand tu liras cette lettre, la paix avec la Prusse et la Russie sera conclue, et Jérôme reconnu roi de Westphalie, avec trois millions de population. Ces nouvelles pour toi seule. Adieu, mon amie; je t'aime et veux te savoir contente et gaie. » On dit que la reine de Prusse, qui tenait une belle rose à la main, l'offrit à Napoléon, en disant avec un gracieux sourire : « Prenez-la, sire, mais en échange de Magdebourg. » Le vainqueur d'Iéna eut tort de ne pas accepter l'échange de la belle reine. Il faisait ou trop ou trop peu pour la monarchie prussienne. Puisqu'il ne voulait ou ne pouvait pas l'anéantir, il aurait dû la laisser vivre, s'arranger de manière à s'en faire une amie. Qui sait? L'acceptation d'une rose aurait peut-être évité bien des vengeances, bien des désastres. A quoi tiennent les destinées de ce monde !

De Saint-Cloud, Joséphine écrivait à sa fille, le 10 juillet : « Je reçois souvent, ma chère Hortense, des nouvelles de l'empereur; il me parle beaucoup de l'empereur Alexandre, dont il paraît très satisfait. Il m'a envoyé M. de Monaco et M. de Montesquiou pour me donner des détails sur ce qu'ils ont vu. Ces messieurs racontent que la première entrevue était un spectacle magnifique. Les deux armées étaient sur la rive droite et sur la rive gauche du Niémen. L'empereur est arrivé le premier au pavillon construit au milieu de la rivière; la barque de l'empereur

Alexandre a eu quelque peine à s'en approcher, ce qui a fourni à ce dernier quelques mots agréables sur son empressement mal secondé par le fleuve. On dit qu'au moment où les deux empereurs se sont embrassés, des acclamations universelles sont parties des deux rives. Ce qui augmente pour moi l'intérêt de ces heureuses nouvelles, c'est l'espérance que j'ai de revoir bientôt l'empereur. Pourquoi, ma chère Hortense, ce bonheur est-il troublé par des souvenirs si douloureux qui ne s'effaceront jamais ? Ton petit se porte parfaitement bien ; son teint n'est plus reconnaissable. J'espère que les eaux te feront du bien, ainsi qu'au roi ; rappelle-moi à son souvenir, et crois, ma chère fille, à toute la tendresse de ta mère. » Avec quel tact et quelle inspiration du cœur la bonne Joséphine, malgré Friedland et Tilsitt, se souvenait du pauvre petit ange envolé !

Avant de quitter Tilsitt, où il avait signé une paix glorieuse, Napoléon se fit présenter le plus brave soldat de la garde impériale russe, et lui donna l'aigle de la Légion d'honneur. Il fit présent de son portrait à Platow, l'hetman des cosaques et quelques baschirs vinrent lui donner un concert à la manière de leur pays. Le 9 juillet, à onze heures du matin, décoré du grand-cordon de Saint-André, il se rendit chez l'empereur Alexandre, qui portait le grand-cordon de la Légion d'honneur. Les deux souverains passèrent trois heures ensemble, puis ils montèrent à cheval et se dirigèrent vers les bords du Niémen. Quand ils furent arrivés devant le fleuve, ils descendirent de cheval et s'embrassèrent une dernière fois. Puis le tsar monta en bateau, et Napoléon resta sur le bord du Niémen jusqu'à ce qu'il eût vu son nouvel ami débarquer sur l'autre rive. Il se rendit ensuite à Kœnigsberg, puis à Dresde, d'où il écrivait à Joséphine, le 18 juillet : « Mon amie, je suis arrivé hier, à cinq heures du soir, à Dresde, fort bien portant, quoique je sois resté cent heures en voiture, sans sortir. Je suis ici chez le roi de Saxe, dont je suis fort content. Je suis donc rapproché de toi de plus de la moitié du chemin. Il se peut qu'une de ces belles nuits, je tombe à Saint-Cloud comme un jaloux, je t'en préviens. Adieu, mon amie ; j'aurai grand plaisir à te voir. Tout à toi. » Napoléon parlait de jalousie. Les temps de la première campagne d'Italie étaient bien loin. Les choses avaient changé du tout au tout. Ce n'était plus lui qui avait à être jaloux de Joséphine, c'était Joséphine qui était jalouse de lui, et qui avait raison de l'être. Après une absence qui durait depuis près d'un an, l'empereur arrivait à Saint-Cloud, le 27 juillet 1807, à six heures du matin.

XXIV

LE RETOUR DE L'EMPEREUR

Le 28 juillet 1807, l'empereur, arrivé la veille à Saint-Cloud, reçut les grands corps de l'État. Il serait difficile de se faire une idée exacte des louanges qui lui furent adressées. Citons-en au hasard quelques-unes. M. Séguier, premier président de la cour d'appel, dit au vainqueur de Friedland : « Napoléon est au-dessus de l'admiration ; il n'y a que l'amour qui puisse s'élever jusqu'à lui. » Le cardinal-archevêque de Paris, parlant au nom de son clergé, fut peut-être plus enthousiaste encore : « Le Dieu des armées, dit-il, a dicté et dirigé tous vos projets ; rien n'a pu arrêter la rapidité de tant de prodiges... Croyez, sire, à notre zèle pour instruire les peuples de la soumission et de l'obéissance qu'ils doivent à tous les décrets et à tous les ordres de Votre Majesté. » Mais ce fut le conseiller d'État Frochot, préfet de la Seine, qui eut certainement le prix dans ce grand concours d'adulations. Voici un fragment de sa harangue : « Sire, lorsque, enfin, la ville de Paris vous reçoit après une absence si longue et des faits si prodigieux, elle voudrait pouvoir vous dire l'excès de son admiration, et ne saura pourtant vous parler aujourd'hui que de son amour. Comment, en effet, si elle essayait de contempler en vous le vainqueur de tant de rois, le législateur de tant de peuples, le régulateur de tant d'événements, l'arbitre de tant de destinées, comment alors oserait-elle approcher de Votre Majesté, et quel langage saurait-elle lui tenir ? Vous parlerait-elle de triomphes ? Mais un autre que César lui-même peut-il parler de ce que César a fait ? — De gloire ? mais il y a dix ans que l'on ne sait plus dire toute celle que, dès ce temps-là, vous avez acquise. — De génie ? mais qui pourrait célébrer toutes les merveilles que le vôtre a produites, et devant qui nos esprits demeurent interdits et confondus. Sire, toutes ces choses sont véritablement devenues au-dessus de notre portée, et, lorsque de toutes parts elles commandent l'admiration, le silence même, le silence d'étonnement que l'admiration impose nous semble être aussi le seul moyen de les exprimer. » L'on n'en avait jamais dit davantage à Louis XIV, au roi-soleil.

Faisant allusion aux illuminations qui avaient eu lieu la veille à Paris, le préfet de la Seine ajoutait : « Que ne puissiez-vous, sire, avoir été témoin de l'allégresse que l'annonce de ce retour glorieux de Votre Majesté, a répandue hier dans la capitale de votre empire ! Que ne puissiez-vous avoir entendu les acclamations dont vos fidèles sujets de cette capitale ont fait retentir l'air pendant la fête qu'ils se sont donnée à eux-mêmes à cette occasion, jusque bien avant dans la nuit. » Le préfet terminait sa harangue par cette prophétie, hélas ! bien peu exacte : « L'auguste empereur Napoléon rendra la guerre impossible entre les nations, et le bonheur du monde datera de l'époque de son règne. »

Le vainqueur d'Austerlitz, d'Iéna et de Friedland se croyait alors tout possible. Sa domination directe ou indirecte s'étendait du détroit de Gibraltar jusqu'à la Vistule, des Alpes jusqu'à l'Adriatique, des montagnes de la Bohême jusqu'à la mer du Nord. Charlemagne était dépassé. Joséphine revoyait son tout-puissant mari avec joie, mais aussi avec inquiétude, avec frayeur. Il revenait si infatué de sa prodigieuse fortune, il était tellement adulé, tellement divinisé par la foule de ses courtisans ; il avait dans toute sa personne impériale et royale quelque chose de si redoutable et de si majestueux, que sa douce et timide compagne était comme éblouie par les rayons d'un tel soleil, qu'elle n'osait plus regarder en face.

Joséphine avait peur maintenant de tutoyer

son maître, et de l'appeler simplement Bonaparte comme autrefois. En lui adressant la parole, elle se servait souvent du mot : Sire. Elle n'avait le courage ni de lui reprocher ses infidélités de Varsovie et du château de Finkenstein, ni de lui montrer qu'elle s'apercevait de ses galanteries pour plusieurs des femmes de la cour, notamment pour une belle Italienne, protégée par M. de Talleyrand, qu'elle avait auprès d'elle comme lectrice, et que Napoléon distinguait d'une manière ostensible. A l'horizon, elle apercevait comme un spectre le divorce, le fatal divorce, fantôme qui, depuis le temps de l'expédition d'Egypte, hantait son imagination troublée. Craignant de donner à son époux le moindre prétexte de mécontentement ou de contrariété, elle était plus humble, plus soumise, plus obéissante que jamais.

Tant que l'aîné des fils de Louis Bonaparte et de la reine Hortense avait vécu, Joséphine était à peu près rassurée, parce qu'elle savait que cet enfant, tout spécialement aimé par Napoléon, était, dans la pensée de son oncle, l'héritier de l'empire. Mais son frère, celui qui survivait, le petit Napoléon-Louis (né le 11 octobre 1804) ne donnait pas à l'impératrice les mêmes garanties. L'empereur connaissait beaucoup moins cet enfant ; il ne l'avait pas fait jouer comme l'autre, il ne s'y était pas attaché. Le petit Napoléon-Louis était auprès de Joséphine, au moment du retour de l'empereur. Elle fit tout ce qu'elle put pour le lui faire prendre en affection.

Ce n'eût pas été, du reste, chose facile que de fixer un homme tel que Napoléon. Plus jeune de six ans que sa femme, il n'avait que trente-huit ans, et il était dans toute la force, dans tout l'éclat de sa beauté césarienne. Il aimait à conquérir les beautés, autant que les provinces. L'idée d'une résistance quelconque l'exaspérait. En toute chose, il lui fallait le succès, le triomphe, la domination. Sa fête, célébrée le 15 août 1807, avec une splendeur et une pompe inaccoutumées, le fit ressembler à un demi-dieu dans la lumière éclatante d'une apothéose. Il associa encore Joséphine aux ovations qu'il reçut ce jour-là, et la tint par la main, quand, le soir, il parut au balcon des Tuileries, et fut acclamé par la foule qui remplissait le jardin illuminé.

Le mariage du roi Jérôme avec la jeune princesse Catherine de Wurtemberg vint encore augmenter l'animation de la cour déjà si brillante. La cassation du mariage de ce jeune prince avec Mlle Paterson, avait causé de grandes difficultés à Napoléon. A l'époque où cette union avait été contractée à Baltimore (8 décembre 1803), il n'était encore que premier consul, et Jérôme, simple officier de marine, ne relevait, en aucune manière, du futur sénatus-consulte qui devait régler plus tard les conditions civiles de la nouvelle famille impériale. Mais, dans son empressement à épouser la jeune et belle Américaine, dont il était épris, Jérôme, âgé seulement de dix-neuf ans, avait, malgré l'avis du consul de France, négligé de demander l'autorisation de sa mère, Mme Lætitia Bonaparte. Cette omission n'avait pas empêché l'évêque de Baltimore de célébrer le mariage. Napoléon le considérait cependant comme nul et non avenu. Il n'obtint que le 22 février 1805 la protestation de Mme Lætitia, et, le 21 mars suivant, par décret impérial, il cassa, de sa propre autorité, le mariage qui lui déplaisait. Toutefois, au point de vue religieux, cette union subsistait encore. L'empereur demanda au pape d'en prononcer la nullité. Mais Pie VII répondit à la demande de Napoléon par un refus formel. Il lui écrivit, au mois de juin 1805 : « Il est hors de notre pouvoir, dans l'état actuel des choses, de prononcer le jugement de nullité. Si nous usurpions une autorité que nous n'avons pas, nous nous rendrions coupable d'un abus abominable devant le tribunal de Dieu, et Votre Majesté elle-même, dans sa justice, nous blâmerait de prononcer une sentence contraire au témoignage de notre conscience et aux principes invariables de l'Église... C'est pourquoi nous espérons vivement que Votre Majesté sera bien persuadée que le désir dont nous sommes toujours animés de seconder autant qu'il dépend de nous ses desseins, particulièrement dans une affaire qui touche de si près à son auguste personne, n'a été rendu inefficace que par l'absence absolue de pouvoir, et nous la supplions de vouloir bien accepter cette sincère déclaration comme un témoignage de notre affection véritablement paternelle. » Cette contestation fut la première des querelles entre le pape et l'empereur. Pie VII ne voulut pas céder. Mais Napoléon trouva plus de complaisance dans l'officialité métropolitaine de Paris, et il en obtint, le 6 octobre 1806, une sentence qui prononçait la nullité du mariage religieux de son frère Jérôme avec Mlle Paterson.

Le roi de Wurtemberg, dans l'espoir qu'une alliance intime avec la famille impériale lui procurerait, en consolidant son trône, de nouveaux agrandissements de territoire et de puissance, avait proposé de donner au jeune frère de l'empereur la main de sa fille, la princesse Catherine. Dès que le roi eut pris cette décision, il n'admit point qu'elle soulevât la moindre critique dans sa famille, habituée à ne jamais discuter un de ses ordres. Le souverain de Wurtemberg était un véritable colosse. Il avait une telle corpulence, qu'on fut forcé de pratiquer une large et profonde échancrure à la table de la salle à manger, précaution sans laquelle ses mains n'auraient pu atteindre les assiettes. Il aimait à monter à cheval, mais ce n'était pas chose facile de trouver une monture assez forte pour supporter un tel fardeau. Il fallait y habituer peu à peu l'animal, et, à cet effet, un écuyer, chargé de dresser le coursier royal, se serrait les reins d'une ceinture remplie de morceaux de plomb, dont il augmentait chaque jour le poids, jusqu'à ce qu'il égalât celui du souverain. Les exigences de ce monarque, très respecté, mais très redouté de ses sujets, étaient telles qu'il fallait que sa femme fût levée et habillée en grande tenue, dès sept heures du matin ; il voulait, à quelque heure de la journée ou de la soirée qu'il lui plût d'entrer dans son appartement, la trouver toute prête à l'accompagner où il lui conviendrait d'aller. La reine, qui était sa seconde femme (c'est d'un premier mariage qu'il avait eu la princesse Catherine), était fille du roi d'Angleterre, et à ce titre, elle ne devait guère désirer voir sa bru épouser le frère du plus grand ennemi des Anglais. Toutefois elle se garda bien de faire la moindre objection. Le roi de Wurtemberg était un prince sévère pour sa famille et ses sujets. Mais il avait de l'instruction, de l'intelligence, de l'énergie. Napoléon en faisait grand cas, et il trouva en lui un allié loyal et fidèle.

Jérôme, que le traité de Tilsitt avait fait roi de Westphalie, était le plus jeune des frères de l'empereur. Né à Ajaccio le 15 novembre 1784, il n'avait pas encore vingt-trois ans quand il épousa la princesse Catherine de Wurtemberg, qui avait près de deux ans de plus que lui (elle était née le 2 février 1783). Cette princesse avait beaucoup de charme ; grande, belle, ayant la physionomie la plus noble et la plus affable, elle inspirait à tous la sympathie et le respect. C'était une femme supérieure par l'intelligence, par la vertu et par le cœur. Elle devait être le modèle des épouses et le modèle des mères. C'est elle qui, en 1814, refusera de divorcer et d'abandonner un époux malheureux et un roi détrôné. C'est elle qui écrira à son père, dont elle eut le courage de braver le courroux, cette lettre vraiment admirable : « Forcée par la politique d'épouser le roi mon époux, le sort a voulu que je me trouvasse la femme la plus heureuse qui puisse exister. Je porte à mon mari tous les sentiments réunis, amour, tendresse, estime ; en ce moment douloureux le meilleur des pères voudrait-il détruire mon bonheur intérieur, le seul qui me reste ? J'ose vous le dire, mon cher père, vous, et toute ma famille, méconnaissez le roi mon époux. Un temps viendra, je l'espère, où vous serez convaincu que vous l'avez mal jugé, et alors vous retrouverez toujours en lui comme en moi les enfants les plus respectueux et les plus tendres. » C'est la courageuse femme, l'épouse fidèle, la mère dévouée, dont Napoléon dira sur le rocher de Sainte-Hélène : « La princesse Catherine de Wurtemberg a inscrit de ses propres mains son nom dans l'histoire. »

Le mariage de Jérôme s'accomplit avec une grande solennité. Il se fit d'abord par procuration à Stuttgard (le frère de la fiancée représentait le mari). L'empereur envoya alors des présents à sa future belle-sœur, entre autres une parure de diamants de trois cent mille francs. Un détachement de la maison de l'empereur et plusieurs femmes de chambre de l'impératrice allèrent à la frontière se mettre à la disposition de la princesse. Elle arriva au château du Raincy, le 20 août 1807, où elle vit pour la première fois son fiancé, et, le 21, aux Tuileries, où Napoléon la reçut, sur la première marche du grand escalier. Au moment où elle s'inclinait devant lui, il la prit dans ses bras; puis il la présenta à l'impératrice, devant toute la cour, et devant les députés du nouveau royaume de Westphalie, convoqués à Paris pour y assister à l'union de leur jeune souverain avec une princesse appartenant à l'une des plus anciennes et des plus illustres familles de l'Allemagne.

Le samedi 22 août, à huit heures du soir, la cérémonie de la signature du contrat et de la célébration du mariage civil eut lieu aux Tuileries, dans la galerie de Diane, en présence de l'empereur, de l'impératrice, des dames et officiers de leurs maisons, et des grands personnages de l'empire. M. Regnault de Saint-Jean-d'Angély, secrétaire d'état de la famille impériale, donna lecture du contrat de mariage qui fut ensuite signé par l'empereur, l'impératrice, les époux, les princes et princesses, le prince primat de la Confédération du Rhin, les princes grands dignitaires de l'empire, et les témoins du mariage. Les témoins étaient, pour la cour de France : le prince Borghèse, le prince Murat, grand-duc de Berg, et le maréchal Berthier, prince de Neuchâtel; pour la cour de Wurtemberg : le prince de Bade, le prince de Nassau, et le comte de Winzingerode, ministre wurtembergeois. Le prince Cambacérès, archi-chancelier de l'empire, prit ensuite le consentement des époux, et prononça la formule du mariage civil.

Le lendemain, dimanche 23 août 1807, à huit heures du soir, le mariage religieux fut célébré dans la chapelle du palais des Tuileries, dont les tribunes étaient occupées par le corps diplomatique, les princes et seigneurs étrangers et les personnes invitées à la cérémonie. Le cortège était brillant. En entrant dans la chapelle, Napoléon donnait la main à la princesse Catherine et Jérôme à l'impératrice. Le prince-primat de la Confédération du Rhin, archevêque de Ratisbonne, prince souverain de cette ville, d'Aschaffenbourg, de Francfort, etc., entouré de son clergé et des personnes de sa cour, se tenait à la porte du sanctuaire. Il présenta l'eau bénite à l'empereur et à l'impératrice, qui allèrent ensuite se placer sur leur prie-Dieu; puis il donna aux jeunes époux la bénédiction nuptiale, tandis que le poêle était tenu par l'évêque de Gand et l'abbé de Boulogne, aumôniers de l'empereur. Après la cérémonie, on quitta la chapelle pour retourner aux grands appartements, et l'on assista, dans la salle des Maréchaux, à un concert, à un ballet et à un cercle. Deux fois Napoléon se mit au balcon, en montrant les époux à la foule immense qui remplissait le jardin des Tuileries. Malheureusement un orage éclata, et l'on ne put point tirer le feu d'artifice préparé..

Pendant que la foudre grondait et que la pluie tombait à torrents, l'impératrice, assistant au mariage de son jeune beau-frère, n'était pas sans se faire de tristes réflexions. Elle pensait à la pauvre femme abandonnée, à l'infortunée Américaine, qui pleurait au loin, tandis que l'homme qu'elle aimait, son mari, le père de ses enfants, conduisait joyeusement une autre femme à l'autel. Joséphine se disait sans doute que bientôt peut-être son sort serait le même que celui de la malheureuse demoiselle Paterson ; qu'elle serait également sacrifiée, également délaissée, également répudiée.

Une autre cause de chagrin tourmentait en ce moment l'impératrice. Aux Pyrénées, sa fille Hortense s'était rapprochée du roi Louis, et, par suite de cette réconciliation, elle était devenue grosse de l'enfant qui devait un jour s'appeler Napoléon III. Mais, au bout de quelques semaines, l'incompatibilité d'humeur qui existait entre les deux époux, et qu'une douleur commune, la mort de leur enfant, avait un instant atténuée, s'était accentuée de nouveau. Revenus à Paris, à la fin d'août, le roi et la reine de Hollande ne tardèrent pas à recommencer leurs dissentiments. Plus inquiet, plus soupçonneux que jamais, le roi voulait ramener sa femme en Hollande. Mais la reine avait ce pays en aversion depuis qu'elle y avait tant souffert, et le climat lui était funeste. Elle pensait que si elle y retournait, elle y perdrait son second fils, comme elle y avait perdu l'aîné. Sa grossesse était pénible. Elle se croyait la poitrine attaquée. En France, elle se sentait protégée par l'empereur contre les colères de son mari. Mais la Hollande lui apparaissait dans un lointain brumeux, humide, mélancolique, comme une sombre prison, dont le roi son époux serait le geôlier. Louis Bonaparte s'indignait de cette résistance de sa femme, et son courroux était d'autant plus grand qu'il se voyait contraint de le dissimuler. Napoléon, qui, dans sa famille comme dans son empire, prétendait exercer une autorité absolue, donnait à Louis, comme à ses autres frères, des ordres qui devaient être religieusement exécutés, sans observations, sans murmures. Le roi de Hollande retourna seul dans son royaume, sa femme resta en France, mais elle y resta triste, souffrant au moral et au physique, désenchantée de toutes les choses d'ici bas. « De cette époque, dira-t-elle plus tard, j'ai compris que mes malheurs seraient sans remède ; je regardai ma vie comme entièrement détruite ; j'eus en horreur les grandeurs, le trône ; je maudis souvent ce que tant de gens appelaient ma fortune ; je me sentis étrangère à toutes les jouissances de la vie, privée de toutes ses illusions, à peu près morte à tout ce qui se passait autour de nous. » Dans d'autres conditions, l'impératrice se serait réjouie d'avoir sa fille auprès d'elle; mais elle la trouvait si accablée, si morose et si malheureuse, que la présence de cette fille chérie fut peut-être autant pour elle un chagrin qu'une consolation. Telles étaient les dispositions d'esprit de l'impératrice des Français et de la reine de Hollande, quand toutes deux, vers la fin du mois de septembre 1807, se rendirent avec la cour, à Fontainebleau, où l'empereur mena une vie plus fastueuse que jamais, et s'entoura majestueusement de toutes les pompes et de toutes les splendeurs monarchiques.

XXV

LA COUR A FONTAINEBLEAU

La cour arriva au château de Fontainebleau le 21 septembre 1807, et y resta jusqu'au 15 novembre. Napoléon sentait le besoin d'étaler un luxe éblouissant. Il voulait que le corps diplomatique envoyât aux puissances étrangères le récit de fêtes magnifiques. Ce splendide palais de Fontainebleau, rempli des fastueux souvenirs de l'ancienne monarchie française, était une résidence qui lui plaisait. Il aimait à s'y voir entouré des plus grands personnages étrangers et français, rivalisant d'adulations, d'empressement et d'hommages pour sa personne impériale et royale. Dans sa pensée, les fêtes comme les batailles, ajoutaient au prestige de la souveraineté. Voulant être le premier partout et toujours, il attachait beaucoup de prix à ce que sa cour passât pour être la plus brillante de toute l'Europe.

Que de types variés parmi les invités de Fontainebleau ! Voici Madame mère, plus italienne que française par son origine, son visage, sa prononciation, Madame mère. rappelant les caractères antiques, ne se laissant jamais éblouir par la fortune, austère dans sa vie, simple dans ses goûts, très économe, moins par avarice que par l'idée que les grandeurs de son fils seront éphémères. Voici la belle princesse Borghèse, duchesse de Guastalla, plus élégante, plus à la mode et plus séduisante que jamais. Voici Mme Murat resplendissante d'éclat et de fraîcheur, ne se contentant pas d'être princesse française et grande duchesse de Berg, et voulant absolument être reine. Voilà la reine de Hollande, désolée, au contraire, d'être montée sur un trône, et plongée dans une mélancolie profonde, qui contraste avec les splendeurs dont est entourée cette souveraine malgré elle. Voilà la femme de Joseph Bonaparte, la reine de Naples, dont les goûts sont modestes, et qui préfère Paris à sa royauté italienne. Que de princes, que de grands seigneurs dans cette foule de courtisans, qui semblent être les satellites du soleil impérial ! On distingue dans la galerie de Henri II toute une pléiade de princes allemands : le grand-duc de Wurtzbourg, qui n'a pas l'air de regretter son grand-duché de Toscane, et qui se console en chantant des morceaux italiens, car la musique est sa passion ; le prince-primat de la Confédération du Rhin, archevêque de Ratisbonne prince souverain de cette ville et de Francfort, qui, malgré sa situation ecclésiastique, assiste volontiers aux chasses de l'empereur ; le prince Guillaume de Prusse, qui espère, par son empressement, atténuer les maux de sa patrie et adoucir les exigences du vainqueur d'Iéna ; le prince de Mecklembourg-Schwerin, qui se fait remarquer par sa haute politesse germanique ; le jeune prince de Mecklembourg-Strelitz, frère de la reine de Prusse, qui semble moins préoccupé des patriotiques chagrins de sa sœur que de la cour assidue qu'il fait à l'impératrice Joséphine, dont il est très respectueusement l'amoureux platonique ; le prince de Bade, qui, bien que beau-frère de l'empereur de Russie, du roi de Bavière et du roi de Suède, se trouve honoré d'avoir épousé une demoiselle de Beauharnais, fille d'un simple sénateur de l'empire, et qui n'a qu'un regret, c'est de n'être pas assez tendrement aimé par sa femme. Voici Jérôme, le jeune et brillant roi de Westphalie, qui ne paraît plus guère penser à Élisabeth Paterson, et à qui sa nouvelle femme, la princesse Catherine de Wurtemberg, témoigne une passion véritable.

Dans la galerie Henri II, on remarque également Murat, qui, depuis sa triomphale entrée à Varsovie, ne rêve plus que couronnes, et qui se demande avec anxiété s'il sera roi de Pologne ou roi de Portugal, roi d'Espagne ou roi de Naples ; voilà les grands dignitaires de l'empire, les ambassadeurs étrangers, les maréchaux, les ministres; c'est M. de Talleyrand, avec ses traitements énormes, sa haute situation de grand chambellan et de vice-grand-électeur, son titre de prince souverain de Bénévent, Talleyrand, toujours spirituel de cet esprit froid, sceptique, poliment dédaigneux, qui caractérisait les personnages d'ancien régime, Talleyrand, qui, dans le cabinet de l'empereur, lui parle peut-être avec une certaine liberté, mais qui, dans la galerie Henri II, ressemble aux autres courtisans, et garde un respectueux silence, à l'approche du souverain; c'est le comte de Ségur, grand maître des cérémonies, aimable à la cour de Napoléon, comme il l'avait été à celle de Catherine II, en qualité d'ambassadeur de Louis XVI; c'est le maréchal Berthier, grand-veneur, vice-connétable, prince souverain de Neuchâtel, et amoureux de Mme Visconti, comme un jeune homme de vingt ans; c'est le comte Tolstoï, le fastueux ambassadeur de l'empereur Alexandre; c'est M. de Metternich, le séduisant et habile ambassadeur d'Autriche, qui se fait remarquer par l'admiration qu'il témoigne à la princesse Murat.

Voyez passer dans la galerie l'empereur. C'est vers lui, vers lui seul, que se dirigent tous les regards, vers lui qu'aboutissent tous les intérêts, toutes les intrigues, toutes les ambitions. C'est lui qui apparaît comme le dispensateur de la fortune, l'arbitre des destinées, l'être exceptionnel dont relèvent les individus, les royaumes et les empires. Il remplit tout de sa présence. On dirait qu'on ne vit que pour l'empereur et par l'empereur. Un sourire, une parole, la moindre marque d'attention, le moindre signe de tête venant de lui semble une précieuse récompense, et un insigne honneur. Dès qu'il paraît, on sent dans l'air comme un frémissement d'admiration et de crainte. On se courbe, comme le cheval qui sent venir son maître. On salue jusqu'à terre. Interrogé, on bégaie, on ose à peine répondre, on rougit, on pâlit; et lui, jouissant de l'embarras de tous, se félicite de l'espace immense qu'il a mis entre lui et tous les autres humains. Les étrangers eux-mêmes ont l'air d'être ses sujets. Quelle que soit leur valeur, quel que soit leur blason, ils ne sont plus auprès de lui que de vulgaires comparses. Sa puissance paraît illimitée, comme son génie, et, se croyant désormais tout possible, se regardant comme un prodige, comme un vivant miracle, il se promène fièrement et majestueusement dans sa gloire.

Sous le second Empire, ce qu'on appelait les *séries* de Compiègne et de Fontainebleau étaient beaucoup moins cérémonieuses que sous le premier Empire. Tous les invités de Napoléon III déjeunaient et dînaient à sa table, le matin en redingote, le soir en habit noir et culotte courte; mais l'on ne voyait pas d'uniformes. Les femmes étaient, au déjeuner, en costume du matin. Elles n'avaient point de toilette spéciale pour suivre les chasses à courre. Avant de dîner, l'impératrice admettait dans son salon quelques personnes invitées spécialement pour y prendre le thé. L'empereur laissait, pendant toute la journée, la plus grande liberté à ses hôtes. Le soir, on dansait aux sons d'un piano mécanique, dont quelque chambellan tournait la manivelle. On avait la plus grande déférence pour l'empereur, mais on ne le craignait pas, car ses paroles étaient toujours empreintes d'une extrême affabilité. Napoléon Ier, au contraire, était peut-être plus encore redouté qu'admiré. Les personnes chargées d'organiser ses fêtes s'estimaient fort heureuses, si elles obtenaient son silence, car il n'adressait presque jamais d'éloges, et souvent il faisait des critiques. C'était un honneur extraordinaire et rarement accordé, même aux princes, de dîner avec lui. Il y avait d'ailleurs à Fontainebleau, en 1807, plusieurs tables distinctes : celles des princes et princesses de la famille impériale, qui donnaient souvent de grands dîners ; celle du grand maréchal du palais, qui avait vingt-cinq couverts ; celle de la dame d'honneur de l'impératrice, qui en avait un égal nombre, et enfin, une dernière table, où dînait tout ce qui n'avait pas reçu d'invitation spéciale. Les princesses payaient leur installation à leurs frais, tandis que, sous Napoléon III, à Fontainebleau ou à Compiègne, toutes les dépenses étaient à la charge de l'empereur. Sous le premier Empire, on ne conviait dans les résidences impériales que des personnages ayant un haut rang dans la hiérarchie officielle ; sous le second certains invités n'avaient d'autre notoriété que leur élégance. Sous Napoléon Ier, où tout était solennel, on ne jouait guère à la cour que des tragédies ; sous Napoléon III, les représentations se composaient souvent des pièces de petits théâtres. Les chasses du second empereur étaient assez simples, celles du premier étaient magnifiques. Napoléon avait ordonné en 1807 que les femmes auraient un costume spécial, pour suivre les chasses à courre ; celui de l'impératrice et de toutes les dames de sa maison était en velours amarante brodé d'or avec une toque ornée de plumes blanches ; celui des princesses, bleu pour la reine de Hollande, rose pour la princesse Murat, lilas pour la princesse Borghèse, était orné de broderies d'argent. L'empereur et tous les invités avaient les mêmes uniformes de chasse, pour la chasse à courre : un habit à la française vert-dragon avec boutons et galons d'or, culotte de casimir blanc, bottes à l'écuyère sans revers ; pour la chasse à tir : un habit français vert, sans autre ornement que des boutons blancs, sur lesquels étaient gravés des attributs de vénerie. Sous le premier Empire, l'étiquette était d'une rigueur absolue ; sous le second Empire, elle était presque nulle. Napoléon Ier avait, à toutes les minutes de la journée et de la soirée le double aspect d'un général en chef et d'un souverain. Napoléon III ressemblait à un homme du monde recevant des amis dans un château particulier.

Du 21 septembre au 15 novembre 1807, le vainqueur d'Austerlitz, d'Iéna et de Friedland a donné l'ordre qu'on s'amuse dans le palais de Fontainebleau. La consigne, c'est le plaisir. Mais le plaisir n'obéit pas au commandement. Habitué à voir toutes ses volontés obéies, l'empereur s'étonne que tous les visages ne soient pas rayonnants. « C'est chose singulière, dit-il, j'ai rassemblé à Fontainebleau beaucoup de monde, j'ai voulu qu'on s'amusât, j'ai réglé tous les plaisirs, et chacun a l'air fatigué et triste. » Les morceaux italiens, même chantés par les meilleurs artistes, en costumes, avec des décors, ne produisent qu'un médiocre effet. Les tragédies paraissent soporifiques. Les petits bals, ou, pour mieux dire, les petites sauteries dans l'appartement de la dame d'honneur, Mme de La Rochefoucauld, manquent d'entrain. Dans le même appartement on joue quelquefois aux petits jeux. Il y a comme une lueur de gaieté, mais dès qu'on reparaît devant l'empereur, on reprend un air grave, composé. Ne pourrait-on pas redire ce que disait Labruyère en parlant de la cour de Louis XIV : « Qui croirait que l'empressement pour les spectacles, que les repas, la chasse, les ballets, les carrousels, couvrissent tant d'inquiétudes, de soins et de divers intérêts, tant de craintes et d'espérances, tant de passions si vives, et des affaires si sérieuses ? » Un palais ne peut pas être un lieu de villégiature. On ne se distrait pas dans le séjour de l'ambition et de l'orgueil. Comment s'amuser de ces représentations théâtrales, ou l'on n'a pas le droit d'applaudir, et où l'on est contraint de modeler respectueusement ses impressions sur celles qui se laissent voir sur le visage du maître? Comment se plaire à ces chasses où l'on porte, au lieu des rustiques vêtements habituels aux chasseurs, la tenue officielle, avec l'or et l'argent sur toutes les coutures ? Comment trouver du charme à ces conversations, où l'on ne hasarde qu'avec une humble frayeur quelques banalités, quelques monosyllabes ? Comment serait-on gai, quand on n'ose pas parler, quand on n'ose pas rire, quand à peine on ose respirer ? Qui pourrait songer au plaisir, quand on est à la cour, à la cour où, comme le dit encore l'auteur des *Caractères*, l'on se couche et l'on se lève sur l'intérêt. « C'est ce que l'on digère le matin et le soir, le jour et la nuit; c'est ce qui fait que l'on pense, que l'on se tait, que l'on agit; c'est dans cet esprit qu'on aborde les uns et qu'on néglige les autres, que l'on monte et que l'on descend ; c'est sur cette règle que l'on mesure ses soins, ses complaisances, son estime, son indifférence, son mépris. » Quelle contrainte, quelle gêne perpétuelles ! Comment être à son aise dans l'Olympe, en présence de ce Jupiter, dont le moindre froncement de sourcil fait trembler? La femme sensible qui voit déchirer par les chiens le pauvre cerf, image de la faiblesse sacrifiée à la force brutale, doit bien se garder de laisser voir son émotion. Le soir, elle est fatiguée d'une journée passée au grand air en représentation; elle voudrait se reposer, le sommeil la gagne, pendant qu'on joue une tragédie, mais qui oserait s'endormir devant l'empereur? Des hommes qui se jalousent et se haïssent, des femmes qui sont d'implacables rivales, doivent sourire et se donner amicalement la main.

Que d'angoisses au milieu de ces soi-disant plaisirs, de ces fausses joies ! C'est à Fontainebleau que la malheureuse reine Hortense, souffrant d'une grossesse pénible, crachant le sang, affligée du passé, inquiète de l'avenir, découragée de tout, dit à Napoléon : « Ma réputation est flétrie, ma santé perdue, je n'attends plus de bonheur dans la vie; bannissez-moi de votre cour, si vous voulez, enfermez-moi dans un couvent, je ne souhaite ni trône ni fortune. Donnez du repos à ma mère, de l'éclat à Eugène, qui le mérite, mais laissez-moi vivre tranquille et solitaire. » Croyez-vous que la pauvre reine ne se trouvait pas plus heureuse, quand, jeune fille encore inconnue, elle était à Saint-Germain, dans le pensionnat de Mme Campan? Et l'impératrice des Français, la reine d'Italie, croyez-vous qu'elle n'a point dû parfois regretter l'île de la Martinique, sa patrie, et la modeste habitation des Trois Ilets ? Croyez-vous que le bruit des flots de la mer n'était point préférable pour elle au murmure d'adulations obséquieuses des courtisans ? Napoléon lui-même, malgré toute sa puissance, toute sa gloire, n'a-t-il pas perdu le bien suprême, celui dont il jouissait aux jours de son enfance pauvre et obscure, celui qu'il ne retrouvera jamais, ni sur le trône, ni sur le rocher de Sainte-Hélène : la paix du cœur ? Ne pourrait-on pas lui dire ce que l'abbé Deguerry, prêchant la Carême aux Tuileries, dans la chapelle du château, fera entendre à Napoléon III : « Rappelez-vous cet instant où, accablé sous le poids des vanités humaines, vanités de fêtes, vanités de spectacles, vanités des jouissances éclatantes de pompe, bruyantes de mouvement, enivrantes d'agitation, vous disiez : Quelle misère, quelle pauvreté, quel vide que tout cela ! Comme on s'y sent abaissé, diminué, amoindri sous tous les rapports ! Pour s'y mêler il faut bien y être condamné par les servitudes de sa position. »

Les palais, témoins de tant de drames historiques, ont parfois, même aux jours des grandes prospérités, quelque chose de profondément triste. Ces antiques salons où passèrent plusieurs générations éteintes, ces longues galeries, qui, à certains moments, semblent hantées par des fantômes, prennent un aspect mélancolique, dans les courtes et sombres journées d'automne, quand, un peu avant la fin du jour et l'arrivée des lampes, l'atmosphère s'obscurcit, comme la destinée. C'est l'époque où le vent froid commence à souffler, et où les feuilles des arbres s'envolent, comme les illusions, comme les richesses, comme les grandeurs, comme la gloire. On se dit alors qu'après tout, cet appareil de luxe et de puissance est bien peu de chose, qu'au bout de quelques années les décors subsisteront peut-être, mais que tous les acteurs seront dans la nuit du tombeau. Alors le courtisan redevient homme. Il s'élève au-dessus des misères dont il est spectateur. Il se rend compte de la proportion véritable des choses d'ici-bas. Il sait ce qu'on doit penser de ces colosses aux pieds d'argile qu'on ne peut regarder qu'en levant la tête.

Dans ce milieu si brillant de la cour à Fontainebleau, l'impératrice Joséphine était la femme la plus haut placée, la plus entourée de respects et d'hommages. Mais bien des gens ne se doutaient pas de ce qui se passait au fond de son âme, lorsque, en apparence tranquille et heureuse, elle avait pour chacun une parole bienveillante et un gracieux sourire.

L'ambassadeur d'Autriche, M. de Metternich, qui était alors à Fontainebleau, fut à même de recueillir des détails sur la cause du secret chagrin de l'impératrice, et il les envoya à son gouvernement. Il écrivait à M. de Stadion : « J'ai eu l'honneur d'entretenir Votre Excellence dans plusieurs de mes précédents rapports, des bruits depuis longtemps répandus du prochain divorce de l'empereur. Après avoir circulé sourdement, ils forment, depuis près de deux mois, le sujet de discussions publiques et générales. Il en est de ces bruits comme de tous ceux qui ne sont pas détruits dans leur germe; ils portent sur un fonds de vérité, et seraient étouffés très vite, s'ils n'étaient directement tolérés. » Le perspicace ambassadeur racontait ainsi dans la même dépêche ce qu'il avait su, grâce à ses relations avec des personnes à qui l'impératrice faisait ses confidences : « L'empereur, depuis son retour de l'armée, avait eu vis-à-vis de son épouse un maintien froid et souvent embarrassé. Il n'habitait plus la même pièce qu'elle, et beaucoup de ses allures journalières avaient pris un pli différent de celui qu'elles avaient toujours eu. Les bruits de la répudiation de l'impératrice commencèrent à cette époque à prendre un caractère plus sérieux; parvenus à la connaissance de cette princesse, elle se borna à attendre qu'ils fussent confirmés d'une manière directe, sans faire paraître à l'empereur la moindre inquiétude. »

Joséphine était déjà frappée au cœur, et souffrait d'autant plus cruellement que ses souffrances, qu'elle était obligée de cacher à tout le monde, surtout à son mari, contrastaient, comme par une ironie du sort, avec les distractions et les plaisirs apparents dont elle se trouvait entourée. Très clairvoyante et très intelligente, elle n'osait ni procéder à une enquête ni adresser à l'empereur des questions. Elle avait peur de la lumière, peur de la vérité. Elle hésitait devant l'abîme qui allait l'engloutir, et redoutait jusqu'aux regards de son époux. Sur le trône elle était au supplice, comme sur un instrument de torture. Ce fut alors que Fouché lui fit des ouvertures qui redoublèrent encore ses angoisses, et dont le prince de Metternich parle ainsi, dans sa dépêche déjà citée : « Le ministre de la police se rendit un jour chez elle à Fontainebleau, et, après un court préambule, il lui dit que le bien public, que la consolidation surtout de la dynastie actuelle exigeant que l'empereur eût des enfants, elle devrait bien adresser des vœux au Sénat afin qu'il se réunît à elle pour appuyer près de son époux la demande du plus pénible sacrifice pour son cœur. L'impératrice, préparée à la question, demanda avec le plus grand sang-froid à Fouché si la démarche qu'il venait de faire lui avait été ordonnée par l'empereur. — Non, lui répondit-il, je parle à Votre Majesté comme ministre chargé de la surveillance générale, comme particulier, comme sujet attaché à la gloire de sa patrie. — Je ne vous dois donc nul compte, interrompit l'impératrice ; je regarde mon lien avec l'empereur comme écrit dans le livre des plus hautes destinées. Je ne m'expliquerai jamais que vis-à-vis de lui-même, et ne ferai jamais que ce qu'il ordonnera. » Racontant cette conversation à son confident M. de Lavalette, qui avait épousé une demoiselle de Beauharnais, Joséphine, en proie aux perplexités les plus vives lui disait : « N'est-il pas évident que Fouché est envoyé par l'empereur, et que mon sort est décidé ? Hélas ! descendre du trône est peu de chose pour moi. Qui sait plus que moi combien j'y ai répandu de larmes ? Mais perdre en même temps l'homme à qui j'ai consacré mes plus chères affections, le sacrifice est au-dessus de mes forces. »

Reprenons la dépêche du prince de Metternich : « Plusieurs jours se passèrent sans qu'il fût question de rien entre le couple impérial, quand tout à coup l'empereur vint de nouveau partager l'appartement de son épouse, et saisit un moment propice pour lui demander raison de la tristesse qu'il lui voyait depuis quelque temps. L'impératrice alors lui conta l'entretien qu'elle avait eu avec Fouché. L'empereur confirma que jamais il n'avait chargé son ministre de pareille commission. Il ajouta qu'elle devait le connaître assez pour être sûre qu'il n'avait besoin de nul intermédiaire pour s'entendre avec elle ; il lui fit promettre qu'elle lui rapporterait tout ce qu'elle apprendrait sur la suite de cette affaire. » Joséphine ne fut nullement rassurée. Napoléon avait, en s'expliquant, témoigné un visible embarras, et, d'ailleurs, comment supposer qu'un homme aussi rusé et aussi ambitieux que Fouché pouvait prendre sur lui la responsabilité d'une négociation pareille, s'il croyait, en agissant ainsi, s'exposer au réel mécontentement de son maître ?

Le ministre de la police ne se borna point à une démarche orale. Quelques jours après son entretien avec l'impératrice, il lui écrivit une longue lettre sur très grand papier, dans laquelle il lui développait tous les arguments qu'il lui avait déjà exposés, pour la résoudre à un sacrifice spontané, d'autant plus méritoire qu'il serait plus douloureux. Joséphine, qui avait reçu cette lettre dans la soirée, fit appeler M. de Rémusat, à minuit, pour la lui montrer. « Que ferai-je, s'écria-t-elle, comment conjurer cet orage ? — Madame, lui répondit le premier chambellan, je vous conseille fort d'aller à cet instant même chez l'empereur, s'il n'est pas couché, ou d'y entrer demain de fort bonne heure. Songez qu'il ne faut pas que vous ayez eu l'air de consulter personne. Faites-lui lire cette lettre; observez-le, si vous pouvez; mais, quoi qu'il en soit, montrez-vous irritée de ce conseil détourné, et déclarez-lui de nouveau que vous n'obéirez qu'à un ordre positif qu'il prononcera lui-même. »

L'impératrice fit ce qu'on lui disait. Napoléon, pour nous servir d'une expression vulgaire, fut mis au pied du mur. Il affecta une grande surprise, une grande colère, promit à Joséphine de « laver la tête » à Fouché, ajouta même que, si elle le voulait, il lui ôterait son portefeuille, et pour la rassurer il alla jusqu'à écrire au ministre de la police cette lettre datée de Fontainebleau, le 5 novembre 1807 : « Monsieur Fouché, depuis quinze jours, il me revient de votre part des folies ; il est temps que vous y mettiez un terme et que vous cessiez de vous mêler, directement ou indirectement, d'une chose qui ne saurait vous regarder d'aucune manière ; telle est ma volonté. » Fouché ne fut nullement alarmé des reproches de son maître. Il était persuadé, au fond, qu'il ne lui avait pas déplu ; il conservait son portefeuille et avait la conviction que le divorce, ajourné à une date plus ou moins prochaine, était irrévocablement résolu dans la pensée de l'empereur. De son côté, Joséphine ne se fit plus d'illusions. En vain Napoléon lui disait des paroles de tendresse ; en vain il essayait de la rassurer par des baisers, même par des larmes, — car Napoléon pleurait quelquefois ; — depuis les ouvertures que Fouché lui avait faites, elle n'eut plus un moment de repos.

La fin du séjour à Fontainebleau fut assez triste. On commençait à être fatigué de cette vie d'apparat, de cette représentation, de cette contrainte perpétuelle, de ces plaisirs qui, à force de se renouveler, devenaient fastidieux, monotones. Chacun aspirait à retourner dans son intérieur, à ne plus avoir à craindre les regards du maître, dont la présence inspirait un sentiment d'admiration mêlé de frayeur. Les femmes avaient fait des dépenses de toilettes exorbitantes. Les hommes s'étaient livrés à des calculs d'ambition presque toujours déjoués. Les princes allemands avaient souffert dans leur orgueil nobiliaire et leur patriotisme germanique d'être obligés de courber la tête devant l'homme redoutable dont ils étaient les humbles vassaux, et ces personnages infatués de leurs blasons, n'avaient pas vu sans un dépit secret la supériorité écrasante du fils d'un pauvre gentilhomme corse. Ce grand vainqueur lui-même ne s'était pas senti heureux au milieu de tant de splendeurs. Bien qu'il ne fût plus amoureux de sa femme, il n'avait pas vu sans une certaine tristesse les inquiétudes et le chagrin qu'elle lui témoignait. Les soucis des affaires espagnoles, qui devaient lui être si fatales, faisaient aussi passer un nuage sur son front. Dans la forêt, on l'avait vu souvent oublier le cerf et la chasse, pour s'abandonner à ses rêveries et à la fantaisie de son cheval. Dans la salle de spectacle, on avait remarqué que, distrait, absorbé, il paraissait bien moins songer à la pièce de théâtre qu'on jouait qu'aux projets gigantesques dont il rêvait l'accomplissement.

Dernièrement, avant d'achever cette étude, je parcourais la forêt et le château de Fontainebleau par une de ces froides, mais lumineuses journées d'automne, où les arbres à moitié dépouillés prennent des aspects bizarres, où certaines feuilles sont rouges comme du sang, d'autres jaunes comme de l'or ; où la nature étale ces innombrables nuances que le pinceau des artistes les plus habiles est impuissant à reproduire. Qu'elle est belle cette forêt où les arbres et les rochers se combinent si merveilleusement ! Voilà les gorges de Franchard où les blocs de pierres sont superposés d'une façon si étrange, — la Futaie du Déluge, peuplée de mastodontes végétaux qui lui ont valu son nom, — le Val du Chêne des Fées, où la roche, au lieu d'être nue, comme dans les gorges de Franchard, est tapissée de lichens et de cette mousse à expansions soyeuses qu'on ne trouve guère qu'à Fontainebleau; voilà les gorges d'Aspremont, qui ont le vallon d'un côté, et, de l'autre, le désert. Que de souvenirs légendaires dans cette antique et fantastique forêt ! Regardez le rocher de la Salamandre. C'est là que François Ier, égaré, grelotta toute une nuit et qu'il dit, le matin, en retrouvant son escorte : « J'étais moins bien ici qu'une salamandre dans un brasier. » Voyez la *Croix du Grand-Veneur*. Elle fait penser aux chasses nocturnes que la superstition met au compte des fantômes. C'est là que, d'après une vieille tradition, dans le genre des ballades germaniques, l'amant de Diane de Poitiers aurait rencontré un homme noir appelé le Grand-Veneur, qui chassait la nuit, à cor et à cri, dans la forêt, et c'est là que ce personnage mystérieux aurait dit à Henri II : « Amendez-vous ! » Dans le silence, l'imagination fait revivre les grandes chasses d'autrefois. On croit entendre le son des trompes, les aboiements des meutes. On croit apercevoir les uniformes de vénerie, les brillantes amazones, les piqueurs. Dans les sinuosités de chaque allée passent de radieuses apparitions. Après la chasse, la curée aux flambeaux dans une des cours du palais. Puis, après la curée, c'est un fastueux repas, un bal éclairé d'innombrables bougies, quelque fête élégante et radieuse, dans cette incomparable galerie de Henri II, avec ses fresques du Primatice, sa cheminée monumentale, ses dix fenêtres aux énormes embrasures, son plafond à fond d'argent, à filets d'or; son parquet, chef-d'œuvre de menuiserie, qui répète dans ses lignes les lignes du plafond, et où l'on ose à peine marcher sur une marqueterie luisante et finie comme un meuble de Boule. Beautés resplendissantes, fières favorites, vous reparaissez. Je vois étinceler vos yeux et vos pierreries. Vous vous appelez la duchesse d'Étampes, Diane de Poitiers, Gabrielle d'Estrées, Mlle de La Vallière, M^{mo} de Montespan, Mme de Pompadour.

Tous les rois de France, depuis Louis VII, ont habité ce palais. La sainte figure de Louis IX y apparaît avec son auréole au front. La renaissance s'y est épanouie, comme la fleur mystérieuse de l'art. Cette époque à la fois élégante et cruelle, qui aurait pu choisir comme symbole un stylet au manche orné de perles fines, a triomphé dans le château mythologique et féerique, où le christianisme était oublié pour les pompes païennes. Dans la galerie de François Ier, avec ses nymphes, ses faunes, ses égypans, groupés au milieu des guirlandes, des fruits et des emblèmes, ne croyez-vous pas entendre parler le roi sacré chevalier par Bayard, et son hôte Charles-Quint, qui est entré dans le palais par la Porte-Dorée, et qui, dans la forêt, a assisté à une fête merveilleuse, où des nymphes, des faunes et des dieux semblaient sortir du tronc des chênes, au son des tambourins, et où un essaim de jeunes vierges faisaient pleuvoir des fleurs sous les pas de la cour espagnole? Dans la galerie de Henri II ne croyez-vous pas l'apercevoir, la favorite qui a pour devise le croissant d'argent, la femme que Jean Goujon a sculptée, nue et triomphante, entourant de ses bras de marbre le cou d'un cerf, épris comme le cygne de Léda? Ne croyez-vous pas voir aussi Catherine de Médicis avec son « escadron volant» de jeunes et brillantes amazones, Catherine de Médicis qui met au monde dans ce palais deux de ses fils, François II et Henri III ? Regardez au fond de la cour Ovale ce dôme à l'architecture si riche, si pittoresque. C'est ce qu'on appelle le baptistère de Louis XIII, parce que c'est là que ce roi a reçu le baptême. Voyez ces appartements qui ont été ceux des reines-mères, Catherine de Médicis, Marie de Médicis, Anne d'Autriche, et ceux du pape Pie VII, captif à Fontainebleau. Dans la chambre à coucher des reines-mères, on avait dressé un autel où le vicaire de Jésus-Christ disait la messe. Examinez cette chambre tendue de satin brodé. Cette tenture magnifique a été donnée par la ville de Lyon à Marie-Antoinette, lors de son mariage. La chambre, chef-d'œuvre de luxe et d'élégance, s'appelle la chambre des Cinq-Maries. parce que cinq souveraines portant ce nom l'ont habitée. Marie de Médicis, Marie-Thérèse, Marie-Antoinette, Marie-Louise, Marie-Amélie. Ce fut aussi la chambre de l'impératrice Eugénie.

Où trouver un séjour plus pittoresque, plus émouvant que ce merveilleux palais de Fontainebleau ? Où les légendes de l'histoire apparaissent-elles avec plus de poésie ? Où le passé, qui ressuscite, fait-il rayonner à nos yeux des visions plus curieuses et plus éblouissantes ? Eh bien ! de tant de figures diverses, celle qui produit le plus d'impression, celle qui se dresse de toute sa hauteur dans la cour du Cheval-Blanc, aussi bien que dans l'intérieur du château, c'est toujours celle de Napoléon. Il y a dans le palais bien des meubles précieux, tout ce que le style Renaissance, les styles Louis XIV, Louis XV, Louis XVI ont de magnifique. Eh bien ! aucun de ces meubles ne s'impose autant à l'attention que cette modeste table d'acajou sur laquelle le géant des batailles a signé son abdication. Et cette chambre à coucher, où il passa des nuits terribles, où ses insomnies furent cruelles, où il essaya de trouver dans le suicide un remède à son désespoir, comme elle frappe l'imagination! Je me souviens des «Deux Grenadiers» de l'auteur des *Souvenirs du peuple* :

— A notre poste on nous oublie,
Richard, minuit sonne au château.

— Nous allons revoir l'Italie.
Demain, adieu Fontainebleau !...

— Qu'elles sont promptes les défaites !
Où sont Moscou, Wilna, Berlin ?
Je crois voir sur nos baïonnettes
Luire encor les feux du Kremlin ;
Et, livré par quelques perfides,
Paris coûte à peine un combat !
Nos gibernes n'étaient pas vides.
Vieux grenadiers, suivons un vieux soldat...

— Une lumière, à ces fenêtres,
Brille à peine dans le château.

— Les valets à nobles ancêtres
Ont fui, le nez dans leur manteau.
Tous, dégalonnant leurs costumes,
Vont au nouveau chef de l'État
De l'aigle mort, vendre les plumes.
Vieux grenadiers, suivons un vieux soldat...

Évoquez tour à tour le souvenir de 1807 et celui de 1814. Quel contraste ! Que de défections, que d'apostasies! « Ah! Caulaincourt, les hommes, les hommes !... » s'écrie l'empereur abandonné. Chacun s'en va, en promettant de revenir bientôt; aucun n'y songe. Fontainebleau est devenu désert. Si parfois, dans ses cours silencieuses, on entend le bruit des roues, ce ne sont jamais des voitures qui arrivent, ce sont toujours des voitures qui partent. C'est à Fontainebleau que l'orgueil de Napoléon a triomphé, c'est à Fontainebleau que cet orgueil subit les plus cruelles expiations. Que n'a-t-il pas souffert, l'homme du destin, dans cette chambre où il s'écriait : « Finir ma carrière en signant un traité où je n'ai pas pu stipuler un seul intérêt général, pas même un seul intérêt moral, comme la conservation de nos couleurs ou le maintien de la Légion d'honneur! Signer un traité où l'on me donne de l'argent !...» Quelles tortures ont déchiré son corps et son âme, quand, n'ayant pas pris assez de poison, il disait, dans les spasmes d'une fausse agonie : « Qu'il est difficile de mourir, quand, sur le champ de bataille, c'est si facile. Ah ! que ne suis-je mort à Arcis-sur-Aube ! » S'est-il alors souvenu de ses splendeurs au retour d'Iéna, de Friedland et de Tilsitt ? S'est-il rappelé cette foule de courtisans qui ressemblaient à des prêtres dont il était le dieu ? Les seuls courtisans qui lui restent, ce sont ceux auxquels il n'a donné ni argent, ni honneurs, ce sont les grenadiers de sa garde, les vieux soldats aux moustaches grises, qui ne peuvent ni étouffer leurs sanglots, ni retenir leurs larmes, quand, dans la cour du Cheval-Blanc, il leur fait ses adieux et leur dit : « Je voudrais vous serrer tous dans mes bras, mais laissez-moi embrasser ce drapeau qui vous représente. »

Oh! qu'il est éloquent le silence des palais! Combien ces pierres muettes contiennent de leçons et d'enseignements! Combien elles diminuent la crainte des rois, en augmentant la crainte de Dieu! On ne les visite point assez souvent, ces châteaux qui en disent plus sur le néant des gloires humaines que tous les sermonnaires du grand siècle. Est-il besoin de remonter aux âges passés pour se convaincre de la misère et de l'inanité des grandeurs? Regardez, au rez-de-chaussée du palais de Fontainebleau, le musée chinois avec ses laques éblouissantes, ses ornements de jade, ses émaux cloisonnés, ses faïences et ses bronzes représentant des sujets fantastiques, ses étendards, ses palanquins, dépouilles opimes que les vainqueurs du Céleste-Empire avaient rapportées à l'impératrice Eugénie. C'est là que la belle souveraine aimait à tenir un cercle intime. C'est là que, dans les loisirs d'une villégiature impériale, elle apparaissait, en été, avec un costume de campagne, un grand chapeau de paille, une robe légère, quelques rubans et quelques fleurs. Rappelez-vous le portrait par lequel le peintre Winterhalter nous l'a montrée ainsi. Et à cette fière, à cette gracieuse beauté, type suprême d'élégance, de séduction et de bonheur, comparez la souveraine détrônée, la mère qui, comme la femme de la Bible, ne veut pas être consolée, parce que son fils n'est plus; l'infortunée qui porte des vêtements de deuil pour toujours. Ah! qu'elles sont déjà loin les séries de Fontainebleau ! Je me souviens de ces paroles de Massillon : « Regardez le monde tel que vous l'avez vu dans vos premières années et tel que vous le voyez aujourd'hui ; de nouveaux personnages sont montés sur la scène, les grands rôles sont remplis par de nouveaux acteurs ; ce sont de nouveaux événements, de nouvelles intrigues, de nouvelles passions, de nouveaux héros dans la vertu comme dans le vice, qui sont le sujet des louanges, des dérisions, des censures publiques. Rien ne demeure, tout change, tout s'use, tout s'éteint. Dieu seul demeure toujours le même. » Que les palais soient en ruines, comme les Tuileries ou comme Saint-Cloud, qu'ils soient intacts comme Versailles, Compiègne ou Fontainebleau, ils inspirent les mêmes réflexions philosophiques et chrétiennes. La galerie de Henri II, dans toute sa splendeur, ou la salle des Maréchaux, dévorée par le pétrole et par le feu, fournissent la même matière à de sages pensées sur les vanités d'ici-bas. Il faudrait venir souvent dans les palais, comme dans les cimetières et dans les églises, pour y méditer et pour y prier. Ces brillantes hôtelleries, où les souverains et leurs courtisans ne font que passer, comme des voyageurs d'un jour, nous apprennent à mépriser ce qu'on appelle les grandeurs, et à dire, comme Fénelon dans son Livre de prières : « Gardons-nous de boire d'une eau qui augmenterait notre soif. Conservons notre cœur avec précaution, de peur que le monde et ses vaines consolations ne le séduisent, et ne lui laissent à la fin que le désespoir de s'être trompé ! »

XXVI

LA FIN DE L'ANNÉE 1807

Pendant que la cour était encore à Fontainebleau, l'impératrice y apprit une nouvelle qu'on lui laissa ignorer pendant quelques jours, et qui augmenta beaucoup la somme de ses chagrins. Sa mère, Mme veuve de Tascher de la Pagerie, qu'elle n'avait pas vue depuis le mois de septembre 1790, était morte le 2 juin 1807, à l'âge de soixante-dix ans, dans son habitation des Trois-Ilets, à la Martinique. Joséphine, qui aimait tendrement sa mère, n'avait rien négligé pour la décider à se rendre en France, où elle aurait reçu le plus brillant accueil. Mais cette vénérable dame avait peut-être été bien inspirée, en préférant sa modeste et tranquille résidence aux splendeurs et aux agitations des palais impériaux. De loin, elle pouvait s'imaginer que sa fille était au comble du bonheur; de près elle l'aurait vue bien souvent triste et malheureuse. En ne s'approchant pas des degrés du trône qui, de loin, passe pour un siège magique, et qui, de près, suivant une expression de l'empereur lui-même, n'est qu'un simple fauteuil recouvert de velours, la belle-mère de Napoléon s'épargnait à elle-même le spectacle de bien des misères, et mourait en paix, comme elle avait vécu.

L'empereur partit pour l'Italie, le 16 novembre 1807, et ce départ fut pour Joséphine, déjà si affligée, un nouvel élément d'inquiétude et de tristesse. Elle aurait bien voulu être du voyage, et il eût été doux pour elle d'embrasser son cher fils Eugène et sa petite-fille qui, comme elle, s'appelait Joséphine. Mais Napoléon en avait décidé autrement. Le temps n'était plus où il ne pouvait se passer de sa femme, et où il trouvait avec La Fontaine, que l'absence est le plus grand des maux. Il prétexta la saison, la rigueur de l'hiver, annonça qu'il serait de retour dans les premiers jours de décembre (il ne devait être revenu aux Tuileries que le 1er janvier), et, au grand désespoir de l'impératrice, il partit sans elle, la laissant en proie aux perplexités les plus vives, aux plus cruelles appréhensions.

L'empereur-roi trouva dans son royaume d'Italie les mêmes adulations et le même empressement que dans son empire. Il arriva, le 22 novembre, à Milan, où le prince Eugène n'eut que le temps de monter à cheval, pour aller au-devant de lui. Après des ovations, des revues, des cérémonies religieuses à la cathédrale, des représentations de gala au théâtre de la Scala, il se rendit à Venise. Cette ville, poétique et illustre entre les plus fameuses cités, le reçut avec le luxe qu'elle étalait jadis pour les noces mystiques du doge et de l'Adriatique. Arrivé au port de Fusine, il monta dans une gondole dont les bateliers avaient des habits de satin brodés d'or. Il pénétra dans le grand-canal, sous un arc de triomphe, entre une double haie de barques ornées de festons et de guirlandes. Au théâtre de la Fenice, il assista à une représentation magnifique, où la scène représentait l'Olympe, et où l'on joua, au milieu des acclamations, l'air populaire : *Napoleone il grande*. Il eut auprès de lui, à Venise, son frère Joseph, roi de Naples; sa sœur Élisa Bacciochi, princesse de Lucques; son beau-fils le prince Eugène, vice-roi d'Italie ; le roi et la reine de Bavière, beau-père et belle-mère de ce prince ; Murat, grand-duc de Berg, et Berthier, prince de Neuchâtel. Il quitta Venise, le 8 décembre, et dîna le soir à Trévise. Le 11, il était à Udine, et, le 14, à Mantoue.

C'est dans cette ville qu'il devait avoir avec son frère Lucien une entrevue secrète, pour essayer d'un rapprochement qu'il désirait, mais auquel il mettait une condition *sine quâ non*. On se rappelle que Lucien avait épousé, malgré la volonté du premier consul, Alexandrine de Bleschamps, veuve de M. Jouberthon qui, après avoir été agent de change à Paris, était allé mourir à Saint-Domingue, où il avait suivi l'expédition française. Napoléon, qui prétendait unir Lucien à la reine Marie-Louise, fille du roi d'Espagne Charles IV et veuve du roi d'Étrurie Louis Ier, voulait casser le mariage. Mais cette offre brillante avait été péremptoirement refusée par l'homme de cœur qui préférait l'amour d'une femme à une couronne. Au printemps de 1804, Lucien s'était volontairement exilé de France et avait été chercher à Rome un asile contre les reproches et les obsessions incessantes de son frère. Sa mère, Mme Lætitia, qui lui donnait raison, l'avait suivi à Rome, et l'empereur n'était point parvenu sans peine à la faire revenir à Paris, où elle n'était rentrée qu'après le sacre.

M. de Méneval alla pendant la nuit chercher Lucien dans l'hôtellerie où il était descendu à Mantoue, et le conduisit mystérieusement au palais que l'empereur occupait dans cette ville. Au lieu de se jeter dans les bras de son frère, Lucien l'aborda froidement, avec une réserve pleine de dignité.

Stanislas de Girardin, dans son intéressant *Journal*, a relaté les détails de l'entretien des deux frères. Il les tenait de Lucien lui-même. Les deux interlocuteurs s'exprimèrent à peu près dans les termes suivants :

— Eh bien! monsieur, tenez-vous toujours à Mme Jouberthon et à son fils?

— Mme Jouberthon est ma femme, et son fils est le mien.

— Non, non, puisque c'est un mariage que je ne reconnais pas, et qui, par conséquent, est nul.

— Je l'ai légitimement contracté, et comme citoyen, et comme chrétien.

— L'acte civil n'est pas en règle, et l'on sait que vous avez donné vingt-cinq louis à un prêtre pour le décider à vous marier.

— Votre Majesté, sans doute, en m'appelant près d'elle, n'a pas eu l'envie de m'y faire venir pour m'affliger; si telle était son intention, je me retire.

— J'ai vaincu l'Europe, et certes je ne reculerais pas devant vous. C'est à ma bonté que vous devez de vivre tranquillement à Rome; mais vous acquérez là une considération qui me déplaît, et vous finirez par me gêner; je vous donnerai l'ordre d'en sortir, et vous ferai quitter l'Europe.

— Si je n'obéissais pas?

— Je vous ferais arrêter.

— Ensuite?

— Je vous ferais mettre à Bicêtre, et là, si...

— Je vous défierais de commettre un crime!

— Parlez-moi un autre langage, ne croyez pas m'en imposer. Je vous le répète, je n'ai pas vaincu l'Europe pour reculer devant vous; sortez de chez moi.

Lucien ne sortit point. Napoléon, après quelques paroles violentes, se radoucit un peu. Lucien reprit alors cet entretien si orageux, en essayant de calmer son frère :

— Je ne croyais pas déplaire à Votre Majesté en lui disant une chose qui devait lui prouver la haute idée que j'ai de sa grandeur d'âme.

— Laissons cela ; jetez les yeux sur cette carte du monde, qui se trouve-là par hasard. Soyez des nôtres, Lucien, et prenez votre part; elle sera belle, je vous le promets. Le trône du Portugal est vacant ; j'ai déclaré que le roi avait cessé de régner. Je vous le donne ; prenez le commandement de l'armée destinée à en faire la facile conquête, et je vous nomme prince français et mon lieutenant. Les filles de votre première femme sont mes nièces ; je me charge de les établir. Je marie l'aînée au prince des Asturies ; le roi d'Espagne me le demande comme une faveur ; je puis vous le prouver par la lettre que voici.

— L'aînée de mes filles, sire, n'a pas encore treize ans ; elle n'est pas en âge d'être mariée.

— Je la croyais plus âgée.

— Dans un an ou deux, je la remettrai volontiers à votre disposition.

— Il n'y a donc pas de difficultés pour les enfants de votre première femme. Vous avez des filles de votre second mariage, je les adopterai ;

vous avez aussi un garçon ; celui-là je ne veux pas le reconnaître ; sa mère aura un duché considérable, et il en héritera. Vous, partez pour Lisbonne, laissez votre femme à Rome et votre fils ; je me charge d'eux. Vos liens sont rompus ; j'en trouverai le moyen.

— Ils ne peuvent l'être que par le divorce.

— Pourquoi pas ? C'est une manière franche et positive qui me convient tout à fait. Je désire me réconcilier avec vous, et vous savez à quel prix est attachée la couronne de Portugal.

— Je vois que pour l'obtenir il faudrait consentir à faire de ma femme une concubine et de mon fils un bâtard. Votre Majesté me connaît mal, si elle a pu croire que l'offre d'une couronne pourrait me faire manquer à l'honneur.

— Qui n'est pas pour moi est contre moi ; si vous n'entrez point dans mon système, vous êtes mon ennemi ; et alors j'ai acquis le droit de vous persécuter, et je vous persécuterai.

— Je ne veux pas être votre ennemi, sire ; je ne puis le devenir en voulant conserver mon honneur et ma vertu, en ne voulant pas renoncer à la considération pour un trône ; et, pour que l'on ne croie pas à cette désunion, que Votre Majesté m'accorde un témoignage éclatant de sa bienveillance, qu'elle me donne le grand cordon de la Légion d'honneur, je l'en supplie !

— Non, en prenant mes couleurs, vous perdriez de votre considération ; il y a de la grandeur à être en opposition avec moi, et c'est un beau rôle à jouer, vous pouvez le continuer pendant deux ans sans inconvénients, mais dans deux ans vous quitterez l'Europe.

— Beaucoup plus tôt, et je vais me préparer à partir pour l'Amérique. Sans les instances de ma mère et de Joseph, j'y serais depuis longtemps.

— Je ne vous demande pas cela ; les propositions que je viens de vous faire ne sont pas tellement déraisonnables qu'elles ne vaillent pas la peine d'y réfléchir ; examinez-les, même avec votre femme, et, dans dix-huit jours, vous me ferez connaître votre réponse.

A la suite de cet entretien, les deux frères se séparèrent avec émotion, Lucien se jeta dans les bras de l'empereur, en lui disant que sans doute il l'embrassait pour la dernière fois, et il repartit pour Rome, le front haut. Il ne devait céder que sur un point : l'envoi à Paris de sa fille aînée, Charlotte-Marie, issue de son premier mariage avec Christine Boyer (Elle était née à Saint-Maximin au mois de Février 1795 ; elle épousa en 1815 le prince Marius Gabrielli.) Mais la jeune fille avait les sentiments indépendants de son père. Confiée, à Paris, aux soins de sa grand'mère, Mme Lætitia, elle s'exprima en termes assez caustiques sur la famille impériale dans des lettres qui furent interceptées, et, à peine arrivée en France, on la renvoya auprès de son père à Rome. Quant à l'idée d'une cassation de mariage ou d'un divorce, Lucien la repoussa toujours d'une manière absolue. Il préférait sa femme à toutes les richesses, à tous les honneurs, à tous les royaumes de la terre. Jérôme avait cédé. Lucien ne céda point.

Napoléon quitta Mantoue après son entrevue avec son frère, et retourna à Milan, où il assistait, le 17 décembre, à des jeux nautiques dans l'arène du Cirque, transformée en lac, et où le 20 décembre, dans la grande salle du Palais, il adoptait comme fils le prince Eugène, et le déclarait successible à la couronne d'Italie. Il rendait en même temps deux décrets ainsi libellés : « Voulant donner une preuve particulière de notre satisfaction à notre bonne ville de Venise, nous avons conféré et conférons, par ces présentes lettres patentes, à notre bien-aimé fils le prince Eugène Napoléon, notre héritier présomptif à la couronne d'Italie, le titre de prince de Venise. — Voulant donner une preuve particulière de notre satisfaction à notre bonne ville de Bologne, nous avons conféré et conférons, le titre de princesse de Bologne à notre bien-aimée petite-fille, la princesse Joséphine. » Napoléon quitta Milan le 24 décembre, pour retourner à Paris, en passant par Turin.

Les lettres que l'empereur écrivit à sa femme, pendant ce voyage d'Italie, sont fort insignifiantes, fort banales. Comme elles ressemblent peu à elles de 1796 ! Contentons-nous de les transcrire : « Milan, 25 novembre 1807. Je suis ici, mon amie, depuis deux jours. Je suis bien aise de ne te pas avoir emmenée ; tu aurais horriblement souffert au passage du Mont-Cenis, où une tourmente m'a retenu vingt-quatre heures. J'ai trouvé Eugène bien portant ; je suis fort content de lui. La princesse est malade; j'ai été la voir à Monza ; elle a fait une fausse-couche ; elle va mieux. Adieu, mon amie, » — « Venise, 30 novembre 1807. Je reçois ta lettre du 22 novembre. Je suis à Venise depuis deux jours. Le temps est fort mauvais, ce qui ne m'a empêché de courir les lagunes, pour voir les différents forts. Je vois avec plaisir que tu t'amuses à Paris. Le roi de Bavière, avec sa famille, ainsi que la princesse Elisa sont ici. Passé le 2 décembre, que je ferai ici, je serai sur mon retour et fort aise de te voir. Adieu, mon amie. » — « Udine, le 11 décembre 1807. J'ai reçu, mon amie, ta lettre du 3 décembre, où je vois que tu as été fort contente du Jardin des Plantes. Me voilà au terme le plus éloigné de mon voyage ; il est possible que je sois bientôt à Paris, où je serai fort aise de te revoir. Le temps n'a pas encore été froid ici, mais très pluvieux. J'ai profité du dernier moment de la saison, car je suppose qu'à Noël l'hiver se fera enfin sentir. Adieu, mon amie. Tout à toi. »

Pendant l'absence de l'empereur, la joie patriotique causée à l'impératrice par le retour triomphal de la garde dut faire un instant diversion aux inquiétudes et aux soucis qui agitaient son âme. Si elle était déjà malheureuse comme épouse, du moins elle était heureuse comme Française. Hélas! elle pressentait le divorce, mais elle ne pressentait ni l'invasion ni le démembrement de la France. Pouvait-elle se douter qu'elle mourrait sur un territoire conquis, mutilé, tandis que le grand empereur, exilé, aurait la souveraineté dérisoire de l'île d'Elbe ? Qu'auraient pensé les officiers et les soldats de la garde impériale, ces guerriers admirables, ces hommes d'élite, ces héros, s'ils avaient pu prévoir les revers épouvantables, les catastrophes inouïes qui succéderaient à tant de triomphes ?

Le 25 novembre, à midi, la garde, forte de douze mille vieux soldats, hâlés, couverts de glorieuses blessures, quelques-uns à la barbe déjà grise, faisait son entrée solennelle à Paris. Un arc de triomphe, plus large et plus élevé que la porte Saint-Martin, avait été construit à la barrière de la Villette. Le préfet de la Seine et le corps municipal y attendaient les vainqueurs de tant de batailles.

Le préfet souhaita la bienvenue à ces braves soldats : « Héros d'Iéna, d'Eylau, de Friedland, leur dit-il, conquérants de la paix, grâces immortelles vous soient rendues ! c'est pour la patrie que vous avez vaincu, la patrie éternisera le souvenir de vos triomphes ; vos noms seront légués par elle sur le bronze et le marbre à la postérité la plus reculée, et le récit de vos exploits, enflammant le courage de nos derniers descendants, longtemps encore après vous-mêmes, vous protégerez par vos exemples ce vaste empire si glorieusement défendu par votre valeur... Salut! aigles belliqueuses, symbole de la puissance de notre magnanime empereur, portez dans toute la terre, avec son grand nom, la gloire du nom français, et que les couronnes dont il a été permis à la ville de Paris de vous orner soient en tous lieux un témoignage à la fois auguste et redoutable de l'union du monarque, du peuple et de l'armée! »

Le maréchal Bessières, sous les ordres duquel marchait la garde impériale, répondit: « La plus parfaite harmonie existera toujours entre les habitants de la grande ville et les soldats de la garde impériale. Et si leurs aigles marchaient encore, en se rappelant le serment qu'ils ont fait de les défendre jusqu'à la mort, ils se rappelleront aussi que les couronnes qui les décorent leur en imposent doublement l'obligation. » Après ces deux discours, les porte-drapeaux sortirent des rangs et inclinèrent leurs étendards, sur lesquels les magistrats de la capitale posèrent des couronnes d'or ayant cette inscription : « La ville de Paris à la grande armée. » Puis le défilé commença dans l'ordre suivant: les fusiliers, les chasseurs à pied, les grenadiers à pied, les chasseurs à cheval, les mamelucks, les dragons, les grenadiers à cheval, la gendarmerie d'élite. Pendant que ces troupes magnifiques défilaient sous l'arc de triomphe, un orchestre nombreux exécutait une cantate intitulée le *Chant du Retour*, dont les paroles étaient d'Arnault, la musique de Méhul. Citons-en quelques strophes :

> Les voici! réjouissez-vous,
> Heureuses femmes, tendres mères,
> Ces vainqueurs, ce sont vos époux,
> Ce sont vos enfants et vos frères.
>
> Quand ces intrépides soldats,
> Triomphant d'abord de vos larmes,
> Au premier signal des combats
> Se sont élancés sur leurs armes,
> Vous leur disiez, dans un transport
> Que la valeur n'a pas dû croire :
> Français, vous courez à la mort.
> Français, ils couraient à la gloire.
>
> Voyez-vous ce peuple empressé
> Dont la foule les environne ?
> Sa reconnaissance a tressé
> Le rameau d'or qui les couronne.
> Ah! qu'on suspende à leurs drapeaux
> Ce prix de leurs nobles services !
> Placés sur le front des héros,
> Ils cacheront leurs cicatrices.

Ce fut en traversant les haies compactes formées par une innombrable population, que la garde parvint aux Tuileries, en passant sous l'arc de triomphe du Carrousel, où elle déposa ses aigles. Elle entra ensuite dans le jardin du château, où elle posa les armes, puis elle se rendit aux Champs-Elysées, où elle prit place à un banquet de douze mille couverts. Les tables étaient dressées à droite et à gauche sous des tentes, dans les contre-allées, sur toute la longueur de la grande avenue des Champs-Elysées, depuis la place de la Concorde jusqu'à la barrière de l'Etoile. On avait placé la tente de l'état-major au rond-point. Le maréchal Bessières porta un toast à la ville de Paris, le préfet de la Seine en porta un à l'empereur et roi, l'autre à la grande armée.

Le lendemain 26 novembre, il y eut dans tous les théâtres des spectacles gratis. Le parterre, l'orchestre et les principaux rangs de loges et de galeries avaient été réservés à la garde impériale. L'Opéra donna le *Triomphe de Trajan*. Les Français donnèrent *Gaston et Bayard*, « ce drame historique, dit le *Moniteur*, qui offre un tableau si noble et si vrai de l'honneur français, des vertus guerrières, de l'enthousiasme chevaleresque; jamais cette tragédie n'avait eu de spectateurs plus faits pour l'apprécier. » Dans les petits théâtres, on joua des intermèdes de circonstance: au Vaudeville: *Ils arrivent! les Pages* et *la Colonne de Rosbach;* aux Variétés: *les Bateliers du Niémen;* à la Gaîté: *le Retour de la grande armée*. La représentation de l'Opéra fut magnifique. Le *Moniteur* la décrit avec un enthousiasme qui va jusqu'au lyrisme:

« Cette élite des braves, dit-il, qui, dans ses conquêtes si rapides, dans ses courses si lointaines, a visité tant de climats divers et côtoyé tant de rivages, qui a vu, dans un si petit nombre de mois, les sources et les bouches de tant de fleuves, connaît aussi les rives du Tibre; ainsi, dans la décoration qui fixait ses regards, elle reconnaissait Rome; dans la marche triomphale, dans cette foule empressée, dans cette population immense, se précipitant à travers les rangs des soldats romains, et sous les pieds de leurs chevaux, elle reconnaissait le tableau touchant de la réception qui lui avait été faite la veille. Son émotion était impossible à décrire. La garde impériale assistant au triomphe de Trajan était elle-même un spectacle admirable. » Cet opéra n'était qu'une série d'allusions ingénieuses à la gloire de Napoléon. L'on y représentait Trajan brûlant de sa propre main des papiers qui renfermaient le secret d'une conspiration. Cela faisait songer au vainqueur d'Iéna jetant au feu la lettre par laquelle il pouvait perdre M. de Hatzfeld. Et, au moment du triomphe, quand l'empereur romain apparaissait sur un char traîné par quatre chevaux blancs, ce n'était pas Trajan qu'on applaudissait, c'était Napoléon.

Le 19 décembre, à l'Ecole-Militaire, le maréchal Bessières donna, pour célébrer les victoires de la grande armée, et pour remercier la ville de Paris de l'accueil fait par elle à la garde impériale, une grande fête que l'impératrice honora de sa présence. Une brillante illumination faisait d'abord étinceler l'hôtel des Invalides et se joignait à celle de l'Ecole-Militaire par une suite de feux non interrompus. Au milieu du Champ-de-Mars se dressait un vaste hémisphère sur lequel reposait un socle portant la statue colossale de l'empereur, entourée d'images allégoriques. Des trophées d'armes, consacrés à chacun des régiments de la grande armée portaient le numéro de chaque corps. La garde impériale était sous les armes, et formait une partie intéressante des spectateurs et du spectacle. Des feux de bengale éclairaient ce tableau guerrier. A l'horizon, sur l'autre rive de la Seine, les hauteurs étaient couvertes de lumières, et prolongeaient la perspective. L'impératrice arriva, vers huit heures du soir, à l'Ecole-Militaire. La fête y commença par un ballet que donnèrent les artistes de l'Opéra. Puis un feu d'artifice fut tiré. Le Champ-de-Mars parut tout en flammes, et la garde impériale exécuta un feu de file de cartouches à étoiles, qui dura une demi-heure. Il y eut ensuite un bal magnifique, interrompu par un souper somptueux, après lequel les danses reprirent pour continuer jusqu'au matin.

Cette fête, à la fois mondaine et militaire, où l'impératrice-reine, plus aimée, plus admirée que jamais, apparaissait dans tout l'éclat de sa gloire féminine, peut être considérée comme l'apogée de ses splendeurs. C'est à ce moment, c'est à la fin de l'année 1807, que nous arrêtons la présente étude. Il ne nous restera plus qu'à raconter, dans un dernier travail, les sept années qui terminèrent la vie de Joséphine. Nous avons déjà retracé presque toute la carrière de cette femme si sympathique, de cette souveraine si justement célèbre. Nous avons décrit son enfance à la Martinique, dans cette modeste et patriarcale habitation des Trois-Ilets, où elle naquit le 23 juin 1763. Nous l'avons admirée jeune fille, aimant les fleurs, la musique, la nature, sous le beau ciel des Antilles, au milieu des bananiers et des orangers, des fleurs tropicales et des oiseaux de paradis, quand la sorcière négresse lui disait : « Vous serez reine. » Nous l'avons vue, en France, épousant, le 13 décembre 1779, le jeune et brillant vicomte Alexandre de Beauharnais, dont elle aura un fils, le futur vice-roi d'Italie, et une fille, la future reine de Hollande. Nous l'avons vue ensuite assistant à cette période d'illusions naïves et décevantes, qu'on a si bien appelée l'âge d'or de la Révolution, recevant, dans son salon de la rue de l'Université, l'élite de la noblesse libérale et les principaux coryphées de l'Assemblée constituante, puis passant brusquement de l'âge d'or à l'âge de fer, tout émue des dangers que la guerre, et surtout la Terreur, faisaient courir à son époux, ce général en chef de l'armée du Rhin, ce paladin de la démocratie, récompensé de son patriotisme et de son dévouement à la République par l'échafaud. Elle-même, pendant la captivité de son mari, est jetée dans la prison des Carmes, en avril 1794. Elle reste cent huit jours, — jours d'angoisses et de souffrances inexprimables, — dans cet horrible cachot, où elle occupe la chambre des épées, ainsi nommée parce qu'on distingue sur ses murs l'empreinte de trois épées que les septembriseurs y avaient appuyées après le massacre des cent vingt prêtres qui se trouvaient dans la prison. Beauharnais, cet homme d'ancien régime, qui s'était dévoué avec tant d'enthousiasme aux idées nouvelles, ce grand seigneur, qui s'était fait traiter de sans-culotte, est guillotiné quatre jours avant Robespierre, dont la mort l'eût sauvé. Sa jeune veuve sort de prison, réduite à la plus grande détresse, et va se réfugier chez son beau-père, à Fontainebleau ; puis elle apparaît au milieu de cette société bigarrée qui se montre d'abord chez Mme Tallien, dans le salon mythologique de l'Allée-des-Veuves, et ensuite chez Barras, dans le salon officiel du Luxembourg. Partageant avec Mme Tallien et avec Mme Récamier le sceptre de la mode, elle sourit au milieu des larmes, comme l'Andromaque d'Homère. Sa position pécuniaire s'étant un peu améliorée, grâce à l'appui des hommes au pouvoir, elle achète, rue Chantereine, — cette rue qui bientôt s'appellera la rue de la Victoire, — un petit hôtel appartenant au tragédien Talma. Elle y reçoit avec sa grâce accoutumée quelques-uns des survivants de l'aristocratie françeise, qui se disent, quand les portes sont bien fermées : « Causons de l'ancienne cour, faisons un tour à Versailles. »

Bonaparte, général de l'armée de l'intérieur, depuis la journée du 13 Vendémiaire, où il a sauvé la Convention expirante, vient d'ordonner le désarmement des sections et la remise de toutes les armes se trouvant dans les maisons particulières, quand un enfant de quatorze ans se rend auprès de lui, et lui redemande l'épée de son père, qui avait commandé les armées de la République. Cet enfant, c'est Eugène de Beauharnais, le futur vice-roi d'Italie. Bonaparte, touché de cette démarche, y fait un accueil favorable. Le lendemain, il reçoit de Mme de Beauharnais une visite de remercîments. Vivement frappé des charmes de la séduisante créole, il demande sa main ; il est agréé, il se marie le 9 mars 1796. La vicomtesse de Beauharnais devient la citoyenne Bonaparte. A peine marié, son jeune époux, — il n'a que vingt-six ans, — s'arrache aux premières ivresses de sa joie, et part pour l'armée d'Italie. A ce moment-là, l'amour de Napoléon pour Joséphine est beaucoup plus vif que celui de Joséphine pour Napoléon. C'est lui qui est jaloux, c'est lui qui écrit des lettres brûlantes, c'est lui qui a tout l'enthousiasme, toute l'ardeur, tout le lyrisme de la passion. Joséphine ne se décide qu'à regret à quitter Paris où elle se plaît, mais elle trouve en Italie une véritable royauté. Elle s'installe à Milan, dans le palais Serbelloni, dont elle fait admirablement les honneurs, et où la haute aristocratie milanaise lui rend hommage. Elle suit son mari à la guerre, car il ne peut se passer d'elle, et, un jour qu'elle verse des larmes, au milieu de tant de dangers, il s'écrie : « Wurmser me paiera cher les pleurs qu'il te cause. » Après Arcole, Mme Bonaparte, à Milan, ressemble à une souveraine. Elle aide singulièrement son mari à jouer le double rôle qui le fera si vite monter au rang suprême. S'agit-il d'écarter le royalisme, le jeune vainqueur s'appuie sur des hommes ayant les idées d'Augereau. S'agit-il de séduire les personnages d'ancien régime, Joséphine est le trait d'union entre lui et l'aristocratie française ou italienne. De retour à Paris, le 2 janvier 1798, elle y est associée aux gloires de son époux. Le petit hôtel de la rue Chantereine a déjà plus de prestige que les plus grands palais.

Bonaparte part pour l'Égypte. Il s'embarque à Toulon, le 19 mai 1798, après y avoir fait de tendres adieux à Joséphine. Pendant l'absence de son mari, elle achète le domaine de la Malmaison, cet endroit obscur qui deviendra si célèbre; elle défend avec habileté les intérêts de Bonaparte auprès du Directoire; elle tient un salon où se rencontrent des sommités de tout genre. Mais des personnes malveillantes font parvenir jusqu'en Egypte des rapports qui lui sont hostiles, et son bouillant époux, au paroxysme de la jalousie et de la colère, ne parle de rien moins que de séparation et de divorce. Il arrive à Paris, à l'improviste, le 16 octobre 1799, et n'y trouvant pas sa femme, qui est allée à sa rencontre par une route autre que celle qu'il a prise, il sent redoubler ses fureurs jalouses. Ses frères, ennemis de Joséphine, le circonviennent. Il refuse d'abord de la revoir, mais, adouci par les supplications d'Eugène et d'Hortense de Beauharnais, il pardonne, il ouvre sa porte à sa femme éplorée ; elle se justifie, il se laisse persuader par elle. C'est, au lieu du divorce, une complète réconciliation. Joséphine n'est pas inutile à son mari pour la préparation du 18 Brumaire. Elle l'aide à endormir la vigilance républicaine et à monter au rang suprême.

La citoyenne Bonaparte est devenue la femme du premier consul. On l'appelle Madame, comme les femmes de l'ancien régime, en attendant qu'on l'appelle Impératrice et Majesté. Elle préside à cette cour consulaire, qui est si riche de jeunesse, de gloire et d'espérance. Aux Tuileries, elle s'installe dans les appartements de Marie-Antoinette. A la Malmaison, elle goûte les plaisirs de la vie de campagne. Le vainqueur de Marengo la considère comme son bon ange, son bon génie. Le complot de la machine infernale vient troubler tant de joies. Mais ce lugubre souvenir s'efface vite. La société parisienne, sous l'inspiration de Joséphine, reprend son ancien éclat. Les mœurs monarchiques reparaissent. Le Concordat réconcilie l'Eglise avec le gouvernement, et la femme du premier consul, entourée d'une véritable cour, assiste au *Te Deum*, dans le jubé de Notre-Dame. Au fond, elle reste royaliste par les souvenirs et par le sentiment, bien que la destinée doive en faire une impératrice. La couronne, au lieu de la tenter, lui fait peur. Elle aspire à descendre, autant que son époux aspire à monter. La proclamation du Consul à vie, prélude de l'Empire, la remplit d'appréhensions et de tristesse. Ni les pompes de Saint-Cloud, ni un voyage triomphal en Belgique, ne la détournent de ses idées modestes et sages. Elle préfère de beaucoup la Malmaison aux plus splendides palais, et regrette l'époque où on l'appelait tout simplement la citoyenne Bonaparte. Les grandeurs, au lieu de lui tourner la tête, la rendent chaque jour moins ambitieuse. Elle donne à son mari des conseils excellents, que malheureusement il ne suit pas. S'il l'eût écoutée, il n'aurait pas fait tuer le duc d'Enghien, il aurait su se modérer dans la fortune, il serait resté le premier citoyen d'une grande République.

Couronnée, à Notre-Dame, par les mains de Napoléon, Joséphine joue son rôle de souveraine avec autant d'aisance que si elle fût née sur le trône. Les plus grands noms de l'ancien régime figurent dans sa maison. Elle embellit de sa présence des fêtes magnifiques. En Italie, où elle accompagne son époux, elle reçoit, en qualité de reine, les mêmes hommages que comme impératrice. Et cependant, au milieu de tant de splendeurs, elle ne se trouve pas heureuse. Les guerres formidables dans lesquelles s'engage Napoléon, la remplissent d'inquiétudes. A Strasbourg, pendant la campagne d'Austerlitz ; à Mayence, pendant la campagne d'Iéna et pendant la campagne de Pologne, elle est en proie aux perplexités et aux émotions les plus vives. Une autre cause de chagrin lui déchire le cœur : les infidélités de son mari la mettent au désespoir. Vers la fin de 1807, le spectre du divorce se dresse menaçant devant elle. Perdre une couronne serait peu de chose ; mais voir une autre femme régner en épouse légitime, sur le cœur de Napoléon, c'est là une idée à laquelle, malgré ses noirs pressentiments, il lui est impossible de s'habituer. Désormais elle ne doit plus avoir un moment de bonheur et de repos. C'est une accusée, une victime, qui attend à chaque instant sa sentence. Poursuivie comme par un cauchemar, elle fera sur elle-même un suprême et perpétuel effort pour cacher aux yeux de tous la douleur immense qui la ronge. Il lui semblera toujours reconnaître dans les hommages qui lui seront encore adressés, par la force de l'habitude, quelque chose de faux, d'ironique. Elle se croira déjà disgraciée, trahie, répudiée. De sa couronne, il ne lui restera qu'une meurtrissure au front. Peu de paysannes dans leurs chaumières seront aussi foncièrement malheureuses que cette souveraine dans ses palais.

Nous avons vu Joséphine à son printemps, à son été, il ne nous reste plus qu'à retracer l'automne d'une existence à la fois si merveilleuse et si mélancolique. Cette dernière étude sera profondément triste. « Dans la saison qui dépouille la nature, a dit Mme Svetchine, il n'est pas de brise, de souffle si léger qui ne soient assez forts pour détacher la feuille de l'arbre qui la portait. Dans l'automne du cœur, il ne se fait pas un mouvement qu'il n'emporte un bonheur ou une espérance. » A la fin de la carrière de l'impératrice Joséphine, il y aura sur sa route de douleurs trois stations du calvaire : le divorce, l'invasion, l'agonie. Chassée des Tuileries pour toujours, elle se réfugiera à la Malmaison, par une pluvieuse et froide nuit de décembre. Elle comparera cette nuit fatale et sombre aux soirées éblouissantes, où, à la clarté des étoiles, le jeune vainqueur d'Italie venait chercher sous les ombrages de sa résidence préférée, le calme et le bonheur intime. Vidant, après la coupe de nectar, la coupe d'amertume, elle dira, l'épouse abandonnée : « Il me semble quelquefois que je suis morte, et qu'il ne me reste plus qu'une sorte de faculté vague de sentir que je ne suis plus. » Ah !

certes, elle pourrait s'écrier comme la reine Marguerite de Navarre : « J'ai porté plus que mon faix de l'ennui commun à la nature humaine. » Une épreuve plus cruelle encore que le divorce lui est réservée. Napoléon sera malheureux et on lui défendra de le consoler! Napoléon sera exilé, et on lui défendra de le suivre! Cet empire qu'elle avait vu si magnifique, elle le verra vaincu, envahi, démembré. Personne plus qu'elle ne gémira des désastres de la patrie. Elle mourra de chagrin, et, quand, le 29 mai 1814, elle aura rendu le dernier soupir, après avoir prononcé, dans son agonie, ces trois paroles, résumé des angoisses de son âme : « Napoléon! l'île d'Elbe! Marie-Louise! » sa première femme de chambre, Mlle Avrillon, dira : « J'ai assisté au spectacle des insomnies de l'impératrice Joséphine et de ses rêves terribles. J'ai vu Sa Majesté passer des journées entières ensevelie dans des réflexions sinistres. Je sais ce que j'ai vu et entendu, et, pour moi, c'est le chagrin qui l'a tuée. » Y eut-il jamais carrière plus féconde en vicissitudes de tout genre? Destinée pleine de sourires et pleine de larmes, offrant tous les contrastes de la lumière et de l'ombre, de la joie et de la douleur, reproduisant ce qu'une existence humaine peut présenter de plus éblouissant et de plus lugubre! Destinée aussi intéressante qu'étrange, qui ne pouvait se développer que dans ces époques troublées et pathétiques, où l'on va de surprise en surprise, où les acteurs eux-mêmes sont peut-être plus étonnés que les spectateurs des changements de décor et des péripéties du drame, où les événements ont une tournure insolite, où les hommes et les choses subissent des secousses inconnues aux générations antérieures, et où l'histoire devient le plus prodigieux des romans!

FIN

TABLE DES MATIÈRES

                                                              Pages.

I. Le Début de l'Empire.................... 1
II. Le Voyage aux bords du Rhin............ 23
III. L'Arrivée du pape à Fontainebleau........ 33
IV. Les Apprêts du sacre.................... 45
V. Le Sacre............................... 57
VI. La Distribution des drapeaux............ 77
VII. Les Fêtes.............................. 87
VIII. L'Etiquette du palais impérial............ 101
IX. La Maison de l'impératrice............... 119
X. Les Galanteries de Napoléon............. 128
XI. Le Pape aux Tuileries................... 141
XII. Le Voyage en Italie..................... 153
XIII. Le Couronnement à Milan............... 167
XIV. Les Fêtes de Gênes..................... 183
XV. Pendant la campagne d'Austerlitz......... 191
XVI. Le Mariage du prince Eugène............ 215
XVII. Paris au commencement de 1806......... 239
XVIII. Le Mariage du prince de Bade............ 249

TABLE DES MATIÈRES

	Pages.
XIX. La nouvelle Reine de Hollande............	261
XX. L'Impératrice à Mayence.................	275
XXI. Le Retour de l'impératrice à Paris.........	301
XXII. La Mort du petit Napoléon...............	321
XXIII. La fin de la guerre.....................	333
XXIV. Le Retour de l'empereur.................	345
XXV. La Cour à Fontainebleau.................	359
XXVI. La Fin de l'année 1807..................	387

SAINT-QUENTIN. — IMPRIMERIE J. MOUREAU ET FILS.

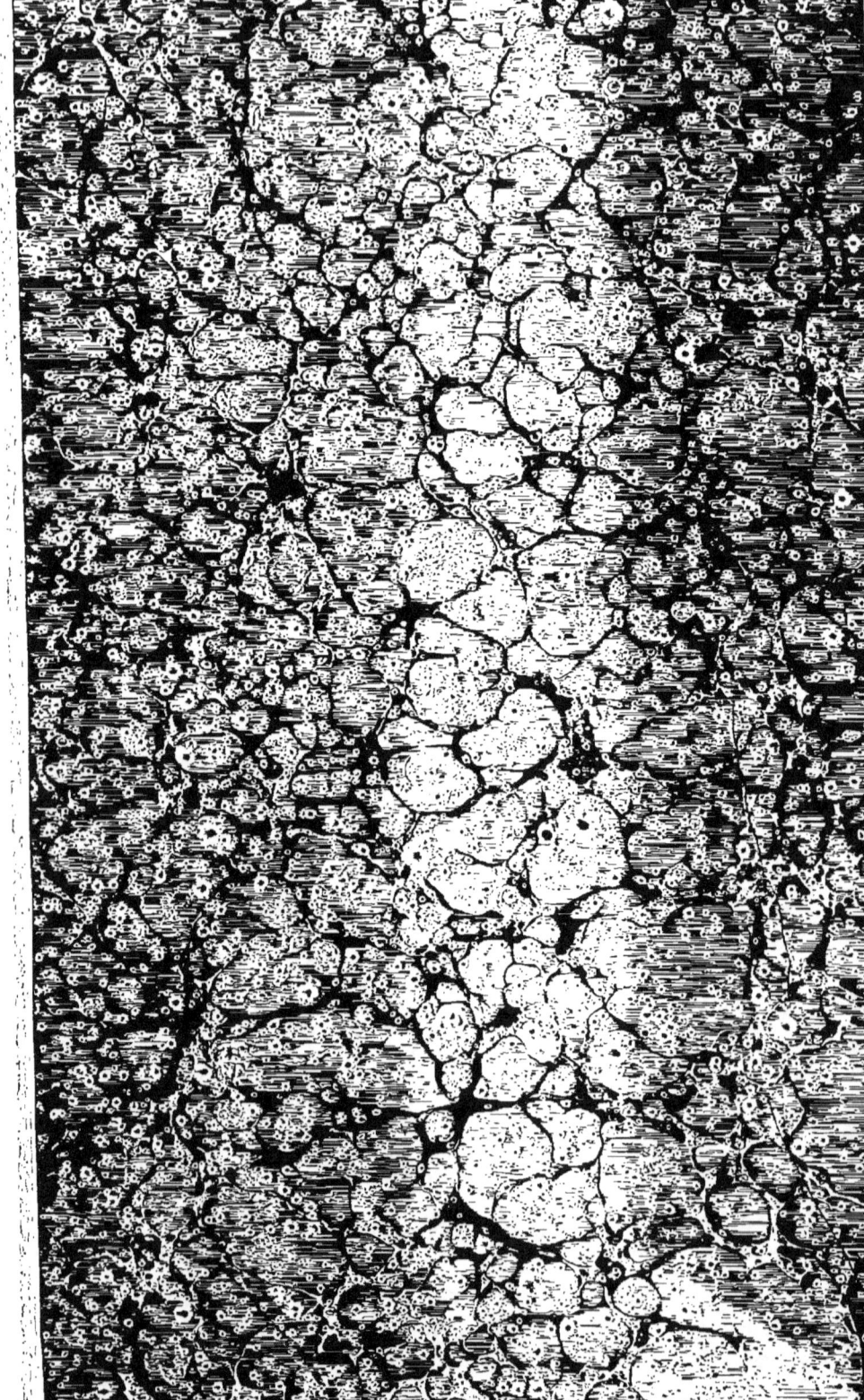

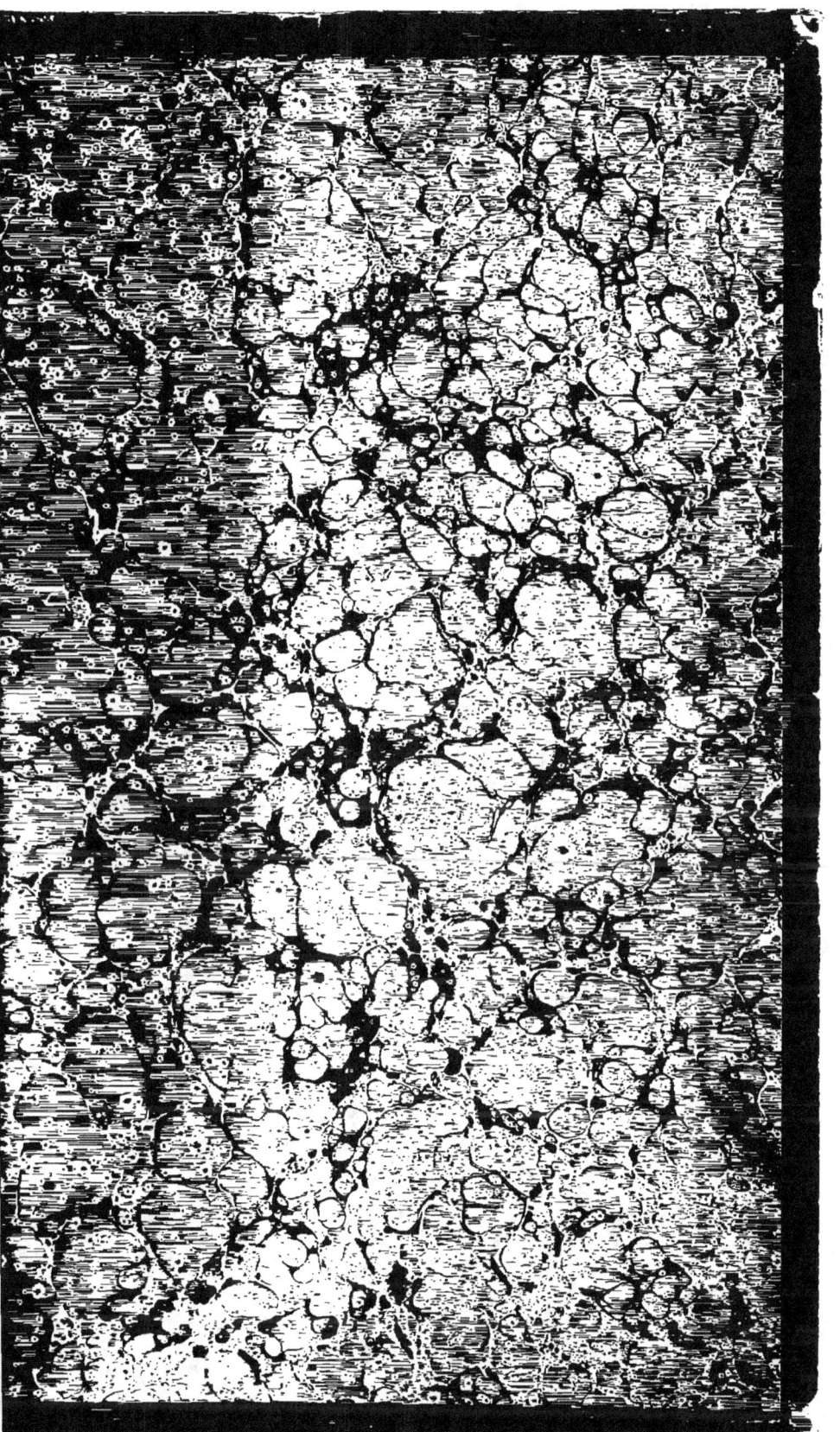

www.ingramcontent.com/pod-product-compliance
Lightning Source LLC
Chambersburg PA
CBHW070623230426
43670CB00010B/1635